法律文书写作

主　编　李锦昆　朱红梅

副主编　王　清　和万传　杨春兰　顾若瑜

西安电子科技大学出版社

内 容 简 介

  法律文书写作是法律专业人员履行其职责的一种重要书面表达形式,是国家司法权的重要体现,也是法律专业人员必须掌握的重要技能。本书遵循高等学校法学专业的教育教学规律,介绍了各种常见法律文书格式、写作要求与写作技能。书中内容不仅体现了法律文书的综合性、应用性和实践性等特点,并注重联系实际,而且全书所列格式均为最新颁布格式。本书内容除涵盖了公、检、法、律师等法律部门的实务文书外,还增设了"行政机关文书"写作内容。每种文种后附示例,每章设有思考与练习,便于读者学习和练习,并帮助学习者熟练掌握法律文书写作的知识和技巧,以提高能力和素质。

  本书既可作为高等院校法学专业的教材,也可供广大法律工作者参考阅读。

图书在版编目(CIP)数据

法律文书写作/李锦昆,朱红梅主编. —西安:西安电子科技大学出版社,2015.2(2020.1 重印)
ISBN 978-7-5606-3650-4

Ⅰ.① 法… Ⅱ.① 李… ② 朱… Ⅲ.① 法律文书—写作—中国 Ⅳ.① D926.13

中国版本图书馆 CIP 数据核字(2015)第 019361 号

策　　划	毛红兵
责任编辑	刘小莉　毛红兵
出版发行	西安电子科技大学出版社(西安市太白南路 2 号)
电　　话	(029)88242885　88201467　　　邮　编　710071
网　　址	www.xduph.com　　　　　电子邮箱　xdupfxb001@163.com
经　　销	新华书店
印刷单位	西安日报社印务中心
版　　次	2015 年 2 月第 1 版　　2020 年 1 月第 4 次印刷
开　　本	787 毫米×1092 毫米　1/16　印 张　16.75
字　　数	399 千字
定　　价	39.00 元

ISBN 978-7-5606-3650-4/D

XDUP 3942001-4

如有印装问题可调换

前　言

　　法律文书写作是公安院校学生必修的专业基础课，也是基层公安民警在公安工作中不可或缺的一门技能，不论在行政管理、事务性工作中，还是在公安业务工作中，几乎每个环节都需要使用文书形式来宣传党的路线、方针、政策，体现法律精神，执行国家法律法规，预防、打击犯罪，保护公民人身财产安全，保障国家行政机关相互联系、沟通，并顺利开展工作。正因如此，作为公安民警，除了应具有坚定正确的政治思想、法律素质外，还应具备较强的法律文书写作能力。从某种意义上说，法律文书写作能力是公安民警政治素质、思想素质、法律素质、公安业务素质等的具体体现。

　　2011 年我国修订了《中华人民共和国刑法》，2012 年修订了《中华人民共和国刑事诉讼法》与《公安机关办理刑事案件程序规定》，本书就是为了适应公安院校在新法修订后的教学需要而编写的。本书以最新修订，并且颁布实施的《中华人民共和国刑法》、《中华人民共和国刑事诉讼法》、《治安管理处罚法》及最新的文书格式样本为基础，提供了大量的基层公安实践中的案例，既体现实践性，又兼顾到示范性。同时，在每章末配有思考与练习，既能帮助读者理解基本知识，又能使学生进行实际操作的训练，这对于学习法律文书写作有很大的帮助。书中规范的例文对基层公安民警也有借鉴和学习的作用。

　　在编写本书时，作者充分考虑了以下几个方面：第一，法律文书写作要与警察学院各专业学习内容相配合，既要考虑到专业的普遍性，又要突出各专业的特点，所以本书中加入了检察院、法院和律师诉讼文书。第二，深入公安基层收集资料，结合公安实践工作，同时也考虑其示范作用。第三，行政公文写作和事务公文写作是实际工作中经常接触的，也是国家公务员考试的内容。为配合国家公务员考试的要求，本书尽可能与公务员考试的要求接近，同时，作为公文写作的辅助知识，补充了行政公文发文和收文等相关内容。第四，法律文书是各专业学生学习的重点，它有文字表达上的要求，更强调使用文书中程序的合法性。为了加强该课程的专业性和实用性，本书在编写体例安排上与《公安机关办理刑事案件程序规定》等法规保持一致，尽可能让学生在办案程序中学习文书，在文书中学习办案程序。

　　本书第一章、第四章一至七节由李锦昆编写；第二章、第三章由朱红梅编写；第四章八至十一节由王清编写；第五章由杨春兰编写；第六章由顾若瑜编写；第七章、第八章由和万传编写。由于编写时间仓促，编写者水平有限，书中不足及疏漏之处在所难免，敬请专家、同行批评指正。编写过程中，参考了近年来出版的部分法律法规著作、法律文书制作方面的书籍、例文选评等，从中获益匪浅，在此深表感谢！

编　者

2014 年 6 月

目　　录

第一章

概　　述

第一节　法律文书概述

一、概念

法律文书是指公安机关(含国家安全机关，下同)、检察院、法院、监狱或劳改机关以及公证机关、仲裁机关依法制作的处理各类诉讼案件和非诉案件的法律文书和案件当事人、律师及律师事务所自书或代书的具有法律效力或法律意义的文书的总称，即指规范性法律文书(国家立法机关颁布的各种法律)以外的所有法律文书。它包括司法机关依法制作的司法文书、公证机关出具的公证文书、仲裁机关制作的仲裁文书以及律师代书和自用的律师实务文书。这些文书的制作主体既包括各司法机关和依法授权的执法机关，也包括案件当事人、律师和律师事务所。

二、特点

法律文书除具有一般文书的特点外，还应强调以下几个特点。

(一) 鲜明的阶级性

法律文书必须充分反映人民民主专政国家的意志，为工人阶级和劳动人民的根本利益服务，同时，法律文书是国家权力的象征，必须体现社会主义民主和社会主义法制精神。

(二) 严肃的政策性和法律性

法律文书必须正确体现党的政策和国家的法律；必须"以事实为根据，以法律为准绳"。

(三) 制作的法定性

法律文书是由法定的作者在法定的范围内行使职权而制作的，具体表现在四个方面：
(1) 制作者是法定的。
(2) 制作的依据是法律、法规和有关政策。
(3) 制作的目的是实施国家的法律、政策。

(4) 法律文书生效后，具有法律、行政效力或法律意义。

（四）执行的强制性

法律文书是依照国家法律、法规制作的，一旦生效，必然具有法律和行政的强制性，任何机关和个人必须遵照执行，不得违反抗拒，否则就实行强制措施。

（五）体式的规范性

各种文体都有一定的体式，但一般文章"大体虽有，定体则无"，而法律文书的体式却是相对固定的。这种固定的体式是在长期的执法工作实践中为适应内容表达的需要而逐渐形成并固定的，或是国家明文规定，或是约定俗成的。体式的规范性表现：文面的格式化；正文的程式化；内容的表格化。

（六）语言的特定性

法律文书的行文用语必须准确、鲜明、简练，切忌虚构、含混、冗繁。除此之外，还有其特别的地方，主要表现在几个方面：词语专业色彩、无情态色彩浓厚；庄重典雅严肃的书面语格调；句式运用的独特等。

三、作用

法律文书的作用主要体现在以下几个方面。

（一）具体实施法律的重要手段

法律文书有效地保证了法律的具体实施，但它不是通过系统全面地宣传法律以保证法律的实施，而是通过对违法的、犯罪的人和事的制裁和惩罚等手段使法律得以贯彻实施。

（二）进行法制宣传的生动教材

凡属公开对外的法律文书都有明显的法制宣传教育作用(如检察院的起诉书、人民法院的判决书、裁定书)。

（三）执行法律的凭证和依据

法律文书是法律执法的重要凭证。依照有关法律的规定和要求，并按照一定的法律程序，履行一定的法律手续制作的文书，才能被视为具有法律效力或法律意义的文书。

（四）有关法律活动的真实记录

法律文书真实地反映和记载了司法部门执行法律活动的全过程，起到了记录作用。

（五）综合考核执法人员的重要尺度

法律文书体现了整个执法的过程和质量，所以也是对执法人员考核的重要依据。

第二节　法律文书写作要素

法律文书也和其他文体一样，主要由主题、材料、结构、语言、表达方式五个基本要素构成。

一、主题

（一）主题的概念和特点

简单地说，法律文书主题，也就是文书主旨或观点。它有以下特点：
(1) 形成过程简单。
(2) 受业务活动和案件事实的制约。

（二）主题的要求

(1) 明确。
(2) 集中单一。

（三）法律文书主题与一般文章主题的区别

法律文书的主题明确、直露，大多数文书能从标题上看出主题，而一般文章的主题往往蕴含在人、事、景或情节中，要读者在阅读中去咀嚼、体会，更多地调动个人情感去想象。法律文书主题的产生，受法律活动的制约，而一般文章主题的产生，则取决于作者对生活的感受，或忠于生活，或源于生活，或高于生活，并不受某一具体事实或活动的局限。法律文书主题受党的方针、政策、法律、法规的制约，重客观，对同一事物的见解、认知基本是一致的，客观色彩较为浓厚，而一般文章的主题则由于作者的修养、观察、感悟有别，主观色彩较为浓厚，对同一事物可产生出不同的主题。

二、材料

（一）材料的概念和特点

法律文书制作者为某一写作目的而从业务工作或案件事实中搜集、提取以及写入文章中的一系列事实或论据，统称为材料。材料主要有以下特点：
(1) 绝对真实。
(2) 要素齐全。

（二）材料的选择和使用

选材时应力避两个极端：一是机械照相。制作者不是分析综合，而是平铺直叙，照录案件所涉及的所有行为事实，以致拖沓繁琐，分不出主次重轻，不能突出文书的实质性内容。二是任意增删有关材料，或者画蛇添足，或者残缺不全，难以反映案件实质。

（三）材料的搜集

材料是形成法律文书主题的基础，是表达法律文书观点的重要支柱。其基本的搜集方法有：

(1) 亲身体验，留意观察。

(2) 调查研究，定向积累。

（四）法律文书材料与一般文章材料的区别

法律文书材料不像一般文章，特别是文学作品那么广泛，它的内容受到公务活动和办案程序要求的限定。如果没有相应的法律活动，就不会产生相应的法律文书材料。

三、结构

（一）结构的概念和内容

法律文书的结构是指文章内部的组织构造所体现的篇章形式。不同种类的法律文书，其内容有所差异，但其结构一般由标题、开头、过渡、段落、层次、照应、结尾七个方面组成。

（二）结构的特征

(1) 程式化。结构形态的类型化，同一种文书可以适应不同的案件，并有着明确的规定格式，不能随意颠倒，而一般文章则无此明确规定。

(2) 严谨性。法律文书结构讲究严谨，布局精细严密、无懈可击。

(3) 完整性。结构布局匀称饱满、首尾圆合，形式和谐、浑然一体。

（三）结构的原则和要求

法律文书结构的原则和要求一般应做到条理严密，言之有据，言之有序，主要表现在三个方面：

(1) 观点和材料紧密结合，做到观点统率材料，材料说明观点。

(2) 因果关系清楚。

(3) 结构安排得当。

（四）法律文书结构与一般文章结构的区别

法律文书结构趋于程式化，并有着明确的规定格式，不能随意颠倒，而一般文章则无此明确规定。法律文书结构讲究平直、严谨并富于逻辑性，而一般文章则更强调结构的跳跃、张弛、曲折等。

四、语言

（一）朴实、庄重

法律文书的语言受形式和内容的限制，基本不需要进行修辞，只要求简单、清楚，但由于代表着我国的法律法规，所以庄重朴实是其重要的表现。

（二）准确

语言运用准确也是法律文书的重要内容，要做到准确主要应注意以下几方面的问题：

(1) 注意避免歧义。某句话既可作这样理解，也可作那样理解，这便是歧义。如规定病假 3 天以上者扣除当月奖金，既可理解为包含 3 天，亦可理解为不包含 3 天，这就是用语产生歧义。

(2) 防止褒贬失当。一般情况，法律文书制作中最好不要使用带有褒贬色彩的词语，若确实需要使用这些词语，则应该注意使用合适的词语，避免褒贬失当。

(3) 注意词序。正确的词序才能准确地表达意思，如"驰马伤人"和"马驰伤人"就有性质上的区别。

(4) 定性准确、定量恰当。法律文书中定性词语较多，如罪与非罪、犯罪与违法、抢劫与抢夺等，有些性质又是靠量来确定，所以定性、定量一定要慎重。

(5) 合理运用模糊语言。法律文书应尽量不使用模糊语言，只有当信息不清楚时，如在犯罪嫌疑人的年龄不详、身高不详等情况下，才能使用模糊语言。

（三）精练

在法律文书中语言的精练并不是指精简，而是指力戒陈词滥调，冗语赘书，但应达意准确。

（四）行业用语

法律文书的行业用语则表现在专业术语与法言法语两个方面。如公安机关常用的密拍、侦听、特勤、耳目等就属于专业术语，而配偶、证据、违法、犯罪等均有其特定法律含义，属于法言法语，使用时应谨慎。

（五）习惯用语

法律文书的习惯用语主要有称谓用语、期请用语、结构用语、简称等。

1．称谓用语

第一人称，"我"、"本"。例如："我公司"、"本校"。

第二人称，"你"、"贵"。例如："你部"、"贵局"。

第三人称，"该"、"他"。例如："该嫌疑人"、"他厂"。

2．期请用语

期请用语是指希望对方给予回答或请其办理或执行的某些专门用语。

(1) 上级机关对下级机关常用"请"、"希望"。

(2) 下级机关对上级机关常用"请"、"恳请"。

(3) 平行或不相隶属机关之间常用"请"、"拟请"、"希"等。

3．结构用语

结构用语是大量地在公文开头、过渡、结尾使用的介词结构，体现了文书语言语法方面的特色。

(1) 开头用语。如"为了"、"根据"、"对于"、"关于"、"遵照"、"按照"等。它们分别提出行文的根据、理由、动机、目的或引出已经熟知的情况、事由。

(2) 过渡用语。如"为此"、"对此"、"因此"、"据此"等。它们在陈述情况、事实、理由后，用以承上启下引出办法、措施，具有应照作用。

4．简称

法律文书中用简称应该注意约定俗成，如可以将政治保卫简称"政保"，刑事侦查简称"刑侦"，但若把"五讲四美三热爱办公室"简称为"五、四、三办"则不妥，往往容易丢失了本意。

(六) 法律文书语言与一般文章语言的区别

在修辞上，法律文书语言与一般文章语言的区别在于，法律文书语言以消极修辞为主，注重客观，不用夸张，少用比喻；用语讲究庄重、朴实，强调法言法语，涉及案件的隐私、脏话、方言等忌直录。这些都是由法律文书的性质、任务、特点所决定的。

五、表达方式

常见的表达方式有议论、叙述、说明、描写、抒情五种。法律文书常以叙述、说明、议论三种表达方式为主，但也不排除必要的描写和抒情。

(一) 叙述

1．叙述的概念和种类

把人物的经历、行为或事情发生、发展、变化过程表述出来，就是叙述。叙述的六要素：人物、事件、时间、地点、原因、结果。叙述种类可以按不同标准划分为以下几类：

(1) 按叙述的角度划分，有第一人称叙述和第三人称叙述。

(2) 按叙述的节奏快慢划分，有概括叙述和具体叙述。

(3) 按叙述的具体方法划分，有顺叙、倒叙、插叙、平叙等。

2．叙述的基本要求

(1) 事实要素清楚。

(2) 详略应该得当。

(3) 笔法力求平实。

(二) 说明

1．说明的概念

说明是用简明扼要的文字，把事物的形状、性质、特征、成因、功用、关系等解说清楚的表达方式。说明以客观性、科学性见长，要求做到客观、科学、真实、准确。

2．说明的方法

常用的说明方法有：举例说明、分类说明、比较说明、数据说明、图表说明、引用说明。

3．说明的基本要求

(1) 说明要客观翔实、尊重事实，切忌断章取义。

(2) 说明要言之有序，即符合事物本身的条理；符合事物的内在联系；符合人们认识事物的规律。

(3) 说明要科学、周密。

(三) 议 论

1．议论的概念和要素

议论是指通过事实材料和逻辑推理来阐述自己的观点和表明自己的态度，具体表现为以下三要素：

(1) 论点。论点是作者的见解、论断和主张。

(2) 论据。论据是用于叙述和证明论点的依据，包括事实论据、理论论据两个部分。

(3) 论证。论证是运用论据证明论点的全部过程。

2．论证的方式

论证的方法很多，可分为立论和驳论两种基本形式。

立论是从正面对某个问题提出自己的见解和主张，以事实和道理来证明自己观点的正确性。常见的论证法有：归纳法、演绎法、例证法、对比法。

驳论则是以事实和道理证明对方的荒谬和错误。一般有以下三种方法：

(1) 反驳论点：揭露其论点的虚假。

(2) 反驳论据：揭露其事实的不可靠、不真实。

(3) 反驳论证：指出其在论证过程中论点与论据缺少必然联系，从而达到推翻对方论点的目的。

驳论在采用上述方法的基础上，还可适当采用归谬法。所谓归谬法是通过将对方的错误论点进行合乎逻辑的引申，得出荒谬的结论，以证明对方论点错误的方法。"讯问笔录""答辩状"等常采用这种反驳方法。

3．议论的基本要求

(1) 论点正确，态度鲜明。

(2) 论据真实、典型、充分。

(3) 论证严密，方法得当。

(四) 法律文书表达方式与一般文章表达方式的区别

叙述、说明、议论结合，相辅相成，是法律文书写作的主要表达方式。由于文书写作作用的不同，在具体运用上各有侧重，这是法律文书写作区别于其他文章写作的一个显著特点。法律文书的特性决定了公文的表述要尽量避免使用抒情、描写的表达方式。

法律文书自身的特点决定了它对表达方式的选择，即以叙述、议论、说明为主，不用抒情，少用描写。

第三节 法律文书写作修养

由于法律文书写作水平是多方面综合能力的反映，而这又不仅仅是一个写作技巧问题，所以加强法律文书写作修养是提高写作水平的重要手段，主要应从以下几个方面来培养：

(1) 认真学习马列主义、毛泽东思想和邓小平文选。熟读有关的法律书籍，加强理论修养，与时俱进，提高自己的政治素质和执行政策、法律的水平。

(2) 熟悉相关的执法业务，提高执法素质。熟悉各种文书的格式以及与执法工作有关的其他社会科学和自然科学方面的知识。

(3) 学习语法、修辞、逻辑等方面的知识，提高正确运用汉字语言的能力。博览群书，掌握多方面的社会知识，提高书面表达能力。

(4) 深入实际，多写多练。实践是最好的素材，也最真实，通过对实际的了解和不断的练习，才能获得良好的写作效果。

思考与练习

1. 法律文书有什么特点？
2. 法律文书的语言运用要注意什么问题？
3. 法律文书写作应注意哪些方面的修养？

第二章

党政机关公文

第一节　党政机关公文概述

一、概念

公文是公务文书的简称，有广义和狭义之分。狭义的公文指的是《党政机关公文处理工作条例》(中共中央办公厅、国务院办公厅 2012 年 4 月 16 日联合发布，2012 年 7 月 1 日施行)中所列举的决议、决定、命令(令)、公报、公告、通告、意见、通知、通报、报告、请示、批复、议案、函、纪要 15 种公文。广义的公文则是指党政机关、人民群众团体、事业单位在公务活动中或日常生活中为记录信息、办理事务、保存材料以备查考而制作的具有特定格式的文字材料。

二、特点

(一) 强烈的政治性和政策性

鲜明的政治性和政策性是由公文的职能决定的。公文作为行政管理的工具，表达制发者的意愿，维护制发者的权力，是其必然的职责。从公文产生、发展的过程来看，它是随着阶级、国家的产生而产生的，随着国家管理手段的发展而发展的。从历代公文的内容上看，都是为一定时期的阶级统治和国家管理服务的。那么，国家机关的公文作为传达党和国家的方针、政策，进行行政管理，处理政务的工具和载体，鲜明的政治性和政策性是其必然的特点。

(二) 法定的权威性和行政约束力

公文是由法定机关制发的。这种制发权是根据法规章程，通过一定的手续赋予的。代表了法定机关的职权，是开展工作的规范和依据，具有法定权威。对待公文必须坚决贯彻执行，具有法定的约束力。

(三) 形式上的程式化和规范化

公文有着统一的种类、名称和行文关系。每一种公文只适用于一定的范围、表达一定的内容、使用一定的格式，它的用纸、书写、印刷、装订也有统一的规格，这些都是由《公文处理办法》统一规定的。

(四) 使用上的一定范围和时限性

公文主要以机关的名义发文，领导者个人行文也是法定的负责人身份。写公文的人只是代笔者。范围是权限关系所及，时限是解决当前问题的，时限上不是永久的。

(五) 文风的准确和庄重

公文具有语言上的特殊要求，要准确、实事求是，提法有分寸，把握有尺度，判断要明确，不能产生歧义或误解。风格要庄重、通俗、简明。

三、作用

公文是发布和传达党和国家政府机关决策的载体，执行政策的依据，检查工作情况的凭证，强制或指导、贯彻执行的工具，公务联系的纽带，宣传教育的手段。公文的作用具体表现在以下五个方面。

(一) 领导和指导作用

上级机关发给下级机关的公文都具有领导和指导作用。上级机关传达党和国家的方针政策、决定和规定等公文，必然要对下属机关产生领导作用，而批复等公文则对具体工作产生指导作用。

(二) 行为规范作用

通过公文发布的一些法律、法令和行政法规等，同样对所管辖成员起到规范和准绳作用。

(三) 宣传和教育作用

公文具有较强的政策性、理论性，在各项事业中发挥着阐明事理、启发觉悟和提高认识水平的宣传教育作用，是教育干部和群众的好教材。

(四) 联系知照作用

公文是下级机关请示、报告工作，反映情况，自下而上沟通纵向联系的基本手段，是沟通机关之间横向联系的纽带。它比其他信息沟通形式具有更强的精确性、权威性与凭证性。通过公文，使下情上达，为领导机关制定决策提供依据，有利于上级机关对发生的问题进行及时处理，同时，机关之间能够相互交流信息、商洽事务，在工作上取得协调与配合。

(五) 依据和凭证作用

各种公文都反映了制发机关的意图，都具有法定的效力，受文机关则以此作为处理工作、解决问题的依据。公文不仅仅传达了发文机关的意图，同时也是证实这一意图的最好凭证。

四、分类

（一）按照公文的性质、特点分类

按照公文的性质、特点，可分为指令性公文、知照性公文、报请性公文三类。

（二）按照公文制文的行文方向分类

按照公文制文的行文方向，可将公文分为上行文、下行文、平行文三类。

（三）按照公安机关行政公文的秘密程度分类

按照公安机关行政公文的秘密程度，可分为对外公开、内部使用、秘密、机密、绝密五类。

（四）按照公文形成和处理的时限要求分类

按照公文形成和处理的时限要求，可分为常规公文、加急公文、特急公文，分别简称平件、急件、特急件。

五、结构形式

(1) 公文结构趋于程式化，并有着明确的规定格式，不能随意颠倒。一般文章则无此明确规定。

(2) 公安机关公文结构讲究平直、严谨并富于逻辑性。一般文章和文学作品则更强调结构的跳跃、张弛、曲折等。

六、基本格式

公文一般由份号、密级和保密期限、紧急程度、发文机关标志、发文字号、签发人、标题、主送机关、正文、附件说明、发文机关署名、成文日期、印章、附注、附件、抄送机关、印发机关和印发日期等组成。

(1) 份号。份号是公文印制份数的顺序号。涉密公文应当标注份号。

(2) 密级和保密期限。密级和保密期限是指公文的秘密等级和保密的期限。涉密公文应当根据涉密程度分别标注"绝密"、"机密"、"秘密"和保密期限。

(3) 紧急程度。紧急程度是指公文送达和办理的时限要求。根据紧急程度，紧急公文应当分别标注"特急"、"加急"，电报应当分别标注"特提"、"特急"、"加急"、"平急"。

(4) 发文机关标志。发文机关标志由发文机关全称或者规范化简称加 "文件"二字组成，也可以使用发文机关全称或者规范化简称。联合行文时，发文机关标志可以并用联合发文机关名称，也可以单独用主办机关名称。

(5) 发文字号。发文字号由发文机关代字、年份、发文顺序号组成。联合行文时，使用主办机关的发文字号。

(6) 签发人。上行文应当标注签发人姓名。

(7) 标题。标题由发文机关名称、事由和文种组成。

(8) 主送机关。主送机关是公文的主要受理机关，应当使用机关全称、规范化简称或者同类型机关统称。

(9) 正文。正文是公文的主体，用来表述公文的内容。

(10) 附件说明。附件说明用来说明公文附件的顺序号和名称。

(11) 发文机关署名。发文机关署名需要署发文机关全称或者规范化简称。

(12) 成文日期。成文日期署会议通过或者发文机关负责人签发的日期。联合行文时，署最后签发机关负责人签发的日期。

(13) 印章。公文中有发文机关署名的，应当加盖发文机关印章，并与署名机关相符。有特定发文机关标志的普发性公文和电报可以不加盖印章。

(14) 附注。附注是指公文印发传达范围等需要说明的事项。

(15) 附件。附件是对公文正文的说明、补充或者参考资料。

(16) 抄送机关。抄送机关是指除主送机关外，需要执行或者知晓公文内容的其他机关，应当使用机关全称、规范化简称或者同类型机关统称。

(17) 印发机关和印发日期。印发机关和印发日期是指公文的送印机关和送印日期。

七、收发文的相关知识

(一) 收文办理主要程序

(1) 签收。对收到的公文应当逐件清点，核对无误后签字或者盖章，并注明签收时间。

(2) 登记。对公文的主要信息和办理情况应当详细记载。

(3) 初审。对收到的公文应当进行初审。初审的重点是：是否应当由本机关办理，是否符合行文规则，文种、格式是否符合要求，涉及其他地区或者部门职权范围内的事项是否已经协商、会签，是否符合公文起草的其他要求。经初审不符合规定的公文，应当及时退回来文单位并说明理由。

(4) 承办。阅知性公文应当根据公文内容、要求和工作需要确定范围后分送。批办性公文应当提出拟办意见，然后报本机关负责人批示或者转有关部门办理。若需要两个以上部门办理的，应当明确主办部门。紧急公文应当明确办理时限。承办部门对交办的公文应当及时办理，有明确办理时限要求的应当在规定时限内办理完毕。

(5) 传阅。根据领导批示和工作需要将公文及时送传阅对象阅知或者批示。办理公文传阅应当随时掌握公文去向，不得漏传、误传、延误。

(6) 催办。及时了解掌握公文的办理进展情况，督促承办部门按期办结。紧急公文或者重要公文应当由专人负责催办。

(7) 答复。公文的办理结果应当及时答复来文单位，并根据需要告知相关单位。

(二) 发文办理主要程序

(1) 复核。已经发文机关负责人签批的公文，印发前应当对公文的审批手续、内容、文种、格式等进行复核。若需作实质性修改的，则应当报原签批人复审。

(2) 登记。对复核后的公文，应当确定发文字号、分送范围和印制份数并详细记载。

(3) 印制。公文印制必须确保质量和时效。涉密公文应当在符合保密要求的场所印制。

(4) 核发。公文印制完毕，应当对公文的文字、格式和印刷质量进行检查后分发。

第二节　具体文种写作

2.2.1　决议

一、概念

决议是指多个主体根据表决原则做出的决定，适用于会议讨论通过的重大决策事项。

二、特点

（一）权威性

决议是经过党的会议讨论通过才能生效并由党的领导机关发布的，是党的领导机关意志的反映。决议的内容事关重要决策事项，一经公布，全党、全国上下都必须坚决执行。

（二）指导性

决议表述的观点和对事项的评价都具有指导意义。

三、分类

决议一般分为公布性决议、批准性决议和阐述性决议三种类型。公布性决议是为公布某种法规、提案而写作的决议；批准性决议是肯定或否定某种议案的文件；阐述性决议是对某些重大结论的具体内容加以展开阐述的文件。

四、结构形式

决议由首部、正文、结尾组成。

（一）首部

首部包括标题和发文字号。

(1) 标题。标题有两种形式：一种是由发文机关(或会议名称)、事由和文种构成；另一种是由事由和文种构成。

(2) 发文字号。决议大都是通过会议讨论形成的决策，通常都是标注决议通过的日期。一般放在标题下，在小括号内注明会议名称及通过时间也可只写年月日。

（二）正文

正文由决议缘由、决议事项和结语三部分组成。

(1) 决议缘由：一般简要说明有关会议审议决议涉及事项的情况，陈述作出决议的原因、根据、背景、目的或意义。

(2) 决议事项：写明会议通过的决议事项，或会议对有关文件、事项作出的评价、决定，或对有关工作做出的部署安排和要求、措施。

(3) 结语：一般紧扣决议事项有针对性地提出希望、号召和执行要求。有的决议可以不单列这部分。

（三）结尾

结尾是在正文右下方写明制发机关名称，并加盖发文机关印章。

五、注意事项

(1) "决议"一律要求下级机关执行。
(2) 会议审议批准某项议案、重要报告、法规，所审议批准的条文作为"决议"的附件。
(3) 决议的内容必须是经过会议讨论并表决通过的。
(4) 决议一般写得比较简要、笼统。

六、应用示例

四川省第七届人大常委会第八次会议关于依靠科技进步振兴农业的决议
(1989 年 3 月 10 日通过)

四川省七届人大常委会第八次会议，听取和审议了省科委主任张廷翰受省政府委托作的《关于省农村科技工作情况的汇报》。会议以为，我省各级政府依靠科技发展农业事业方面做了大量工作，取得了一定成绩，但发展不平衡，还存在一些亟待解决的问题，特别是粮食生产面临的形势是严峻的，任务是艰巨的。为了进一步依靠农业科技，增加粮食产量，创造农业丰收，推动农村经济的全面振兴，特别作出了如下决议：

一、各级政府要在深入开展农业基础地位的再教育活动中，努力提高领导在各个方面对科学技术是第一生产力的认识，牢固树立依靠技术进步、振兴我省农业的观念，把发展农业经济转到依靠科学技术和提高劳动者素质的轨道上来。要把农村科技纳入政府工作的重要议事日程，重视农业科学研究和技术推广工作，充分发挥农业科技人员在发展农业中的积极作用。要把这项工作的好坏，作为考核各级政府及其领导成员政绩的主要内容之一。

二、各级政府从今年起逐步增加对农业科技的投入。增加农业科研和推广的事业费，建立农业科技开发基金，多途径开辟农业科技资金来源，尽力增加科技装备和设施，为农业科研和推广服务工作创造条件。主管部门要管好各项农业科技经费，专款专用。农村的集体和个人也要千方百计加强技术开发活动，增加投入。

三、各级政府应从本地区的实际出发，制定依靠科技振兴农业的年度计划和中、长期规划，并认真组织实施，狠抓落实，层层进行检查监督。对在农业科技工作中做出显著成绩的各级领导、农业科技人员、以及农民中推广应用先进技术的积极分子给予表彰奖励，对有突出贡献的给予重奖，并大力宣传他们的先进事迹。

四、各县、(区)、乡应进一步建立健全农业科技推广服务体系，切实加强基层农业科技管理工作。要采取多种形式，搞好培训、试验、示范等农业科技的推广服务工作，传授科技知识，普及先进农业技术；要着重培训本地科技人员，抓好农业科技成果的推广应用，鼓励采用新技术；要发挥各种推广农业技术的民间组织的作用。

五、各级政府要采取切实有效的措施，认真落实好中央和省制定的各项有关科技人员的政策。要为农业科技人员创造必要的工作条件，稳定农业科技队伍，动员和组织广大农业科技人员为振兴农业不断作出贡献。

2.2.2　决定

一、概念

决定主要用于对重要事项或重大行动做出安排，奖惩有关单位和人员，变更或者撤销下级机关不适当的决定事项的一种下行公文。

二、特点

（一）决策性

决策性表现了领导机关对重要事项或者重大行动安排的决策，集中体现了领导机关的指挥意志、处置意图和政治倾向。

（二）制约性

制约性决定的内容具有不可更动的确定性，它制约着下级机关必须遵照执行。

三、分类

根据具体用途和内容的不同，决定一般有以下两类。

（一）知照性决定

知照性决定指将决定事项知照给有关单位和人员的决定。如表彰决定、处分决定、机构设置决定、人事安排决定、发布法规性事项或对某一具体事项做出安排的决定等。

（二）指挥性决定

指挥性决定是对于重要事项或者重大行动做出安排的决定。常见的有规定性决定、规范性决定、指导性决定、指示性决定、具有有关法令性质的决定、处理重大问题的决定和安排重要行动的决定等。

四、结构形式

决定一般由标题、发文字号、正文、落款、日期等部分组成。

（一）标题

决定的标题一般有三种构成方式：

(1) 发文机关+事由+文种，决定的标题主要采用这种方式，如《中共中央国务院关于切实做好减轻农民负担的决定》。

(2) 发文机关+文种,如《全国人民代表大会常务委员会决定》。

(3) 事由+文种,如《关于严惩严重危害社会治安的犯罪分子的决定》。

(二) 发文字号

由发文机关代字、年份、发文顺序号组成。如果是重要会议通过的决定,要在标题下用圆括号注明何时何会议通过。

(三) 正文

不同类型的决定,其正文的写法也有所不同。

(1) 指挥性决定正文。指挥性决定的正文一般由决定缘由、决定事项和执行要求三部分内容构成。

(2) 知照性决定正文。知照性决定的正文主要由决定依据和决定事项两部分内容组成。

(四) 落款

签署发文机关,注明发文日期并加盖公章。如果版头有发文机关,文后不署发文机关。在标题下已标注成文时间,则落款可不署发文日期。

(五) 日期

正文下注明发文日期并加盖公章。

五、注意事项

(1) 决定的内容必须体现党和国家的方针政策与法律、法规;与上级机关、同级机关的有关规定保持一致;与本机关原有的有关规定紧密衔接,以免相互抵触或前后矛盾。

(2) 决定事项要具体、明确、清楚。

(3) 语言要庄重、朴实、严密、精练。

六、应用示例

关于向陈××同志学习的决定

×公发〔20××〕×号

20××年2月8日,××市公安局××分局××派出所民警陈××同志在执行查处群众举报案件的过程中,遭到3名歹徒的突然袭击。面对穷凶极恶的持刀歹徒,他和战友季××临危不惧,与歹徒展开殊死搏斗。陈××同志身负重伤,3次昏倒在血泊中,但在最后清醒的时刻,他仍以顽强意志死死抓住歹徒不放,直到凶残的歹徒用尖刀刺进他的腹部。陈××同志因伤势过重经医院抢救无效壮烈牺牲。

陈××同志从警以来,始终牢记全心全意为人民服务的根本宗旨,立足本职岗位,尽心竭力地为群众排忧解难,成为辖区群众的贴心人,以实际行动在党委、政府和人民群众之间架起了沟通理解的桥梁。在工作中,他秉公执法,刚正不阿,一身正气,两袖清风,并在多次执行危急险重的任务中，毫不畏惧地冲在最前面，表现出了一名共产党员、人民卫士无限忠诚的政治本色和一不怕苦、二不怕死的英雄品格。20余年来，陈××同志多次调整工作，每到一个新的岗位，他都勤奋学习，刻苦钻研，真正做到了干一行、爱一行、钻一行。仅去年1年，他所在警署查处的600余起各类案件中，有近1/3案件的线索是他通过扎实细致的基础工作了解掌握的。陈××曾多次被评为"先进个人"和"优秀公务员"，荣立个人三等功，被授予全国公安系统一级英雄模范称号。

陈××同志是公安战线涌现出来的众多英雄模范人物的突出代表，是实践"三个代表"重要思想的楷模，是全省公安民警学习的榜样。省厅决定，在全省公安机关和广大民警中开展向陈××同志学习的活动。

向陈××同志学习，就是要学习他牢记宗旨、一心为民的崇高品质，忠实践行"三个代表"重要思想；学习他无私无畏、不怕牺牲的革命英雄主义精神，勇于同各种违法犯罪活动作斗争；学习他忠于职守、爱岗敬业的职业道德，努力创造一流的工作业绩。

全省各级公安机关要把向陈××同志学习的活动同正在开展的"贯彻十六大，全面建小康，公安怎么办"大讨论紧密结合起来，学先进，找差距，推动"五条禁令"的深入贯彻执行，树立良好警风，提高公安队伍整体素质，增强大局意识、政治意识、忧患意识、群众意识、法律意识，树立做好各项公安保卫工作的责任感、使命感。要切实加强对学习活动的组织领导，统筹安排，精心组织，不搞形式，不走过场，切实发挥先进典型的教育、激励、引导作用，使广大公安民警紧密团结在以胡锦涛同志为总书记的党中央周围，不辱使命，不负重托，为实现全面建设小康社会的宏伟目标作出新的更大的贡献。

××省公安厅(公章)

二○××年四月三日

2.2.3 命令(令)

一、概念

命令(令)是法定的行政公文的一个文种。它是指法定的领导机关或领导人对下级发布的一种具有强制执行效力的指挥性公文。它适用于公布行政法规和规章，宣布施行重大强制性措施，批准授予和晋升衔级、嘉奖有关单位和人员。

二、特点

(一) 法定的权威性和执行的强制性

命令(令)是所有公文中最具权威性和强制性的下行文。命令(令)一经发布，有关下级机关和人员必须无条件地服从或执行。

(二) 内容的重要性

命令(令)只能用于重大决策性事项，如发布重要的行政法规和规章，宣布实行重大强制性行政措施，以及奖励成就突出的人员等。

(三) 使用权限严格的限制性

命令(令)发布的机关级别高，权力大，按照法律规定，只有全国人民代表大会的常务委员会及委员长、国家主席、国务院及国务院总理、国务院各部委及部长、主任、地方各级人民代表大会和各级人民政府，才有权力发布命令(令)。

三、分类

命令可分为公布令、行政令和嘉奖令等。

(一) 公布令

公布令是依照有关法律公布行政法规和规章的命令。

(二) 行政令

行政令是宣布施行重大强制性行政措施的命令。

(三) 嘉奖令

嘉奖令是奖励贡献突出的个人或集体的命令。

四、结构形式

命令(令)一般包括标题、发文字号、主送机关、正文、附件、落款、成文时间七部分。

(一) 标题

命令(令)的标题形式有：制发机关(作者)加文种；制发机关、事由加文种；"授予"式标题。

(二) 发文字号

发文字号有两种：一是完全式写法；二是发文字号专用。一般以领导人名义发布的命令不按照年度编号，而是从任职开始到卸任为止依次编号。

(三) 主送机关

发布令、行政令因其面向政府所辖范围内的全体成员，故不用主送机关。嘉奖令有主送机关。

(四) 正文

正文是公文的主体，有三种形式：

(1) 单层次式。发布令多数采用单层次，其内容为发布什么法规和施行日期。

(2) 二层次式。行政令多采用二层次。第一层次的内容是发布该令的目的，第二层次的内容为命令事项。

(3) 三层次式。嘉奖令多数为三层次。第一层次写嘉奖的缘由，主要写明嘉奖对象的功勋和业绩，其中时间、地点、事情、原因、结果要交代清楚，此段最后要给功勋业绩定性。第二层次写嘉奖的目的及嘉奖的内容。嘉奖内容有授予荣誉称号的、记功的、晋级的、给予奖金的。第三层次写嘉奖希望，写明对受奖者的勉励与要求，或向有关方面人员提出希望。

（五）附件

颁布法规文件的命令，均以随令公布的法规文件作为附件，在正件中需简要说明批准法规文件的机关、文件标题与正式施行、生效日期以及对文件执行的要求等。在正文下方需注明附件的标题与件数。

（六）落款

在正文右下方标注发文机关领导人的姓名，姓名前要冠以职务。以机关名义发布的命令，也可以不签领导人的姓名。

（七）成文时间

成文时间有两种标法：一种是标在标题之下；另一种是写在文尾署名的下方。

五、注意事项

(1) 注意"命令(令)"的适用范围。

(2) 发文机关必须具有法定的制发、签署命令的职权，不得越权。

(3) 发令的事项必须是重要的问题或重大的事件，不能小题大做。

(4) 命令的文字必须精确无误，简要凝练；命令的语气必须果断坚定，铿锵有力，可以有针对性地选择恰当的训诫性语言，以增强命令的权威性。

六、应用示例

中华人民共和国公安部令

第 130 号

《公安机关办理国家赔偿案件程序规定》已经 2014 年 4 月 1 日公安部部长办公会议通过，现予发布，自 2014 年 6 月 1 日起施行。

部长 郭声琨

二〇一四年四月七日

2.2.4 公报

一、概念

公报是党政机关和人民团体公开发布重大事件或重要决定事项的报道性公文，是党和国家经常使用的重要文种。

二、特点

（一）重要性

公报的发布机关级别很高，或者是以中央的名义，或者是以国家的名义，或者是以中央政府的名义。公报所涉及的内容，应是党内外、国内外普遍关心和瞩目的重大事件或重要决定。

（二）公开性

公报是公之于众的文件，无需保密，一般也没有主送机关、抄送机关，而是普告天下，一体周知。

（三）新闻性

公报的内容都是新近发生的事件或新近作出的决定，属于人民群众关心、应知而未知的事项，要求制作和发布迅速、及时，因此又具有新闻性特点。

三、分类

（一）会议公报

会议公报是用以报道重要会议或会谈的决定和情报的公报。这种公报一般用于党中央召开的会议。

（二）事项公报

事项公报是党的高级领导机关用以发布重大情况、重要事件的文件。高层行政机关、部门向人民群众公布重大决策、重要事项或重大措施时有时也沿用此类公报。

（三）联合公报

联合公报是一种特殊用途的公报，用以发布国家之间、政党之间、团体之间经过会议达成的某种协议，如《中俄联合公报》。

四、结构形式

公报包括首部、正文和尾部三部分。

（一）首部

首部包括标题和发文字号。

(1) 标题。标题常见的有两种形式：一种是由会议名称和文种构成；另一种是联合公报，由发表公报的双方或多方国家的简称、事由、文种构成。

(2) 发文字号。发文字号通常用括号在标题之下正中位置注明公报发布的年、月、日期。

（二）正文

正文包括开头、主体两部分。

（1）开头，即前言部分。事项公报要求用最鲜明，最精练的语言概述事件的核心内容，即何时、何地、发生了什么重大事件；会议性公报要求概述会议的名称、时间、地点、参加人员等；联合公报要求概述公报的来由，即在何时、何地、谁与谁举行了什么会谈或谁对谁进行了什么性质的访问等。

（2）主体。这是公报的核心内容，要求把公报的内容完整、系统、有序地表达清楚。常见的有三种写作：一种是分段式，即每段说明一层意思或一项决定；第二种是序号式，多用于内容复杂、问题较多的公报；第三种是条款式，多用于联合公报。

（三）尾部

事项公报和会议性公报一般没有尾部；联合公报要在正文之后写明双方签署人的身份、姓名、年、月、日，并写明签署地点。

五、注意事项

（1）会议公报有更多的务实性内容。
（2）发布级别高。
（3）发布要及时。

六、应用示例

中国共产党第十八届中央委员会第三次全体会议公报

(2013 年 11 月 12 日中国共产党第十八届中央委员会第三次全体会议通过)

中国共产党第十八届中央委员会第三次全体会议，于 2013 年 11 月 9 日至 12 日在北京举行。

出席这次全会的有，中央委员 204 人，候补中央委员 169 人。中央纪律检查委员会常务委员会委员和有关方面负责同志列席了会议。党的十八大代表中部分基层同志和专家学者也列席了会议。

全会由中央政治局主持。中央委员会总书记习近平作了重要讲话。

全会听取和讨论了习近平受中央政治局委托作的工作报告，审议通过了《中共中央关于全面深化改革若干重大问题的决定》。习近平就《决定(讨论稿)》向全会作了说明。

全会充分肯定党的十八大以来中央政治局的工作。一致认为，面对十分复杂的国际形势和艰巨繁重的国内改革发展稳定任务，中央政治局全面贯彻党的十八大和十八届一中、二中全会精神，高举中国特色社会主义伟大旗帜，以邓小平理论、"三个代表"重要思想、科学发展观为指导，团结带领全党全军全国各族人民，坚持稳中求进的工作总基调，着力稳增长、调结构、促改革，沉着应对各种风险挑战，全面推进社会主义经济建设、政治建设、文化建设、社会建设、生态文明建设，全面推进党的建设新的伟大工程，扎实推进党的群众路线教育实践活动，各项工作取得新进展，推动发展成果更多更公平惠及全体人民，实现了贯彻落实党的十八大精神第一年的良好开局。

全会高度评价党的十一届三中全会召开35年来改革开放的成功实践和伟大成就，研究了全面深化改革若干重大问题，认为改革开放是党在新的时代条件下带领全国各族人民进行的新的伟大革命，是当代中国最鲜明的特色，是决定当代中国命运的关键抉择，是党和人民事业大踏步赶上时代的重要法宝。面对新形势新任务，全面建成小康社会，进而建成富强民主文明和谐的社会主义现代化国家、实现中华民族伟大复兴的中国梦，必须在新的历史起点上全面深化改革。

全会强调，全面深化改革，必须高举中国特色社会主义伟大旗帜，以马克思列宁主义、毛泽东思想、邓小平理论、"三个代表"重要思想、科学发展观为指导，坚定信心，凝聚共识，统筹谋划，协同推进，坚持社会主义市场经济改革方向，以促进社会公平正义、增进人民福祉为出发点和落脚点，进一步解放思想、解放和发展社会生产力、解放和增强社会活力，坚决破除各方面体制机制弊端，努力开拓中国特色社会主义事业更加广阔的前景。

全会指出，全面深化改革的总目标是完善和发展中国特色社会主义制度，推进国家治理体系和治理能力现代化。必须更加注重改革的系统性、整体性、协同性，加快发展社会主义市场经济、民主政治、先进文化、和谐社会、生态文明，让一切劳动、知识、技术、管理、资本的活力竞相迸发，让一切创造社会财富的源泉充分涌流，让发展成果更多更公平惠及全体人民。

……

全会号召，全党同志要紧密团结在以习近平同志为总书记的党中央周围，锐意进取，攻坚克难，谱写改革开放伟大事业历史新篇章，为全面建成小康社会、不断夺取中国特色社会主义新胜利、实现中华民族伟大复兴的中国梦而奋斗！

2.2.5　公告

一、概念

公告是向国内外宣布重要事项或者法定事项时使用的公文。适用于向国内外宣布重要事项或者法定事项。

二、特点

（一）发文权力的限制性

由于公告宣布的是重大事项和法定事项，发文的权力被限制在高层行政机关及其职能部门的范围之内。

（二）发布范围的广泛性

公告是向"国内外"发布重要事项和法定事项的公文，其信息传达范围有时是全国，有时是全世界。

（三）题材的重大性

公告的题材，必须是能在国际国内产生一定影响的重要事项，或者依法必须向社会公布的法定事项。

（四）内容和传播方式的新闻性

公告的内容都是新近的、群众应知而未知的事项，在一定程度上具有新闻的特点。公告的发布形式也有新闻性特征，它一般不用红头文件的方式传播，而是在报刊上公开刊登。

三、分类

（一）重要事项的公告

凡是用来宣布有关国家的政治、经济、军事、科技、教育、人事、外交等方面需要告知全民的重要事项的，都属此类公告。常见的有国家重要领导岗位的变动，领导人的出访或其他重大活动，重要科技成果的公布，重要军事行动等等。

（二）法定事项的公告

依照有关法律和法规的规定，一些重要事情和主要环节必须以公告的方式向全民公布。

四、结构形式

公告包括标题、发文字号、正文、尾部四部分。

（一）标题

标题一般有四种构成形式：
(1) 由发文机关、事由、文种构成。
(2) 由发文机关和文种构成。
(3) 是由事由和文种构成；
(4) 只标明文种。

（二）发文字号

公告通常采用编号的形式发文，编号是单独标识的顺序号，在标题下正中标示"第×号"，有些公告可以没有编号，有的公告写发文字号。

（三）正文

公告的正文主要包括公告缘由、公告事项和结语三部分。
(1) 公告缘由，即公告的开头部分。主要写发布公告的原因、根据、目的、意义等，也可不写缘由，一开头直接陈述公告的具体事项。
(2) 公告事项，即公告的主体部分。主体因每篇公告的内容不同，主体的写法因文而异。

(3) 结语。通常用"特此公告"、"现予公告"的格式化用语作结，也可写执行要求，也可自然作结。

(四) 尾部

尾部包括落款和日期。在正文右下方写明发文机关和成文日期。成文日期有两种写法：一种是写在标题的下面，用括号括起来；一种是写在落款处，不用括号。

五、注意事项

(1) 公告发文机关级别很高，一般由国家最高权力机关、管理机关(如全国人民代表大会及其常务委员会，国务院及其各部门，各省、市、自治区人民代表大会及其常务委员会)及其授权机关，如新华社等机关发布。

(2) 公告的内容涉及重要事项或者法定事项，如颁布宪法，公布国家领导人的重大国事活动和外交活动，公布国家主要领导人的健康状况，发布国家重大科研成果以及发射导弹等。

(3) 公告的用语审慎、周密。

(4) 公告的发布范围广泛。

六、应用示例

中华人民共和国公安部公告

第×号

为进一步便利港澳居民来往内地及在内地居留、生活，提高港澳居民来往内地通行证(以下简称通行证，式样附后)的防伪性能，公安部决定启用新版(2012 版)通行证，自 2013 年 1 月 2 日起受理新版通行证申请，现就有关事项公告如下：

一、通行证由公安机关签发给定居在香港特别行政区或者澳门特别行政区的中国公民。

二、通行证有效期分为 5 年和 10 年。申请人年满 18 周岁的，签发 10 年有效通行证；未满 18 周岁的，签发 5 年有效通行证。

三、通行证号码共九位，一人一号，终身不变。第一位为英文字母，首次申请地在香港的为"H"，首次申请地在澳门的为"M"；第二位至第九位为阿拉伯数字。如申请人曾持用旧版通行证，新版通行证使用旧版通行证号码的前九位作为通行证号码。

四、新版通行证背面载有持证人香港、澳门地区身份证件信息及曾经持有的通行证号码等信息。

五、旧版通行证在有效期内可继续使用。持证人旧版通行证损毁、有效期不足 6 个月可以换领新版通行证。如旧版通行证有效期超过 6 个月，持证人要求提前更换新证的，可向受理单位预约后办理。

六、新版通行证的签发机关为公安部出入境管理局。

特此公告。

公安部

二〇一二年十二月二十八日

2.2.6　通告

一、概念

通告是用于在一定范围内公布社会各方面应当遵守或者周知的事项时使用的公文，是公安机关单位经常使用的公文。

二、特点

（一）规范性

通告所告知的事项常作为各有关方面行为的准则或对某些具体活动的约束限制，具有行政约束力甚至法律效力，要求被告知者遵守执行。

（二）业务性

通告常用于水电、交通、金融、公安、税务、海关等主管业务部门工作的办理、要求或事务性事宜，内容带有专业性、事务性。

（三）广泛性

通告不仅在机关单位内部公布，而且向社会公布。其内容可涉及社会生活各方面，因而各级机关、企事业单位、社会团体都可以使用。此外，通告的发布方式多样，可通过报刊、广播、电视公布，也可以张贴和发文，使公告内容广为人知。

三、分类

（一）周知性通告

周知性通告传达告知业务性、事务性事项，一般没有执行要求，仅供人们知晓。

（二）规定性通告

规定性通告公布国家有关政策、法规或要求遵守的约束事项，告知对象必须严格遵照执行，用于公布带有强制性的行政措施。

四、结构形式

通告包括标题、发文字号、正文、落款四部分。

（一）标题

标题的写法有四种：
(1) 发文机关+事由+文种。
(2) 发文机关+文种。
(3) 事由+文种。

(4) 只写文种。

（二）发文字号

发文字号包括机关代字、年份、发文顺序号。由于通告发布的方式多样，所以大部分通告在发布的时候可以不写发文字号。

（三）正文

正文一般由通告缘由、通告事项、结语三部分构成。

(1) 通告缘由，即通告的开头部分。通告的缘由要简短精练，写明发布通告的根据、目的、原因，意义等。然后，常用承启用语"为此，特作如下通告"、"现将××通告如下"等引出下文。

(2) 通告事项，即通告的主体部分。这部分要清楚写明通告对象应当遵守或周知的事项。

(3) 结语。一般用"特此通告"等惯用语作结，也可写通告实施和执行的日期，如"本通告自发布之日起实施"，也可写执行通告的要求，也可自然作结。

（四）落款

在正文右下方写明成文日期，并加盖发文机关印章。

五、注意事项

(1) 符合法规、方针和政策。

(2) 内容要具体、明确。

(3) 语言通俗、简洁。

(4) 注意和公告的区别，不要混淆使用。

六、应用示例

关于依法严厉打击暴力恐怖活动的通告

为依法严厉打击暴力恐怖活动，保护公民人身财产安全，维护公共安全和社会秩序，依据《中华人民共和国刑法》等相关法律规定，特通告如下：

一、严禁组织、领导、参加恐怖组织，严禁实施或者煽动实施暴力恐怖活动，严禁以任何方式直接或者间接资助、支持、庇护恐怖活动、恐怖组织、恐怖活动人员。

二、严禁制作、贩卖、运输、传播、复制、持有载有暴力恐怖、宗教极端思想内容的宣传品、移动存储介质、新型电子产品、标识及物品，严禁组织、策划、实施或者煽动实施宗教极端违法犯罪活动。

三、严禁非法制造、买卖、运输、储存、托运、寄递、携带枪支、弹药、易燃易爆及管制刀具等危爆物品，严禁传授、传播制枪制爆技术、方法。

四、严禁偷越国(边)境或者组织、策划、煽动、运送、协助他人偷越国(边)境。

五、实施上述行为的违法犯罪分子，自本通告发布之日起30日内投案自首，争取宽大处理。

凡在通告期限内主动投案自首的，依法从轻或减轻处罚；投案自首并有重大立功表现的，依法减轻或免除处罚。

六、鼓励、保护各族人民群众积极举报上述违法犯罪活动、提供违法犯罪活动线索、动员、规劝在逃违法犯罪人员投案自首。凡举报有功的，按有关规定给予奖励，并对检举揭发人予以保护和保密；对知情不报、窝藏、包庇、资助上述违法犯罪分子，或者帮助违法犯罪分子毁灭、伪造证据的，依法从严追究。对打击、报复举报人、控告人的，依法从重惩处。

七、本通告自发布之日起施行。

举报电话：110

新疆维吾尔自治区高级人民法院
新疆维吾尔自治区人民检察院
新疆维吾尔自治区公安厅
二〇一四年五月二十四日

2.2.7　意见

一、概念

意见是用于对重要问题提出见解和处理办法的行政公文。意见的主要类别有指导性意见、实施性意见和建议性意见三类。

二、特点

（一）指导性

用于布置工作的下行文，对下级有一定的规范作用和行政约束力。

（二）实施性

指导下级工作的意见，与实施计划的效用相似。

（三）建议性

向上级提出工作建议、设想的上行意见，具有参考作用。

三、分类

（一）按行文方向分类

按行文方向分，可分为上行的、平行的、下行的。

（二）按行文方式分类

按行文方式分，可分为要求批转的和直发的。

（三）按行文要求分类

按行文要求分，可分为规定性的和参照性的。

四、结构形式

意见包括标题、发文字号、主送机关、正文、落款五部分。

(一) 标题

标题的形式主要有以下两种：

(1) 完整式标题，由发文机关+主要内容+文种组成。

(2) 省略式标题，由主要内容+文种组成。

(二) 发文字号

发文字号放在标题正下方，由机关代字、年份、发文顺序号组成。

(三) 主送机关

上行性的常为一个主送机关，如要求上级机关批转，转发给谁，由上级机关确定。下行性的常为多个。

(四) 正文

意见的正文通常包括开头、主体和结尾三部分组成。开头写发文缘由，常用"现提出如下意见"作为承启语转入意见的主体部分。主体写具体意见。结尾写落实要求。

(五) 落款

署发文机关名称、成文日期，并加盖公章。

五、注意事项

(1) 指导性意见因机关层次不同，内容要求也不同。

(2) 高层领导机关发布的意见比较原则，政治色彩比较浓。

(3) 下层领导机关的意见则比较具体，操作性比较强。

(4) 实施性意见内容要写得具体、可行。

六、应用示例

最高人民法院　　最高人民检察院　　公安部

关于办理醉酒驾驶机动车刑事案件适用法律若干问题的意见

高法发释〔2013〕×号

为保障法律的正确、统一实施，依法惩处醉酒驾驶机动车犯罪，维护公共安全和人民群众生命财产安全，根据刑法、刑事诉讼法的有关规定，结合侦查、起诉、审判实践，制定本意见。

一、在道路上驾驶机动车，血液酒精含量达到80毫克/100毫升以上的，属于醉酒驾驶机动车，依照刑法第一百三十三条之一第一款的规定，以危险驾驶罪定罪处罚。

前款规定的"道路""机动车"，适用道路交通安全法的有关规定。

二、醉酒驾驶机动车，具有下列情形之一的，依照刑法第一百三十三条之一第一款的规定，从重处罚：

（一）造成交通事故且负事故全部或者主要责任，或者造成交通事故后逃逸，尚未构成其他犯罪的；

（二）血液酒精含量达到 200 毫克/100 毫升以上的；

（三）在高速公路、城市快速路上驾驶的；

（四）驾驶载有乘客的营运机动车的；

（五）有严重超员、超载或者超速驾驶，无驾驶资格驾驶机动车，使用伪造或者变造的机动车牌证等严重违反道路交通安全法的行为的；

（六）逃避公安机关依法检查，或者拒绝、阻碍公安机关依法检查尚未构成其他犯罪的；

（七）曾因酒后驾驶机动车受过行政处罚或者刑事追究的；

（八）其他可以从重处罚的情形。

三、醉酒驾驶机动车，以暴力、威胁方法阻碍公安机关依法检查，又构成妨害公务罪等其他犯罪的，依照数罪并罚的规定处罚。

四、对醉酒驾驶机动车的被告人判处罚金，应当根据被告人的醉酒程度、是否造成实际损害、认罪悔罪态度等情况，确定与主刑相适应的罚金数额。

五、公安机关在查处醉酒驾驶机动车的犯罪嫌疑人时，对查获经过、呼气酒精含量检验和抽取血样过程应当制作记录；有条件的，应当拍照、录音或者录像；有证人的，应当收集证人证言。

六、血液酒精含量检验鉴定意见是认定犯罪嫌疑人是否醉酒的依据。犯罪嫌疑人经呼气酒精含量检验达到本意见第一条规定的醉酒标准，在抽取血样之前脱逃的，可以以呼气酒精含量检验结果作为认定其醉酒的依据。

犯罪嫌疑人在公安机关依法检查时，为逃避法律追究，在呼气酒精含量检验或者抽取血样前又饮酒，经检验其血液酒精含量达到本意见第一条规定的醉酒标准的，应当认定为醉酒。

七、办理醉酒驾驶机动车刑事案件，应当严格执行刑事诉讼法的有关规定，切实保障犯罪嫌疑人、被告人的诉讼权利，在法定诉讼期限内及时侦查、起诉、审判。

对醉酒驾驶机动车的犯罪嫌疑人、被告人，根据案件情况，可以拘留或者取保候审。对符合取保候审条件，但犯罪嫌疑人、被告人不能提出保证人，也不交纳保证金的，可以监视居住。对违反取保候审、监视居住规定的犯罪嫌疑人、被告人，情节严重的，可以予以逮捕。

最高人民法院

最高人民检察院

公安部

二〇一三年十二月二十七日

2.2.8 通知

一、概念

通知，是向特定受文对象告知或转达有关事项或文件，让对象知道或执行的公文。适用于发布、传达要求下级机关执行和有关单位周知或者执行的事项，批转、转发公文。

二、特点

(1) 使用范围具有广泛性。下达指示、布置工作、传达有关事项、传达领导意见、任免干部、决定具体问题，都可以用通知。上级机关对下级机关可以用通知；平行机关之间有时也可以用通知。

(2) 具有执行性，多用于下行文。

(3) 有明显的时效性。

三、分类

根据适用范围的不同，通知可以分为六大类。

(一) 发布性通知

发布性通知用于发布行政规章制度及党内规章制度。

(二) 批转性通知

批转性通知用于上级机关批转下级机关的公文给所属人员，让他们周知或执行。

(三) 转发性通知

转发性通知用于转发上级机关和不相隶属的机关的公文给所属人员，让他们周知或执行。

(四) 指示性通知

指示性通知用于上级机关指示下级机关如何开展工作。

(五) 任免性通知

任免性通知用于任免和聘用干部。

(六) 事务性通知

事务性通知用于处理日常工作中带事务性的事情，常把有关信息或要求用通知的形式传达给有关机构或群众。

四、结构形式

通知的结构一般由标题、发文字号、主送机关、正文、落款五部分构成。

（一）标题

通知的标题一般有两种构成方式：

(1) 发文机关+事由+文种，如《中华人民共和国公安部关于严禁公安民警酗酒的通知》。

(2) 事由+文种，如《关于严格依法使用盘问检查措施有关问题的通知》。

（二）发文字号

发文字号一般由发文机关代字、年份、发文顺序号组成。联合行文时，使用主办机关的发文字号。

（三）主送机关

主送机关指通知的主要受理机关。顶格写在标题之下，正文之前，字体同正文。主送机关名称应当使用全称或者规范化简称、统称。

（四）正文

不同种类的通知，正文的写法也各有不同：

(1) 发布性通知正文的写法比较简单，多为篇段合一式，即一段到底。

(2) 指示性通知正文主要包括发布通知缘由、通知的具体事项和执行要求三部分内容。

(3) 告知性通知正文的写法，要因通知事项而定。

(4) 批示性通知是以批转、转发附件为主要目的，所以正文的写法比较简单，主要包括批转、转发文件、简要评价(即转发机关的"批语")和执行要求三部分内容。

（五）落款

在正文后写明发文机关名称，如果标题已包括发文机关，可以不署名。成文时间放在制发机关名称后，并加盖公章。

五、注意事项

(1) 通知的适用范围很广，写作时要根据实际情况选准类型。

(2) 通知的事项要具体明确、具有可行性，让人一目了然，使受文者能够正确理解并准确执行。

(3) 通知行文要及时，以便下级机关抓紧安排，提高工作效率。

六、应用示例

公安部关于印发《公安行政法律文书式样》的通知
公通字〔2012〕63号

各省、自治区、直辖市公安厅、局，新疆生产建设兵团公安局：

为确保行政强制法、禁毒法、出境入境管理法等法律的正确有效施行，配合《公安机关办理行政案件程序规定》(以下简称《程序规定》)的修订,公安部对 2006 版《公安行政法律文书(式样)》(试行)进行了修订。现将修订后的《公安行政法律文书式样》印发给你们,并就有关要求通知如下:

一、高度重视行政法律文书的应用。公安行政法律文书是公安行政执法活动的重要载体,统一规范公安行政法律文书,对于规范执法程序、促进执法公正,具有十分重要的意义。此次修订对 2006 版行政法律文书(式样)进行了较大幅度的整合、增减和补充完善,是有效落实《程序规定》、深化执法规范化建设的重要举措。各地公安机关要结合学习贯彻《程序规定》,对照《公安行政法律文书制作与使用说明》,切实加大学习培训力度,使广大民警迅速熟练掌握、正确运用新版行政法律文书。

二、进一步提升行政法律文书的制作水平。各地公安机关要积极采取措施,进一步规范行政法律文书的制作,切实提升制作质量和水平。要通过日常案件审核、执法质量考评等手段,确保所有法律文书内容完整、准确,格式统一、规范;结合推进执法公开、推行"说理执法"等措施,有效增强各类笔录的准确性和行政处理决定书的说理性。

三、切实加强对行政法律文书的管理。公安机关办理行政案件过程中需要的法律文书,公安部未制定统一式样的,各省级公安机关可以根据实际统一制定,但要注意法律文书的繁简适当,避免给基层办案增加不必要的负担。各级公安法制部门要加强对案件"入口"、"出口"和"强制措施"等重点环节的法律审核把关,严格对法律文书的监督管理,促进对执法活动的流程控制和质量管控。要加强对法律文书的信息化管理,尽可能使用计算机制作和管理法律文书,积极推行法律文书的网上审核审批,切实提高执法办案效率。

附件:公安行政法律文书式样。

公安部
二〇一二年十二月十八日

2.2.9　通报

一、概念

通报适用于表彰先进、批评错误、传达重要精神和告知重要情况。它的使用范围很广,各级党政机关和单位都可以使用。根据内容和功用,可将通告分为表彰性通报、批评性通报和情况通报三类。

二、特点

(一)告知性

通报常常是把现实生活当中一些正反面的典型或某些带倾向性的重要问题告诉人们,让人们知晓、了解。

(二)教育性

通报的目的,不仅仅是让人们知晓内容,它主要的任务是让人们知晓内容之后,从中接受先进思想的教育,或警戒错误,引起注意,接受教训。

（三）政策性

通报中尤其是表扬性通报和批评性通报的决定(即处理意见)，直接涉及到具体单位、个人，或事情的处理，同时，此后也会牵涉到其他单位、部门效仿执行的问题。

三、分类

（一）表彰性通报

表彰性通报即表彰先进个人或先进单位的通报。

（二）批评性通报

批评性通报指批评典型人物或单位的错误行为、不良倾向、丑恶现象和违章事故等的通报。

（三）情况通报

情况通报就是上级机关把现实社会生活中出现的重要情况告知所属单位和群众的通报。

四、结构形式

通报由标题、发文字号、主送机关、正文、落款五部分组成。

（一）标题

标题一般有两种形式：
(1) 发文机关+事由+文种，如《××省公安厅关于表彰"10.28"重大案件侦破组的通报》。
(2) 事由+文种，如《关于2003年公文处理情况的通报》。

（二）发文字号

发文字号由发文机关代字、年份、发文顺序号组成。

（三）主送机关

属于向指定范围发出的通报，主送机关栏要写明受文单位名称；如果是向所有下属机关发出的通报，可以不标注主送机关。

（四）正文

通报的正文，因其不同的类型而有不同的写法。
(1) 表彰性通报正文：表彰性通报的正文主要包括事迹介绍、事迹评价、表彰决定和希望要求等四个方面的内容。
(2) 批评性通报正文：批评性通报的正文主要包括叙述错误事实、分析评论错误、宣布处罚决定和提出希望要求四部分内容。
(3) 情况通报正文：情况通报的正文结构一般包括通报原因、情况叙述和对策要求三部分内容。

（五）落款

落款包括发文机关名称和日期，在正文右下方写明成文日期，并加盖发文机关印章。

五、注意事项

(1) 事例的典型性。
(2) 材料的真实性。
(3) 观点的鲜明性。
(4) 表达的叙议结合。

六、应用示例

关于对各市森林公安局 2011 年度工作考核情况的通报
林公政〔2012〕91 号

各市林业局：

2011 年度，全省各级森林公安机关广大民警，在当地党委、政府及林业主管部门、公安机关的正确领导下，紧紧围绕全省生态产业，绿色富民的目标，认真贯彻执行党和国家有关林业、公安工作的方针政策，全面融入林业中心工作，上下一心，团结奋进，攻坚克难，以严厉打击涉林案件和开展专项行动为手段，实现了立案数、破案率"双提升"，以及"亮剑行动"、"清网行动"、林区禁种铲毒"三大战果"的突出成效，有效保护了全省森林资源的安全和林区秩序的稳定；以"五化"建设为抓手，全面提高森林公安队伍整体素质，实现了队伍管理、执法本领、警务保障"三加强"，推动森林公安工作取得了新成效。

为表彰先进，激励斗志，根据省林业厅《关于印发〈全省市级森林公安机关(防火办)工作考核办法的通知〉》(林公政〔2012〕1 号，以下简称《考核办法》)规定，经过认真测评，我厅对各市森林公安局 2011 年度工作进行了量化考核，现通报如下：

一、考核结果

根据《考核办法》考评内容及评分细则，经综合评定，××市森林公安局总分第一名，××市森林公安局第二名，××市森林公安局第三名，其他各市森林公安局考核得分均在合格以上。考核得分和名次情况见附件。

二、奖励

根据《考核办法》相关规定，经研究决定：

(一) 对排序前 3 名的××市、××市、××市森林公安局予以通报表彰。

(二) 对年度考核第一名的××市森林公安局，其主要负责人由省森林公安局记个人三等功一次，具体程序按照《森林公安机关人民警察奖励办法》办理。

希望受表彰的单位发扬成绩，坚定信心，再接再厉，为全省森林公安事业做出更大的贡献，其他市森林公安局虚心向受表彰的单位学习，结合本地森林公安工作实际，认真总结经验，加强交流，查找差距和不足，取长补短，共谋发展，不断开创我省森林公安工作的新局面。

附件：2011 年度各市森林公安局工作考核得分排名表。

××省林业厅

二〇一二年七月三日

2.2.10　报告

一、概念

报告是向上级机关汇报工作，反映情况，答复上级机关询问的行政公文。

二、特点

（一）单向性

报告是下级机关向上级机关汇报工作、反映情况、提出建议时使用的单方向上行文，不需要上级机关给予批复。

（二）陈述性

报告在汇报工作、反映情况时，所表达的内容和使用的语言都是陈述性的。

（三）事后性

多数报告都是在开展了一段时间的工作之后，或是在某种情况发生之后向上级作出的汇报。

三、分类

（一）工作报告

凡是用来向上级汇报工作的报告都是工作报告。

（二）情况报告

对正常工作秩序之外的情况，或者一些有倾向性的新动态、新风气，以及最近出现的新事物等向上级汇报的报告称为情况报告。

（三）建议报告

对自己职权范围内的某方面工作有了深思熟虑、切实可行的设想之后，将其归纳整理成意见、办法、方案，上报上级，希望上级机关采纳的报告称为建议报告。

（四）答复报告

答复上级机关询问的报告称为答复报告。

（五）报送报告

报送报告是向上级报送文件、物件时使用的报告。

四、结构形式

报告一般由标题、发文字号、主送机关、正文、落款五部分组成。

（一）标题

标题主要有两种格式：发文机关+事由+文种；事由+文种。

（二）发文字号

发文字号由发文机关代字、年份、发文顺序号组成。发文机关级别较低或发文范围较小的可以不编发文字号。

（三）主送机关

报告的主送机关是直接的上级领导机关或业务主管部门。

（四）正文

报告的正文可分为缘由、内容和结尾三部分。

(1) 缘由。报告缘由概述基本情况，写报告的依据、原因和目的，常用"现将有关情况报告如下"引出下文。

(2) 内容。报告内容阐述报告的具体内容，或汇报工作，或反映情况，或答复上级机关的询问，一般采用条项并列式，篇幅较长的采用小标题。

(3) 结尾。结尾部分主要提出今后工作的要求和希望、意见和建议，常用"特此报告"、"专此报告"、"请审阅"、"请批示"作结语。

（五）落款

落款包括发文机关名称和发文日期。如标题已有发文机关名称，可省略署名，直接写明成文时间；如标题没有发文机关名称，必须先署名，再写成文时间，最后加盖印章。

五、注意事项

(1) 实事求是。报告中所涉及的事实情况、工作成绩、存在的问题等，都要真实可靠，一就是一，二就是二；不夸大，不缩小；不虚构，不隐瞒。

(2) 突出重点。写报告时，一定要紧紧围绕着报告的主旨来组织材料，做到详略得当，使中心明朗，重点突出。

(3) 及时有效。向上组机关汇报工作、反映情况、提出建议必须及时，注重时效。这有益于上级领导机关及时准确地掌握各项工作的动态情况，从而使决策更科学。

(4) 报告中不得夹带请示事项。

六、应用示例

××市公安机关 2013 年政府信息公开工作年度报告

根据《××市政府信息公开暂行办法》(××[2013]78 号)第二十九、三十条的规定，现将我局政府信息公开工作情况报告如下：

一、大力拓展公开形式，提高公开效果

我局大力拓展公开形式，从方便公众出发，注重利用新闻发布会等形式公开公安机关各种资讯信息；充分利用广播电视、报刊杂志等大众媒体的影响和作用，公布公安政策法规；利用办证大厅开设警务公开栏、公告栏；通过建立、完善信息咨询服务热线等形式，方便公众获取公安信息。同时，在我局政务网站佛山警务在线上专门开设网上咨询、"政府信息公开专栏"，将公开的信息进行整合，方便群众查阅，收到了较好的社会效益。

出入境管理：（略）

交通管理方面：（略）

人口管理方面：（略）

二、宣传推动力度加大，重点部门信息公开质量提高

为扩大公安信息公开工作的影响，使社会公众进一步关注和参与公安信息公开工作，2013 年，我局充分利用电视、广播、报刊和互联网、新闻发布会等多种方式、多种途径，广泛宣传，重点通过政府门户网站、××警务在线网站和 C2000 论坛、天天新论坛、××论剑网站等加强宣传，解答群众关心的热点问题。

三、充分利用政务网，努力提高公安工作透明度

在政务网定期发布最新公安信息。内容包括：法律法规、警务采购、公安招录、全市警务动态、警事要闻、警情播报、悬赏缉凶等。

四、存在主要问题和改进措施

一是公开意识及内容需要进一步提高。二是公开形式的便民性需要进一步提高。三是长效工作机制建设需要完善。下一步改进措施：一是充实公开内容。二是规范信息公开流程，方便公众获取公安信息。加强公安信息公开咨询服务工作。三是拓展公开形式。进一步发挥新闻发布会、各大媒体的作用。四是建设长效工作机制。

××公安局

二〇一三年二月二十四日

2.2.11　请示

一、概念

请示是适用于下级机关向上级机关请求指示、批准时使用的上行公文。凡属本单位无权、无力、无法解决的事项，都需用请示行文，请求上级机关给予指示或批准。

二、特点

（一）行文内容的请求性

请示的目的是请求上级批准或指示。

（二）行文目的的求复性

请示需要批复。

(三) 行文时间的超前性

请示只能事前行文。

三、分 类

(一) 请求指示的请示

此类请示一般是政策性请示，是下级机关需要上级机关对原有政策规定作出明确解释，对变通处理的问题作出审查认定，对如何处理突发事件或新情况、新问题作出明确指示等请示。

(二) 请求批准的请示

此类请示是下级机关针对某些具体事宜向上级机关请求批准的请示，主要目的是为了解决某些实际困难和具体问题。

(三) 请求批转的请示

下级机关就某一涉及面广的事项提出处理意见和办法，需各有关方面协同办理，但按规定又不能指令平级机关或不相隶属部门办理，需上级机关审定后批转执行，这样的请示就属此类。

四、结构形式

请示的结构包括标题、发文字号、主送机关、正文、落款五部分。

(一) 标题

请示的标题主要有两种格式：发文单位+请示事项+文种；请示事项+文种。

(二) 发文字号

标题下编写发文字号，按发文机关代字、年份、发文顺序号依次编写，发文机关级别较低或发文范围较小的也可以不编发文字号。

(三) 主送机关

请示必须写明主送机关，而且主送机关一般只写一个。受双重领导的机关向上请示应根据请示的内容，确定负责答复的上级机关为主送机关，另一个则用抄送形式。除领导直接交办的事项外，不得直接送领导者个人。一般不越级请示。

(四) 正文

请示的正文一般包括请示缘由、请示事项、请示要求三部分内容。

(1) 请示缘由。请示缘由要言简意赅地说明请示的原因、背景或依据。

(2) 请示事项。请示事项要清楚地写出请求上级指示、批准、批转的事项和有什么具体要求。

(3) 请示要求。请示要求常用"当否,请批示"、"以上请示妥否,请批复"、"以上请示,如无不妥,请批转各地、各部门执行"等作结束语。

(五) 落款

在正文右下方署发文机关全称或规范化简称,写明发文日期并加盖公章。

五、注意事项

(1) 撰写请示,理由要充分,要求要合理。

(2) 请示必须是一文一事,一事一请,不涉及其他内容。

(3) 请示必须事先行文,经上级批准后,才可以开展工作,不允许"先斩后奏"。

(4) 要逐级请示,除领导直接交办的事项外,请示不得直接送领导者个人。

(5) 要单头请示,请示只能有一个主送机关。

(6) 要把请示与报告区分开来,请示与报告不能混用,不能将请示写成报告,即不写"请示报告"。

六、应用示例

关于接收录用人民警察的请示

×公综〔2013〕202 号

××市公安局政治部:

根据我局 2013 年接收录用公务员的指标分配,经人事部门组织的公务员考试,×××、×××等 13 名考生成绩合格,并通过心理测试、体能测试、面试、体检、政审考核,基本符合接收录用人民警察条件。经研究决定,拟同意接收录用×××、×××(以后十一人略)为我局人民警察。

以上请示妥否,请批示。

附件:××县公安局拟录用人民警察基本情况表。

××县公安局

二〇一三年九月一日

2.2.12 批复

一、概念

批复是用于答复下级机关请示事项的公文。

二、特点

(一) 行文具有被动性

批复的写作以下级的请示为前提,先有请示,后有批复,被动行文。

（二）内容具有针对性

批复针对请示事项表明是否同意或是否可行的态度。

（三）效用的权威性

下级机关对上级机关的答复必须认真贯彻执行，不得违背。

（四）态度的明确性

批复的内容要具体明确，不能有模棱两可的语言。

三、分类

（一）根据内容分类

根据内容，批复可分为肯定性批复、否定性批复、既有肯定又有否定的批复和解答性批复。

（二）根据内容和性质分类

根据内容和性质，批复可分为审批事项批复、审批法规批复和阐述政策的批复等。

四、结构形式

批复包括标题、发文字号、主送机关、正文、落款五部分。

（一）标题

标题主要有以下几种形式：
(1) 批复机关+批复事由+文种。
(2) 批复机关+批复事由+请示机关+文种。
(3) 批复事由+请示机关+文种。

（二）发文字号

在标题下方标注发文字号，按机关代字、年份和发文顺序号依次编排。

（三）主送机关

批复的主送机关就是该请示的发文机关。

（四）正文

正文要写批复依据。要说明根据什么请示做出批复，引出来文标题及发文字号，写明收文时间，并用"经研究，批复如下"进入批复意见。

正文要对请求的事项做出明确具体的答复。如果是肯定性批复就要表示肯定态度，否定性的就要写明否定理由。有些批复就可以提出希望和要求。

（五）落款

签署发文机关名称、写明发文日期并加盖公章。

五、注意事项

(1) 行文要有针对性。
(2) 观点要明确。
(3) 批复要及时。
(4) 行文要言简意赅。

六、应用示例

公安部关于保安技防服务管理有关问题的批复

公复字〔2012〕2号

辽宁省公安厅：

你厅《关于提供技防服务业务的企业是否应纳入保安监管等有关问题的请示》(辽公通〔2012〕53号)收悉。现批复如下：

一、关于《保安服务管理条例》(以下简称《条例》)颁布前成立的各类开展技防服务的企业是否纳入保安监管范畴的问题。安全技术防范包括安全技术防范系统工程的设计、施工、维护以及报警运营服务等多个环节，其中报警运营服务是人力防范与技术防范的有机结合，是客户单位应用技术手段实现加强治安防范、预防和打击犯罪的关键环节，是保安服务的重要内容。因此，根据《条例》的有关规定，凡是开展报警运营服务的企业，均应纳入保安服务监管，并依法取得《保安服务许可证》。自行负责内部报警运营服务的企事业单位，应到公安机关保安监管部门备案。从事安全技术防范系统工程的设计、施工、维护等业务的企业，公安机关应按照有关法规和规章管理。

二、关于有关人员是否纳入保安员管理的问题。在开展报警运营服务的企业中从事人工值守和现场处置工作的人员，应当依据《条例》和《公安机关实施保安服务管理条例办法》的有关规定纳入保安员管理。

公安部

二〇一二年八月十六日

2.2.13 议案

一、概念

议案是各级人民政府按照法律程序向同级人民代表大会或人民代表大会常务委员会提请审议事项的公文。

二、特点

(一) 制发机关的法定性

议案的制发机关只能是各级人民政府，政府的职能部门无权制发。

(二) 内容的特定性

人民政府所提议案的内容必须属于该人民代表大会或常务委员会职权范围内的有关事项。

(三) 时效的规定性

各级人民政府的议案应当而且必须在同级人民代表大会或其常务委员会举行会议规定的限期前提出。提交大会审议的议案，必须限期审议表决或提出处理意见。

(四) 行文的定向性

议案只能由各级人民政府向同级人民代表大会或其常务委员会行文，不能向其他部门单位行文，主送机关也只有一个。

(五) 事项的必要性和可行性

议案中提出的方案办法措施，也必须是切实可行的，才有可能获得通过。

三、分类

(一) 根据内容分类

从内容上可分为：立法性议案、重大事项的决策性议案、任免性议案、建议性议案。

(二) 根据形成时间分类

从形成时间上可分为：平日议案、会上议案。

(三) 根据作者分类

从作者上可分为：人大常委会议案、人大专门委员会议案、人民政府议案、人大代表议案。

四、结构形式

议案的结构一般包括标题、发文字号、主送机关、正文、落款五个部分。

(一) 标题

一般由"发文机关+事由+文种"构成，如《国务院关于提请审议〈中华人民共和国消费者权益保护法(草案)〉的议案》。

（二）发文字号

发文字号一般用顺序号编写，以个人名义提交的议案不编写发文字号。

（三）主送机关

主送机关即审议议案的人民代表大会或人大常委会，须在正文前顶格书写。

（四）正文

议案的正文由缘由、主体、结尾三部分组成。缘由写提请审议的依据、意义或目的；主体写议案中提请审议的具体事项；结尾写提请人民代表大会或人大常委会的要求，常用"请审议"、"现提请审议"、"请审议决定"作结语。

（五）落款

发文机关即制发议案的人民政府的全称，或政府首长职务、姓名。发文机关下方写上发文的日期并加盖公章。

五、注意事项

(1) 注意作者与受文单位都具有限定性。

议案的作者是各级人民政府，受文单位为同级的人民代表大会，或各级人民代表大会常务委员会。需要注意的是《办法》中规定的文种"议案"，与各级人民代表大会代表向大会提请审议并立案的事项议案是不同的，与国家机关或团体召开会议时，会议代表提出的建议或意见的提案也是不同的。法定议案是国家行政机关行使职权的工具。

(2) 内容一案一事。

(3) 需要审议的法规草案、重大事项安排草案都需要将草案列为附件，以供审议。

六、应用示例

国务院关于提请审议国务院机构改革方案的议案

全国人民代表大会：

中国共产党第十七次全国代表大会明确提出，要加快行政管理体制改革，抓紧制定行政管理体制改革总体方案。根据党中央的部署，经过认真调研，广泛听取意见，反复研究论证，形成了《关于深化行政管理体制改革的意见》和《国务院机构改革方案(草案)》，并先后经国务院常务会议、中央政治局常务委员会会议、中央政治局会议讨论和修改。党的十七届二中全会审议通过了这两个文件。现将《国务院机构改革方案》提请第十一届全国人民代表大会第一次会议审议。

国务院总理　温家宝

二〇〇八年三月四日

2.2.14　函

一、概念

函是用于不相隶属机关之间商洽工作、询问和答复问题、请求批准和答复审批事项的公文。

二、特点

（一）适用范围广泛

函使用起来灵活方便。

（二）行文方向具有多向性

函既可以平行，又可以上行、下行，但大多作平行文。

（三）短小精悍

函有"公文轻骑兵"的称号。

三、分类

（一）按性质分类

按性质分类，函可以分为公函和便函两种。公函用于机关单位正式的公务活动往来；便函则用于日常事务性工作的处理。

（二）按发文目的分类

按发文目的分类，函可以分为发函和复函两种。发函即主动提出了公事事项所发出的函。复函则是为回复对方所发出的函。

（三）按内容和用途分类

按内容和用途分类，函还可以分为商洽事宜函、通知事宜函、催办事宜函、邀请函、请示答复事宜函、转办函、催办函、报送材料函等。

四、结构形式

函一般由标题、发文字号、主送机关、正文、落款五个部分组成。

（一）标题

标题一般是由发文机关、事由、文种三者组成的标准式标题，如《××市公安局关于××同志的商调函》。有时可省去发文机关，如《关于配合做好拆迁工作的函》。如果是复函，在标题上要写明××机关答复什么问题的复函，如《国务院办公厅关于悬挂国徽等问题给××省人民政府办公厅的复函》。

（二）发文字号

正式的函，不管是发函还是复函，应标注发文字号。发文字号应按机关代字、年份、序号依次而写。

（三）主送机关

函的主送机关应写全称或规范化简称，复函的主送机关即为来函机关。

（四）正文

函的正文一般由缘由、事项、结语组成。

(1) 缘由。如果是发函，开头简明扼要地说明发函的原因和目的；如果是复函，首先言明来函收到，可写明来函日期、函件名称或发文字号。

(2) 事项。事项是函的主体部分，要写清楚商洽内容、询问或请求批准的主要事项；如果是复函，要针对来函事项作出答复。

(3) 结语。不同类别的函，结语也各不相同。商洽函常用"此函"、"请予支持"、"请予协助"等惯用语；询问函用"请予函复"、"盼复"等；请批函用"请予批准"、"请予核准"等；复函用"此复"、"特此函复"等。

（五）落款

一般写发文机关的全称，有的函还写明抄送单位机关名称。在发文机关下方写上发文日期并加盖公章。

五、注意事项

(1) 内容单一明确。
(2) 用语谦和礼貌。
(3) 行文郑重规范。
(4) 在正文结尾时，常用致意的词语。

六、应用示例

××公安厅××研究所关于建立全面协作关系的函
×公函字〔20××〕×号

××大学：

近年来，我所与你校双方在一些科学研究项目上互相支持，取得了一定的成绩，建立了良好的协作基础。为了巩固成果，建议我们双方今后能进一步在学术思想、科学研究、人员培训、仪器设备等方面建立全面的交流协作关系，特提出如下意见：

一、定期举行所、校之间学术讨论与学术交流。(略)

二、根据所、校各自的科研发展方向和特点，对双方共同感兴趣的课题进行协作。(略)

三、根据所、校各自人员配备情况，校方在可能的条件下对所方研究生、科研人员的培训予以帮助。(略)

四、双方科研教学所需要高、精、尖仪器设备，在可能的条件下，予对方提供利用。(略)

五、加强图书资料和情报的交流。

以上各项，如蒙同意，建议互派科研主管人员就有关内容进一步磋商，达成协议，以利工作。特此函达，望研究见复。

　　　　　　　　　　　　　　　　　　××公安厅　　××研究所(盖章)

　　　　　　　　　　　　　　　　　　　二〇××年×月×日

2.2.15　纪要

一、概念

纪要适用于记载会议主要情况和议定事项，主要用来沟通情况、交流经验、统一认识、指导工作。

二、特点

(一) 内容的纪实性

纪要要如实地反映会议内容。

(二) 表达的概括性

纪要重点围绕会议主旨及主要成果进行整理、提炼和概括。

(三) 指导性

除凭证作用、资料作用之外，多数会议纪要具有指导工作的作用。

三、分类

(一) 决策型纪要

以会议形成的决定、决议或者议定事项为主要内容的会议纪要称为决策型纪要。

(二) 交流型纪要

以思想沟通或情况交流为主要内容的会议纪要属于交流型纪要。

(三) 研讨型纪要

研讨型会议纪要的鲜明特点是并不以共识和议定事项为主要内容，而是以介绍各种不同的观点和争鸣情况为主。

四、结构形式

纪要一般由标题、发文字号、正文、落款四个部分组成。

(一)标题

纪要最常见的标题是会议名称加文种，如《全国教育工作会议纪要》。此外，还有三要素齐全的标题和正副标题式的标题。

(二)发文字号

纪要一般不编写发文字号，有时也用会议的时间代替发文字号。

(三)正文

会议概况交代会议的召集单位、时间、地点、与会人数、主持人、到会领导人及其有关活动、会议的主要议题等。

会议议定事项的写法：办公会议和专门会议常用"条文式"；经验交流会和学术会议常用"综述式"；座谈会常用"摘记式"。结尾一般写希望和要求，也可不写。

(四)落款

落款包括署名和时间两项内容。署名一般只用于办公会议纪要，署上召开会议的领导机关全称，下面写上成文日期。其他纪要一般不署名，只写成文日期。

五、注意事项

(1) 注意与会议记录的异同。
(2) 会议纪要不需加盖公章。
(3) 成文日期一般以会议通过日期或领导人签发日期为准，用圆括号注于标题正下方。
(4) 简短通俗，但不能简而不明。
(5) 条理清楚，篇幅不宜过长。

六、应用示例

第五届中俄禁毒合作会议纪要

8月4日至6日，第五届中俄禁毒合作会议在俄罗斯阿尔泰边疆区别洛库里哈市成功召开。中国国家禁毒委员会副主任、公安部副部长张新枫和俄罗斯联邦麻醉品监管总局副总局长基科分别率团出席。会议回顾了近年来特别是第四届中俄禁毒合作会议以来两国禁毒合作取得的新进展、新成效，分析了当前两国面临的地区毒品形势，就加强两国禁毒战略情报交流、部署边境地区开展查缉毒品联合行动、合作侦办毒品个案、拓展易制毒化学品管理、禁毒宣传教育、禁吸戒毒、禁毒培训等领域合作、推动落实上海合作组织成员国禁毒部门领导人会议成果等问题达成广泛共识。会议签署了《中华人民共和国公安部和俄罗斯麻醉品监管总局禁毒合作部长级会议纪要》。

近年来，中俄禁毒合作不断发展，双方先后签署政府间、部门间禁毒合作协议及边境地区禁毒合作议定书，成功召开四届中俄禁毒合作会议，并将边境地区禁毒执法合作提升为中央层面全方位、多领域禁毒合作，成为两国高水平的战略协作伙伴关系的重要组成部分。特别是第四届中俄禁毒合作会议以来，两国禁毒部门领导人加强战略沟通，双方围绕议定的优先合作方向和明确的重点事项，加大合作力度，拓展合作领域，丰富合作内容，在深化双边禁毒合作以及推动上海合作组织成员国禁毒合作务实开展方面取得了新成效。

为进一步密切中俄两国战略协作伙伴关系，共同应对日益严峻的全球及地区毒品形势，双方一致同意进一步完善和深化两国禁毒合作机制，全面推进两国禁毒务实合作，重点加强两国禁毒战略情报交流，在边境地区联合开展打击跨国毒品犯罪行动，合作查缉易制毒化学品、麻醉药品、精神药品和单方列管物质走私活动，进一步拓展毒品预防教育、戒毒康复、预防因吸毒引发艾滋病等方面交流与合作，为消除毒品危害、造福两国人民做出积极贡献。

公安部禁毒局、国际合作局以及内蒙古、吉林、黑龙江、新疆等省(区)公安厅禁毒部门主要负责人参加了会议。

二〇××年×月×日

思考与练习

一、单项选择

1. 根据文件来源，在一个机关内部可将公文分为(　　)。
　　A. 收文、发文　　　　　　　　　B. 通用公文、专用公文
　　C. 上行文、平行文、下行文　　　D. 对外可公开和对内部使用的公文

2. 发文字号的排列顺序是(　　)。
　　A. 发文机关代称+顺序号+年号　　B. 年号+发文机关代称+顺序号
　　C. 发文机关代称+年号+顺序号　　D. 顺序号+发文机关代称+年号

3. 一般应标识签发负责人姓名的文件是(　　)。
　　A. 上行文　　　B. 平行文　　　C. 下行文　　　D. 越级行文

4. 公文的作者是指(　　)。
　　A. 撰稿人　　　B. 审核人　　　C. 签发人　　　D. 发文机关

5. 大多数公文生效的必备条件是(　　)。
　　A. 注发　　　　B. 签发　　　　C. 签署　　　　D. 用印

6. 商洽性文件的主要文种是(　　)。
　　A. 请示　　　　B. 报告　　　　C. 函　　　　　D. 通报

7. 下列公布性公文的文种是(　　)。
　　A. 通知　　　　B. 通报　　　　C. 报告　　　　D. 通告

8. 批复是答复下级请示的文件，是(　　)。
　　A. 被动行文　　　　　　　　　　B. 主动发文

C. 对报告的批件　　　　　　　　D. 下级没有请示，用来指导工作的

9. ×公安局需将本月发案情况告知全局民警，应使用(　　)。

A. 通知　　　　B. 通告　　　　C. 通报　　　　D. 情况报告

10. 意见作为下行文时，具有的特点是(　　)。

A. 建议性　　　　B. 指导性　　　　C. 说理性　　　　D. 请示性

11. ××道路需铺设地下光缆，一个月内该道路禁止通行，需向群众广而告之，用(　　)文种。

A. 公告　　　　B. 通告　　　　C. 通知　　　　D. 公报

12. 国务院授予巴金"人民作家"荣誉称号，可使用(　　)。

A. 命令　　　　B. 议案　　　　C. 决定　　　　D. 公告

13. "我市今年九月份以来，发生撬盗案件数起，据现场分析可能系一人连续作案。现将发案时间、地点及失物特征印发给你们，请在摸底排查中注意发现赃物，及时打击刑事犯罪分子的嚣张气焰。"(　　)。

A. 这是某表扬通报的导语

B. 这是某批评通报的导语

C. 这是某情况通报的导语

D. 这是某通告的导语

14. 《关于××厂进口 SD6 型自动车床的请示》，作者是(　　)。

A. ××厂　　　　　　　　　　B. ××厂的负责人

C. 起草文件的刘秘书　　　　　　D. 签发文件的董厂长

15. 下列"请示"的结束语中得体的是(　　)。

A. 以上事项，请尽快批准

B. 以上所请，如有不同意，请来函商量

C. 所请事关重大，不可延误，务必于本月 10 日前答复

D. 以上所请，妥否? 请批复

16. 答复上级机关的询问，使用(　　)。

A. 通报　　　　B. 请示　　　　C. 报告　　　　D. 通知

17. 以下不能用来处分或批评错误人员的文种是(　　)。

A. 通知　　　　B. 命令　　　　C. 决定　　　　D. 通报

18. 通用公文标题三项内容中，不可省略的是(　　)。

A. 发文机关　　　　B. 文种　　　　C. 事由　　　　D. 机关印章

19. 下列文种属于平行文的是(　　)。

A. 通告　　　　B. 公告　　　　C. 请示　　　　D. 函

20. 常以会议认为、会议指出、会议强调、会议决定等提示语在文中出现的公文是(　　)。

A. 报告　　　　B. 意见　　　　C. 函　　　　D. 会谈纪要

二、多项选择

1. 按公文的性质、特点划分，公文可分为(　　)。

A. 指令性公文　　B. 知照性公文　　C. 报请性公文　　D. 事务性公文

2. 公文标题的三要素是( )。

    A. 发文机关名称   B. 受文机关名称   C. 事由   D. 文种

3. 公文的发文字号由( )组成。

    A. 发文机关代号   B. 发文年号   C. 发文顺序号   D. 文件注释号

4. 下列在行文时可供选择的项目是( )。

    A. 标题   B. 发文机关   C. 发文字号   D. 附件附注

5. 公文的行文方式有( )。

    A. 逐级行文   B. 多级行文   C. 越级行文   D. 直接行文

6. 公文处理主要分为( )。

    A. 收文和发文   B. 立卷、归档   C. 登记与分发   D. 整理与保管

7. 下面属于公文必备的基本组成部分有( )。

    A. 发文机关   B. 报送机关   C. 标题   D. 成文日期

8. 下面说法有错误的是( )。

    A. 盖印要端正、清晰，做到上压正文，下压成文日期。

    B. 联合发文，须有各发文单位的发文字号。

    C. 联合行文的成文日期以最后签发机关的签发日期为准。

    D. 公文中都应有附注。

9. 下面说法有错误的是( )。

    A. 完整的公文标题应由发文机关、事由、文种组成。

    B. 拟写标题时，为了简练，可以不标明文种。

    C. 为了语意确切，不产生歧义，公文标题字数可以到 60 字以上。

    D. 每一份公文都必须正确标明文种。

10. 公文写作的基本要求有( )。

    A. 内容上符合党和国家的路线、方针、政策和法律法规

    B. 一文一事、中心明确

    C. 用语庄重、简明、通顺、平实

    D. 格式不必强求一致

11. 公文写作前提是( )。

    A. 明确行文目的   B. 向领导请示写法

    C. 确定使用的文种   D. 选择优美的语言

12. 公文的主要表达方式有( )。

    A. 叙述   B. 抒情   C. 议论   D. 说明

13. 公文语言的庄重、严肃、典雅主要表现在( )。

    A. 专业术语的使用   B. 形象生动的词语

    C. 方言土语的使用   D. 谦辞的使用

三、简答

1. 简述公文的特点。

2. 一份完整的公文由哪些部分构成？

3. 如何发文？

4. 通告与通知的异同。

5. 撰写请示要遵循的原则。

6. 通知与通报的区别是什么？

7. 公告与通告有何区别？

8. 报告与请示有哪些不同？

9. 决议和决定的区别。

10. 公告和公报的区别。

11. 命令(令)、决定、通报的异同。

四、应用写作

1. 请根据下面所给的材料以××市公安局的名义，向所属的各单位发一份批评通报。
要求：结构完整，叙事清楚。

材料：

为了严肃纪律，保证人民警察的秉公执法，树立人民警察的良好形象，××市公安局发布了民警一律不准到营业性歌舞厅娱乐的规定，并三令五申要求各单位教育好民警遵守此规定。但就在××市公安局的这个规定公布不久，所属的××分局民警刘××、叶××于20××年3月29日晚，带各自的女友到××歌厅，刘、叶两人喝了2瓶"北京醇"白酒和3瓶啤酒，之后刘、叶又喝了6听啤酒。凌晨1时许，叶交450元娱乐费后离开歌厅。他们到××饭店停车场取车时，因存车费价格问题，与饭店停车场收费员孙××发生口角，并殴打孙，导致孙面部、胸部和四肢软组织挫伤(轻微伤)。事发后，××分局决定对刘××、叶××治安拘留15天，并决定将刘××、叶××限期转出公安机关。通过这件事，市局认为刘、叶两人的问题不仅是民警个人纪律观念淡薄，更主要的是单位领导对民警的思想教育不够，制度不落实。因此市局要求所属各单位要从此事中吸取教训，特别是领导干部更应切实抓好队伍的管理与民警的思想教育工作，避免此类事情再度发生。

2. 指出下例中不规范之处并制作出符合公文要求的公文。

××省交通厅关于成立××公路技工学校的请示

省劳动厅并省人民政府：

近年来，我省公路交通建设事业发展很快，但公路养护工人不足，素质低，不能适应公路建设的需要。为了解决公路建设和养护技术工人的培训问题，我厅同意省公路管理局在××公路职工学校的基础上建立××公路技工学校，并力争在20××年招生，学校编制××人，定为副处级事业单位，在校人数为××人。学校校址在××市长岗岭三里10号。开设公路工程与养护、筑路养路机械运用与修理等专业。招收初中毕业生，学制3年。面向全省招生，实行定向招生、定向分配。学生毕业后分配到公路部门的养护道班或施工单位工作。所需办学经费从公路养路费中解决。

特此请求，请予以批复。

××省交通厅

二○××年一月二十一日

3. 公文评改。

关于建设水闸急需调拨水泥、钢材的请示

××县人民政府，××县水利局：

我们乡遵照县人民政府所发出的大力兴修小型水利，发展农业生产的指示精神，通过三番五次讨论，作出了一项决定：本着自力更生、勤俭节约的原则，自己筹集金钱和劳力，在沿江四个村各建筑小型水闸一座。建闸必需的黄沙、石料由我们乡里就地取材，自行解决，但水泥、钢材都没有，请县里批准同意调拨我乡水泥××吨，钢材××吨，我们等着使用，务请帮忙解决为要！

抄报：××县建工局

××县建新乡

20××年6月7日

4. 请以警官学院有重大外事活动，需对教场北路实行交通管制，以×市政府名义写一份通告。

第三章

事 务 公 文

第一节 事务公文概述

一、概念

事务公文是机关、团体、企事业单位在处理日常事务时用来沟通信息、安排工作、总结得失、研究问题的实用文体。由于这类管理类文体处理的日常事务亦为公务，所以事务公文属于广义的公文范畴。它与狭义公文(党政机关15种)的区别在于：一是无统一规定的文本格式；二是不能单独作为文件发文，需要时只能作为公文的附件行文；三是必要时它可公开面向社会，或提供新闻线索(如简报)或通过传媒宣传(如经验性总结、调查报告等)。

二、特点

党政公文和事务公文是党政管理工作的左膀右臂，常常是党政公文作为主件代机关作权威性的立言，事务公文作为附件，使文件内容更加具体、翔实。和党政公文相比，事务公文具有以下特点：

(一) 作者广泛

事务公文不像公文那样具有严格的法定作者，它的制作者有的是以机关的名义，有的是以机关的某个部门的名义，有的则是以机关的领导人或代表的名义来制发，甚至各行各业的群众和个人都可以订计划、作总结、搞调查，因此，它的作者具有广泛性。正因为如此，事务公文的使用频率远远超过法定公文，涉及面广泛。机关工作中，计划、总结、简报乃至于信、电，事无巨细，都可以派上用场。有时，还作为正式公文的附件去行文，具有公文同等的法定权威和效力。

(二) 程序简便

法定公文的制发和处理须经过一定的程序，不得擅自处理，而事务公文没有那样严格的处理程序，只需按照各种组织隶属关系行文即可。

（三）行文宽泛

法定公文有严格的行文规则，而事务公文行文相当宽泛自由，可以灵活选择行文对象，也可越级行文，如简报，就可以上报，也可以平送，还可以下发，而会议记录、大事记因属内部资料，一般不外发。

（四）体式灵活

法定公文的体式必须按照国家统一确定的规范体式制作，各级各类机关都必须按照规定的体式制发文件。事务公文没有这样特定的体式，统一的标准，这就决定了事务公文不必像法定公文那样讲求规范性。事务公文的各类文种完全是依据自身特点和长期以来"约定俗成"的，被人们认可的体式来制作的，因此，具有很强的灵活性。在谋篇布局上，可针对不同的文种，除必须反映的文种实质的内容外，均可灵便处理，并无硬性规定。

三、作用

事务公文是党政机关、社会团体、企事业单位内部处理日常工作时经常使用的业务文书，其作用有以下几点。

（一）宣传和教育的作用

事务公文通过分析形势，申明政策，或介绍经验，表彰先进，抨击丑恶，可以起到宣传教育的作用，提高人民大众的政策、道德水平和工作热情。

（二）桥梁和纽带的作用

沟通情况、联系工作得有一定的手段和凭证，事务公文起到的正是这种凭证作用，比如：简报、合同、调查报告等。

（三）记载和凭证的作用

有些事务公文需要留存起来，作为资料使用，供人们了解各种情况，比如：调查报告、简报等。

（四）规范和约束的作用

有些事务公文，本身就是体现党和国家的方针政策、指导人们做好工作的重要工具，比如：计划、规章制度等。

四、分类

事务公文种类繁多，常用的有以下几类。

（一）计划类

计划类包括计划、规划、安排、设想等。

（二）调查总结类

调查总结类包括调查报告、总结等。

（三）记录简报类

记录简报类包括简报、会议记录、大事记、工作日志等。

（四）规章制度类

规章制度类包括条例、规定、办法、公约等。

第二节 具体文种写作

3.2.1 计划

一、概念

党政机关、社会团体、企事业单位或个人，为完成某项工作和任务，根据党和国家的有关方针、政策以及上级的要求，结合本地区、本单位或个人的实际情况，事先制订出目标、要求、措施、步骤等的书面材料。

二、特点

计划是管理职能的前提和基础，它是用文字和指标等形式，组织以及组织内不同部门和不同成员，在未来一定时期内，关于行动方向、内容和方式安排的管理文件。它具有以下特点：

（一）针对性

计划都是针对本部门、本单位的实际情况，针对形势的发展和上级要求等制订的。

（二）预见性

计划是做好未来的工作，是为完成今后的工作而制订的，它必须对未来作出科学的预见。制订计划既要站得高看得远，又要想得实做得到，要对各种情况作出正确的估计、分析，使计划切实可行，实施顺利。

（三）规范性

不同内容的计划，可以有多种不同的写法，但它们都必须具备计划的三要素：任务、措施和完成时间，即做什么，怎么做，什么时候做。

三、分类

通常工作中所见的规划、纲要、设想、方案、要点、安排、打算等，都是对今后的工作或活动作出的部署和安排，都属于计划这个范畴，只不过它们在范围大小、时间长短、内容详略等方面各有不同，因而拟写计划时必须根据不同情况使用不同的文种。

(一) 按性质分类

按性质分为工作计划、学习计划、生产计划、科研计划等。

(二) 按内容分类

按内容分为综合计划、专题计划等。

(三) 按范围分类

按范围分为国家计划、地区计划、单位计划、个人计划等。

(四) 按时间分类

按时间分为年度计划、季度计划、月份计划等。

(五) 按形式分类

按形式分为条文式计划、表格式计划、条文表格综合式计划等。

(六) 按作用分类

按作用分为指令性计划、指导性计划等。

四、结构形式

计划的结构一般包括标题、正文、尾部三部分。

(一) 标题

标题一般由单位名称、计划时限、内容和文种构成，如《××市公安局治安处 2012 年工作计划》。如果计划还不够成熟或者还没有正式通过，应在标题后面括号内加注(草案)、(初稿)、(讨论稿)、(征求意见稿)等字样。

(二) 正文

正文是计划内容的具体体现，是计划的主体，一般应包括三个部分：

(1) 前言：制订计划的依据和指导思想，主要说明为什么制订计划。前言部分有两方面的内容：一是对本单位情况的分析，这是制订计划的客观基础；二是上级的有关方针、政策，这是制订计划的理论基础。

(2) 主体：包括计划要达到的目的，完成任务的步骤、方法、措施及完成时限。主体部分的内容主要有两个，前面明确"做什么"，后面说明"怎么做"。

(3) 结尾：计划的内容逐次写完，全文就结束，不另写结束语，也有在最后用表达完成计划决心作结束语的。

（三）尾部

尾部在正文后面的右下方，主要写明成文日期。如果单位名称在标题中没有出现，就应在这里签署并加盖公章。

五、注意事项

(1) 目的明确。制订计划的目标、措施、方法、步骤和责任等必须表述清楚、重点明确。

(2) 具有可行性。计划事项和措施，要根据实际需要和客观条件要确实可行并留有余地。

(3) 量化目标和要求。无论是长期计划还是短期计划，要尽可能使目标和要求做到量化，任务具体，措施详尽，便于考核和评价。

(4) 注意协调性。在制订计划时，计划内容要注意和上级的指示精神协调一致。

六、应用示例

××市局 2013 年至 2014 年公安工作思路和规划

从现在起到 2014 年，全市公安机关将紧紧围绕市委、市政府确定的打造宁杭城市带上重要中心节点城市和建设全国科学发展示范城市的宏伟目标和发展战略，坚持以创新社会管理为动力，以基层基础为力点，以科技信息化建设为支撑，以锻造铁军队伍为保障，全面提升公安机关维护社会安全稳定、服务保障经济发展的能力和水平，力争使我市公安工作总体业绩和平安建设主要指标进入地区先进行列，各项服务发展、保障民生的措施成效在全市党政系统达到领先水平。

一、深化推进严打整治斗争，全力优化社会治安环境。健全完善社会治安形势动态评估机制，严厉打击杀人、伤害等严重暴力犯罪、黑恶势力犯罪以及"两抢一盗"等多发性侵财犯罪，力争每年现行命案侦破率保持 100%、八类案件破案率保持 80% 以上，打黑除恶、打击"两抢一盗"、追逃、禁毒等重要工作绩效进入地区先进行列。大力推进科技强警建设，力争运用科技手段破案数每年不低于全部破案数的 70%。进一步健全完善治安重点整治机制，切实强化重点场所、部位的日常管控和监督检查，确保不发生群众反映强烈的治安乱点地区和突出治安问题。

二、加快构建现代治安防控体系，全面增强治安管控效能。大力加强巡防大队和派出所专业巡防队建设，进一步规范治安卡口和社区警务室日常运作，积极发展壮大"红袖标"等群防群治队伍，全面提升发现打击现行能力，使我市刑事案件万人发案率控制在 90 起以内，"两抢"、入室盗窃等警情变动率不超过 5%。加快"技防城"建设步伐，继续深化"技防入户"工作，确保 2013 年底前全面完成"技防城"建设，技防乡镇(街道)规范化运行率及主要街道路面、治安卡口技防建设达标率 100%。全面加强信息化条件下的社区警务工作，进一步做好信息采集、人口管理、治安防控等基础工作，力争到 2014 年流动人口登记率、出租房屋登记录入率、境外人员住宿登记准确率等基础工作指标进入无锡地区先进行列。

三、改革创新公安行政管理手段，进一步提高服务保障水平。积极推进户籍管理制度改革，进一步放宽投资落户、携科技成果落户和特殊专才落户政策，并探索实施居留签证改革，通过设立境外人员服务站，全面提高对境外投资者的服务质量。强化交通、消防、危险品等公共安全监督工作，深入推进交通、消防进社区、农村、单位工作，不断深化文明交通行动和社会消防宣传，深入推进涉危安全管理，切实打牢公共安全基础，确保不发生影响重大的群死群伤事故。认真履行便民利民服务发展承诺，普遍推行"一窗式"、"一站式"等工作模式，深入延伸"4S"窗口服务，广泛推广网上公安、平安微博、警民QQ等网络互动平台，使各项便民利民服务措施更加贴近民生需求、快捷高效。

四、严格公安队伍教育管理，积极锻造公安铁军品牌。围绕建设学习型机关、学习型队伍的目标，结合"能力建设"三年行动纲要，进一步加强思想政治教育，全面落实"三个必训"制度，广泛开展练兵竞赛、业务比武，提高队伍的综合素质和战斗力。大力推进反腐倡廉和执法规范化建设，强化权力运行监督，深入推进三级绩效考核，毫不放松地抓好"五条禁令"、"四个严禁"等警规警纪的贯彻执行，以"零容忍"的态度严肃查处违规违纪违法问题，坚决清除害群之马、纯洁公安队伍，力争使队伍中违规违法现象逐年减少。认真落实执法权益保护、因病救治、健康体检等从优待警措施，千方百计帮助民警解决实际困难，在队伍中形成"待遇不足情感补、政策不足关爱补"的氛围，不断增强公安队伍的凝聚力、向心力。

3.2.2　总结

一、概念

总结是单位或个人对某一阶段工作或某一具体任务的完成所作的系统回顾、分析研究，从中归纳出经验和成绩，找出问题和不足，得出一些规律性的认识，以指导今后的工作和学习的文字材料。

二、特点

总结是对某种工作实施结果的总鉴定和总结论，是回顾以往工作，对实践的一种理性认识，是做好各项工作的重要环节。它具有以下特点。

（一）回顾性

总结的内容是回顾已经做过的工作，在总结的时间段内，做了多少就写多少，不能无中生有，不能夸大掺假。

（二）经验性

总结的目的不仅仅是在回顾已经做过的工作，还在于把感性的认识上升到理性的高度，从具体工作中引出经验教训，为以后的工作提供借鉴。

三、分类

从性质、时间、形式等角度可划分出不同类型的总结，从内容分主要有综合总结和专题总结两种。综合总结又称全面总结，它是对某一时期各项工作的全面回顾和检查，进而总结经验与教训。专题总结是对某项工作或某方面问题进行专项的总结，尤以总结、推广成功经验为多见。总结也有各种别称，如自查性质的评估及汇报、回顾、小结等都具有总结的性质。

（一）根据内容分类

根据内容的不同，可分为工作总结、生产总结、学习总结、教学总结、会议总结等。

（二）根据范围分类

根据范围的不同，可分为全国性总结、地区性总结、部门性总结、本单位总结、班组总结等。

（三）根据时间分类

根据时间的不同，可分为月总结、季总结、年度总结、阶段性总结等。

（四）根据内容和性质分类

根据内容和性质的不同，可分为全面总结和专题总结两类。

四、结构形式

总结一般由标题、正文和落款组成。

（一）标题

标题是根据总结的目的要求和具体内容拟定，形式多样。
(1) 直接点明总结的单位、时间和种类。
(2) 突出中心内容，用概括的一句话点明总结的中心内容，精练鲜明。
(3) 正、副标题结合，正标题概括总结主题，副标题点明总结的单位、种类。

（二）正文

正文是总结的主体部分，其基本内容包括基本情况、经验教训、存在问题与今后的努力方向等。从结构说，可分为开头、主体、结尾三部分。
(1) 开头。开头又叫引言，主要说明总结的目的内容以及所要总结的问题、背景、时间、地点、经过等有关情况。
(2) 主体。主体主要包括：① 叙述工作进度和具体措施，概括经验，提出问题。② 抓住问题，夹叙夹议，既谈情况，又谈经验教训。③ 先谈工作情况和具体措施，再提几个突出问题，分列不同作法，予以比较，最后得出结论。④ 分别介绍每个阶段工作情况、经验教训和存在问题。
(3) 结尾。结尾揭示存在的问题，明确今后的努力方向。

（三）落款

总结的具体单位和时间，必要时可加盖公章。

五、注意事项

(1) 主题要明确集中。

(2) 材料要反映观点。

(3) 内容要真实客观。

(4) 经验要符合客观规律。

(5) 语言要准确，文字要朴实，条理要清楚。

六、应用示例

2013 年公安工作总结

县公安局在 2013 年的工作中，深入学习实践科学发展观，全力推动全县公安工作全面发展，以稳定压倒一切为己任，全力维护了我县社会政治稳定，通过建立组织机构，紧密结合我县公安实际工作，分别制定了公安信息化、执法规范化、警民和谐关系建设方案，明确了目标任务，并由局有关领导牵头狠抓落实，全面推进"三项建设"工作，进一步打牢了我县公安工作根基，并坚持不懈地开展严格整治斗争，始终保持了对刑事犯罪的高压态势，加强了全县治安防控体系建设，提高了控制和管理社会治安的能力。在 2013 年工作中圆满完成了各项工作任务，为建设经济强县创造了良好的治安环境。国庆安保和信访稳定工作被市委、市政府、县委、县政府评为先进单位，行风评议再创历史记录名列全县第二，执法质量考评被评为全市优秀，公安宣传工作被评为全市先进。现将今年的工作情况做以下汇报。

一、认真履行职责，全力维护了全县社会治安稳定。

公安机关是维护社会治安稳定的主力军。我局充分发挥职能作用，采取措施，履职尽责，维护了全县的政治稳定和社会安定。

(一) 国庆安保大获全胜，维稳能力显著增强。(略)

(二) 打击刑事犯罪工作进一步加强，打击效能大幅提升。(略)

(三) 整体防控工作严密有效，治安形势进一步好转。(略)

(四) 行政管理不断优化，服务民生成效明显。(略)

二、强力推进"三项"建设，为公安工作实现跨越发展奠定了基础。

公安信息化，执法规范化，和谐警民关系"三项"建设是公安部党委的战略部署，是新时期公安事业发展的平台和力量支撑，我局按照上级公安机关的部署，强力推进"三项建设"。一是公安信息化迈出大步伐。……二是执法规范化跃上新台阶，建立健全了《公安机关常见警情处置规范》等各项执法制度；实行了月通报、季考核、年总评相结合的执法质量考评；明确五级审核把关制度，建立案件审核档案；强化民警执法培训，提高民警执法素质，使全局执法进一步规范化。三是警民关系进一步和谐。……

三、全面加强了队伍建设，为完成新时期各项公安工作任务提供了有力保障。

在全部公安工作中，队伍建设是根本，也是保证。牢固树立现代化管理理念，变经验式、粗放式管理为科学化、精细化的现代化管理模式。一是扎扎实实完成了学习实践科学发展观、干部作风建设年的教育活动。……二是民警的实战水平有了新提高。……

虽然我局 2013 年做了大量工作，取得了一些成绩，但还存在一些问题和不足。诸如，个别民警素质不高，一些案件未能及时侦破，对待群众仍有冷横硬推等现象。在今后工作中，我们将发扬成绩，力戒不足，以更加昂扬的斗志和顽强拼搏的精神做好各项工作，为构建平安再立新功。

四、2014 年全县公安工作部署。

2014 年，全县公安工作的目标和总体要求是："以邓小平理论和'三个代表'重要思想为指导，深入贯彻落实党的十七大和十七届四中全会精神，以科学的发展观统领公安工作和队伍建设，紧紧围绕全面建设小康社会的总目标，牢牢把握维护重要战略机遇期社会和谐稳定的总要求，继续加强社会治安维稳工作建设，狠抓队伍的素质建设，深化警务工作模式改革，改进和完善勤务保障机制，不断提升"四种能力"和"两个水平"，以奋发有为的精神和工作状态，全面推进公安队伍正规化建设和公安业务规范化建设。

(一) 进一步深入贯彻落实科学发展观，为全县经济社会全面健康发展创造安全稳定的治安环境。(略)

(二) 以维护社会政治稳定为首任，全面提升驾驭社会治安局势的能力和本领。

1. 强化命案攻坚工作。……

2. 深化"打黑除恶"斗争。……

3. 重击严重经济犯罪。……

(三) 研究部署 2014 年党风廉政建设和纪检监察工作。

在 2014 年，我局计划采取八个方面的工作措施来深入推进党风廉政建设和纪检监察工作：一是继续推进党风廉政建设和反腐败工作，加大反腐倡廉宣传教育力度，认真落实责任制，建立健全制度，狠抓工作落实；二是加大监督检查工作力度，围绕中心工作，履行工作职责，保证政令、警令畅通，确保各项工作部署落到实处；三是加强政风和效能建设，努力提高服务水平和服务质量，坚决纠正和查处不作为、乱作为等不良行政行为，努力构建和谐警民关系；四是要加强基层所队的党风廉政建设，继续争创"无违纪所队"活动，认真解决群众反映强烈的突出问题，坚决纠正损害群众利益的不正之风；五是认真做好信访工作，畅通信访举报渠道，及时开展调查核实，加大案件查办力度，纯洁公安队伍，同时在查办信访举报过程中，注意维护公安机关的执法权威和民警的正当权益；六是坚持不懈地抓好"五条禁令"、"五个严禁"和《内务条令》的贯彻落实，切实规范民警的行为，严肃查处有令不行、有禁不止、顶风违纪行为；七是要充分发挥公安机关的职能作用，进一步改进和加强警务督察、内部审计、执法检查、护警维权等工作；八是按照全国政法会议精神和"三项建设"的总要求，深入推进"社会矛盾化解，社会管理创新，公正廉洁执法"三项重点工作，大力加强纪检监察干部队伍的自身建设，切实提高纪检监察干部的能力和水平。

3.2.3 简报

一、概念

简报是有关情况的简要报道。它是机关内部迅速及时汇报工作，反映和沟通情况、反映问题、交流经验、指导工作、沟通信息的一种有效手段。从反映的问题看，它具有新闻特点；从处理形式看，它具有公文特点——它是机关为简要报道工作或情况而撰写的内部使用的一种事务文书。

二、特点

简报具有一般报纸新闻性的特点，这是共性，但它又有自己的特点，主要有以下几点。

（一）真实

简报反映的内容要真实可靠，准确无误。

（二）新颖

简报的内容必须反映新情况、新问题、新动态、新经验，具有新颖性。

（三）迅速

简报反映情况快捷、及时，抓住时机，具有较强的时效性。

（四）简要

简报内容单一，叙述简明扼要，语言简洁，篇幅简短，观点鲜明，材料典型。

（五）灵活

简报的内容要广泛多样，形式不拘一格，有一定的灵活度。

三、分类

简报不是单纯的下级向上级汇报工作的简要书面报告，不能看做一种独立文体，也不是一种刊物，而是一种专业性强的简短的内部小报。它根据时间、形式和内容，可分为以下几点。

（一）按时间分类

按时间分类，有定期简报与不定期简报。

（二）按形式分类

按形式分类，有一期一文的专题简报与一期多文的综合性简报。

（三）按内容性质分类

按内容性质分类，有工作简报、会议简报和情况简报等。

四、结构形式

简报的写作包括报头、正文和报尾三部分。

（一）报头

报头在简报的第一页上方，约占全页三分之二的位置，具体包括名称、期数、编印单位、印发日期、密级和编号等六项内容。

（二）正文

正文一般按照顺序可以分为按语、标题、导语、主体、结尾五个部分。

（1）按语。按语（可以不要）用于说明编写简报的原因和目的。

（2）标题。标题在按语下面，如《×××派出所年底达标重点抓好五件事》、《再展宏图创一流——××派出所荣获全国一级派出所称号》。

（3）导语。导语是简报正文的开头部分，言简意赅点明简报的主题。

（4）主体。主体内容包括：反映情况、叙述取得的成绩、介绍做法和经验、指出存在的问题等，内容广泛，视具体情况而定。

（5）结尾。结尾可不要，视内容而定。一般结尾概括主题，小结全文，或指明事物发展的趋势，或提出今后的要求和打算。

（三）报尾

报尾包括发文范围和印发份数两项，其位置居于正文下面两条平行横线之间。发文范围中的"报"指上级，"送"指同级，"发"指下级。

五、注意事项

（1）内容真实、准确、客观。

（2）编发要迅速、及时。

（3）文字要简明扼要、生动活泼，富有感召力。

六、应用示例

政　工　简　报

第 2 期

×× 县公安局政治处　　　　　　　　　　　　　　　　　2014 年 2 月 14 日

××县公安局

迅速贯彻落实党的群众路线教育实践活动动员会议精神

2 月 13 日下午，××县党的群众路线教育实践活动动员会议和全市公安机关党的群众路线教育实践活动动员部署会议召开后，××县公安局立即召开筹备会，就迅速贯彻落实会议精神，全力做好党的群众路线教育实践活动筹备工作进行安排部署。全局中层以上干部参加会议。

会上，政委×××就活动筹备工作进行了分工部署，组建了××县公安局党的群众路线教育实践活动领导小组及其办公室，对活动前期工作提出了明确要求。局长×××做了重要发言。

×××同志强调，广大民警要认真学习上级关于开展党的群众路线教育实践活动的会议精神，统一思想，充分认识此项活动的重要性。各科、所、队要组织民警加强学习，就此项活动开展座谈讨论，为活动造好舆论，为民警打下思想基础。

×××同志要求，广大民警要密切关注人民群众最关心、最期待解决的问题，通过警民恳谈、警营开放日等活动，用心去倾听、感受、了解群众的疾苦，找准工作的薄弱环节，确定活动重点，更好地维护群众利益；要时刻牢记"群众利益无小事"，从群众利益出发，始终带着深厚的感情开展活动；要针对群众反映强烈的突出问题，按照活动要求，结合工作实际，不等不靠、不折不扣的解决到位，切实做到能解决的马上解决，不能马上解决的争取群众理解限期解决，以实际行动密切警民关系，使活动收到实实在在的效果。

报：县委、人大、政府、政协、政法委市局、主管书记、主管县长

送：局领导

发：各科、所、队

[共印 35 份]

3.2.4　通讯

一、概念

通讯是运用叙述、描写、抒情、议论等多种手法，具体、生动、形象地反映新闻事件或典型人物的一种新闻报道形式。它是记叙文的一种，是报纸、广播电台、通讯社常用的文体。它和消息一样，要求及时、准确地报道生活中有意义的人和事，但报道的内容比消息更具体更系统。

二、特点

通讯的基本特征是新闻性。在新闻的各类特点中，真实性、新鲜性、时效性、思想性及典型性也构成了通讯特点的不同层面。除了以上所说的各点，通讯的主要特点还有以下几个方面。

（一）完整性

通讯须相对完整、具体地报道人物或事物的过程。消息侧重写事，叙述简明扼要，一般不展开情节。通讯可写人物也可写事件，其材料比消息丰富、全面，其容量比消息厚实、充足。

（二）形象性

通讯尤其是人物通讯具有一定的文学色彩。消息在表达上主要是平面的叙述，语言追求简洁、明快、准确。通讯则较多借用文学手段，可以描写、抒情、对话，可以用比喻、象征、拟人等修辞。通讯在语言和表达方法上都具有一定的文学性，它在报道真实的人和事的过程中，善于再现情景，平添许多生动和形象，给人以立体感、现场感。

（三）评论性

通讯须运用夹叙夹议的方法对人或事作出直接的评论。消息是以事实说话，除述评消

息一般不允许作者直接发表议论。通讯则要求在报道人物或事件的同时，表露记者的感情与倾向。然而通讯的评论不同于议论性文体的论证，必须时时紧扣人物或事件，依傍事实作适时的、恰到好处的评价点拨。

三、分类

通讯是报纸、广播电台、通讯社常用的文体。它生动形象、内容深刻、形式多样。

(一) 按内容分类

按内容分，通讯一般分为人物通讯、事件通讯、概貌通讯、工作通讯。

(二) 按形式分类

按形式分，通讯分为一般记事通讯、访问记(专访、人物专访)、小故事、集纳、巡礼、纪实、见闻、特写、速写、侧记、散记、采访札记。

四、结构形式

通讯一般由标题、开头、主体和结尾四部分组成。

(一) 标题

通讯的标题要求新颖、醒目，可以直接揭示新闻事实，也可以讲究艺术色彩。通讯的标题多为单行式，也有双行式的，由正题加副题或引题组成。

(二) 开头

(1) 直起式，即开门见山直述其人其事，直接抒发感情或发表见解。
(2) 侧起式，即利用铺垫的方式娓娓道来，先从别处说起，然后再进入正题。

(三) 主体

主体是通讯的主干部分，是新闻事实报道的核心。综合运用各种表现手法，对新闻事实的过程、内涵及意义进行详细、具体、生动、深入地报道，用足够的、典型的、有极大说服力的事实，能够充分表现通讯的主题。主体的组织方式灵活多样，常见的结构方式有纵式结构、横式结构、纵横交错式结构 3 种。主体的结构也可以采取"消息"部分所说的时间顺序、逻辑顺序、时间和逻辑相结合的顺序来组织。

(四) 结尾

通讯的结尾通常采用自然收束、卒章显志的方法。

五、注意事项

(1) 材料要精当典型，主题要明确集中。材料不仅要选择具有代表性、具有普遍意义、具有宣传价值和教育意义的人和事，还要选择那些在一定时期内人们所关注的问题，要确立体现时代精神，表现时代风尚的主题，确立反映人物和事物、本质和规律的主题。

(2) 写人和记事的关系要理清。写人必写事，写人物自己所做的事实的事，写能揭示人物内心世界的事。人物要写得有血有肉，有音容笑貌，有内心活动；写事要具体形象，有原委，有情节。

(3) 结构要灵活。安排好结构，要注意不同空间的变换。采用空间变换的方法组织结构时，要用地点的变化组织段落。按事物性质安排结构时，要围绕主题，并列地写出不同的几个侧面。按纵横结合式安排结构时，以时间顺序为经，以空间变化为纬，把两者结合起来。

六、应用示例

打造铮铮铁骨　　撑起一方平安
——记一个优秀人民警察的故事

有人说，一个刑警就是一部电视剧，就是一部侦探小说，这话一点也不假。当你面对刑警大队长王劲松时，会深深为他那传奇般的工作经历所吸引、所感动。几年来，他带领刑警队这支特别能战斗的队伍，"打现行、破命案、抓劫匪、擒罪犯"，演绎了一幕幕惊心动魄、除暴安良的感人故事。他不愧是一棵昂扬向上的壮松，为煤城大地带来了一方平安的绿荫。自参加工作以来，他先后荣获"劳动模范"、"十大杰出青年"、"优秀人民警察"等称号，他所领导的刑警大队同时被评为"优秀公安基层单位"、"严打整治斗争先进集体"……在这一面面奖旗、一份份荣誉证书里，浸透了王劲松的心血和汗水。

破 案 是 能 手

百姓看公安，关键看破案。王劲松担任刑警大队长以来，带领刑侦干警破获了 2000 余起刑事案件，打击处理犯罪分子达 800 余人。其间无不深含着他辛勤的努力和真诚的付出。

2001 年，区域内发生一起抢劫杀人案。罪犯经过预谋，从城区将一辆出租车骗至偏僻地界内，残忍地杀害了司机，抢劫后弃车逃跑。面对犯罪分子的嚣张气焰，王劲松带领刑侦干警迅速开展工作，经过缜密侦查，很快锁定了罪犯李某，并获取其已逃至某农场的线索。为了把握战机，王劲松连夜制订抓捕方案，并亲自带领一小分队驱车赶往，于次日凌晨 3 时许，在一民工宿舍内将正在酣睡的李某抓获，一周之内即宣告破案，打了一个漂亮的速决战。

多年的刑侦工作把王劲松锻炼成为一名出色的指挥员，尤其是在急难险重的关头，他坚毅果敢的作风、严密的思维、敏锐的洞察力、高超的指挥艺术，更加得以显现。

2004 年 6 月，区域内发生一起劫车杀人案，犯罪嫌疑人用刀和斧头将一摩的司机杀害后，劫车而逃。由于案发现场位于开发区内，严重威胁了外来投资客商的人身财产安全，给招商引资工作造成了很坏的影响。有关领导要求公安机关限期破案，一时间社会各界和广大群众的目光都集中到了刑警大队。王劲松深感责任重大，他在现场勘察的基础上，认真分析研究，准确划定侦查范围，集中警力，全面出击。一方面，安排干警围绕受害人的社会关系开展调查；另一方面，在重点路段和场所展开布控。3 天后的傍晚，当犯罪嫌疑人和其女友骑着抢来的摩托车经过广场附近时，被在此守候的干警拦截下来，嫌疑人弃车逃跑，王劲松带领干警及时赶到，迅速安排警力追捕堵截，于次日将刚刚逃至睢宁的犯罪嫌疑人吴某抓获。经过连夜突审，吴某彻底交代了犯罪事实，并供出另一名同伙已逃往陕西。王劲松立即和当地警方取得联系，在他们的大力支持下，顺利地将另一名犯罪嫌疑人程某抓获，从而成功侦破该案，向党和人民交上了一份满意的答卷。

工作是尖兵

"事事从我做起，工作向我看齐"这是王劲松常说的一句话，他是这样说，也是这样做的。在工作中，他处处以身作则，率先垂范，身先士卒，既当指挥员，又当战斗员，长年奔波在基层第一线，哪里最需要，哪里就有他的身影。

王劲松所管辖的区域位于三区交界处，地处偏远，一度是治安重灾区，几伙恶势力为非作歹，称霸一方，他们拦路抢劫，敲诈勒索，强迫交易，寻衅滋事，殴打无辜，当地群众既恨又怕，受害者甚至不敢报案。2003年夏季，一场疾风暴雨式的打黑除恶专项斗争拉开序幕，王松主动请缨，担任前线总指挥，在前期侦察工作的基础上，他因地制宜，因情施策，带领参战干警夜以继日，废寝忘食，苦战几个月，共打击处理违法犯罪分子60余人，并成功摧毁了省厅挂牌督办的高某、苏某为首的特大流氓恶势力团伙。在抓捕主要犯罪人张某的那个晚上，王劲松由于多天的疲劳和饮食不及时，胃疼得很厉害，同事们劝他不要去了，可他仍坚持一手开车，一手抵住疼痛的胃部，到抓捕第一线，他冒着几条狼狗的扑咬和犯罪嫌疑人可能反击的危险，冲在最前头，终将藏在大衣橱里的张某抓获。在公开处理大会上，一万多名群众自发赶赴会场，他们无不拍手称快，发自内心地说，"过去不敢走黑路，现在晚上敢不关门，真是感谢共产党！"

刑警大队是公安局的"尖刀"班，作为一班之长，王劲松深知肩上担子的分量，他以自己的实际行动和人格魅力带出了一支特别能战斗的队伍。面对警力缺、任务重、压力大、经费紧诸多困难，他坚持以人为本，从提高刑侦队伍整体素质入手，狠抓业务知识和岗位技能的培训，积极开展岗位练兵活动，经常邀请有关专家举办专题讲座，并采取以会代训、以案释法等形式，使广大刑侦干警的执法办案水平有了显著提高，仅今年以来就破获各类刑事案件数百起，且无一起冤假错案。

为民是公仆

王劲松心中处处装着百姓，处处为民着想。他常说，老百姓的事情无小事。2001年，一个居民含泪到公安局找王劲松反映：其女儿和几十个少年被一培训班骗到外地某公司，每天高强度、超负荷工作，生活条件极差，又领不到一分钱，实在忍无可忍，就和18名学员先后趁夜翻墙逃回家。目前，仍有20多名未满16岁的学员被扣在公司请求解救。王劲松听后，强烈的责任感使他拍案而起，此事虽不属公安机关管辖，但他决心仍要一问到底。他迅速向局党委汇报并成立工作组展开调查。在外地调查期间，由于受到有关方面百般阻挠，干警有些打退堂鼓，打电话向后方请示，王劲松明确指示：虽然我们对案件无管辖权，但是老百姓的事我们一定要管，不仅要管，而且要管好，要管到底！他指挥干警一面盯住用人单位，一面向当地劳动部门反映情况，争取支持。经过一周的艰苦工作，成功地将20名16周岁以下的童工解救并安全带回来，使他们回到亲人的怀抱。

刑警的生活没有规律，往往为了一个案子就需要几天几夜，甚至要长期作战。虽然是领导，但王劲松和战友们一样，每年都有200多天不在家，连他自己也记不清有多少次在基层搞案件，夜间在车上和衣而卧了。长期超负荷地工作，使得岁月的风霜过早地在王劲松身上留下了印记，紧张的工作使他常常无暇照顾家庭。作为一个领导、一名警察，他是称职的，但作为一名丈夫、一个父亲，他却欠得太多。家，对他来说只是一个驿站，多年来，他几乎没有过上一个完整的休息天和节假日，他把全部的精力都投入到了工作中。

好壮的一棵松，扎根泥土中，绿荫留大地，挺立傲苍穹。王劲松深爱着生育养育他的这块热土，为保一方平安，他用一个共产党员的实际行动，为"三个代表"作出了最好的诠释。

3.2.5　述职报告

一、概念

述职报告是各类干部接受考核，向本单位职工、组织人事部门或上级领导汇报自己在一定时期内履行岗位职责情况及其效果的书面报告。述职报告主要供单位群众评议或组织人事部门、上级领导考核，其主要内容与总结比较相近。

二、特点

述职报告是对自身所负责的组织或者部门在某一阶段的工作进行全面的回顾，按照法规在一定时间进行，从工作实践中去总结成绩和经验，找出不足与教训，从而对过去的工作做出正确的结论。它和总结相近，但又具有自己的特点，主要有以下特点。

（一）内容的规定性

述职报告实质上是一种规定范围(职责范围)、时间(任职时间)的一种总结。

（二）形式上的口述性

述职报告是在年终考核中向领导机关或单位干部职工用口语形式表述的报告。

（三）功能的考评性

述职报告作为政绩考核的一种手段或依据，用来测评述职者的政绩，决定任职者的奖惩。

三、分类

述职报告根据不同的标准可分为不同的类型。

（一）按时间分类

按时间分类，有任期述职报告、年度述职报告、阶段述职报告和临时述职报告。

（二）按内容分类

按内容分类，有综合述职报告和专题述职报告。

（三）按报告者分类

按报告者分类，有个人述职报告、集体述职报告和领导班子述职报告。

四、结构形式

述职报告由标题、称谓、正文、署名和日期四部分组成。

（一）标题

述职报告的标题可采用单行标题和双行标题的写法。单行标题常用的有以下四种形式：

(1) 只写文种名称。

(2) 任职期限+文种。

(3) 任职期限+担任职务+文种。

(4) 概括述职报告的内容。双行标题即采用正副标题的写法，正标题概括述职报告的宗旨和基本观点，副标题标出单位、职务、姓名以补充说明正标题。

（二）称谓

述职报告的称谓即听取述职报告的对象，在标题的下方空行顶格写，称谓要根据对象而定。

（三）正文

述职报告的正文一般由开头、主体、结尾三部分组成。

(1) 开头。开头概述述职者的岗位职责及履行岗位职责的基本情况，要写明述职者的职务、述职的时限、分工主管的工作、岗位职责、工作目标及总体自我评价等。

(2) 主体。主体写履职尽职的实际情况(包括工作实绩、经验教训及存在的问题)和今后的工作方向、设想与建议。

(3) 结尾。结尾向参加考核的群众表明自己的愿望和态度，请求审议、批评和帮助，常用的结尾有"以上报告，请批评指正"、"以上报告妥否，请予审议"、"以上报告，请审议"等。

（四）署名和日期

署名即写明述职者的姓名，置于结尾的右下方，而述职日期则在署名之下，要写年、月、日全称。

五、注意事项

(1) 要态度端正。述职报告一定要自写，而不能由他人代笔，要摆正自己的位置，态度一定要诚恳、谦虚、得体。

(2) 要实事求是。述职报告要如实地反映自己履行职责的情况。

(3) 要正确评价。述职报告切不可过分夸大自己的功绩，贬低他人，也不可自贬，总之，要注意分寸。

(4) 要点面结合。述职报告不要求面面俱到，重点叙述有代表性的工作业绩。做到点面结合，重点突出，主次分明，详略得当，条理清楚。

(5) 要语言朴实。述职报告语言上要求朴实无华，言简意赅，在朴实中见真情。

六、应用示例

述 职 报 告

尊敬的各位领导、同仁们：

你们好!

时光如流水，弹指之间一年就这样飞逝而去。在这一年中，有说不尽的喜与忧，道不尽的悲与愁，有成功的喜悦，也有失败的伤感。在领导和同仁们的关心、鼓励、支持和帮助下，我工作上有了很大进步，取得了一定成绩。在这里，请允许我向你们说一声谢谢!

今天受组织安排，我将对××年工作情况进行述职，敬请各位提出批评审核。

一、政治方面

高举邓小平理论伟大旗帜，全面贯彻"三个代表"重要思想，深入学习十六大精神，紧紧围绕县委"争做全市跨越式发展主力军"，努力建设丘陵经济强县，振作精神，牢记宗旨，真抓实干，建设小康社会，全面完成各项分管工作，坚持与时俱进，紧跟时代的步伐与潮流。为全乡经济社会事业的跨越式发展营造良好的舆论氛围和社会环境。扎实开展好各项工作，当好党委政府参谋助手，排难解忧，做到情为民系，心为民忧，利为民谋，权为民用，恪守"公生明，廉生威"的人生信条，在处理事情时做到公正、公平、公开、合理，一心为公，廉洁自律，以德服人。

二、业务方面

(一) 社会综合治理

1. 我乡地处多区交界处，社会治安颇为复杂，成立了社会治安综合治理领导小组。此外，全乡还成立了法制宣传，安全检查，民事纠纷，无毒社区，违法青年帮教领导机构。由于分工合作，做到了齐抓共管，达到了预期的目的。

2. "狠抓落实，健全制度"。我们狠抓法制宣传教育，目前青少年违法犯罪呈上升趋势，加强中小学生的法制教育势在必行! 首先，每年开学，到学校教授法制教育课四次以上。其次，利用各种会议对群众进行法制宣传教育，使广大群众知法、懂法、守法，协调好个人、集体、国家之间关系。再次，狠抓××等人员教育转化工作。到目前为止，无一人进京上访。最后，我们还对重点路段进行夜间巡逻，并对每次巡逻情况进行登记，每季度总结一次，创设了良好的治安环境，广大群众有了安全感。

3. 严厉打击各种违法犯罪活动，惩恶扬善，调解有序。我乡今年共抓获各类违法人员5人，治安处理1人，劳教1人，取保1人，罚款1人; 协助外地公安机关抓获批捕犯罪嫌疑人和越狱犯各1人; 调解各类民事纠纷18起，成功率100%。当好党委政府参谋和助手，为全乡经济发展起到了保驾护航的作用。

(二) 征兵工作

根据县、区武装工作会议精神，认真贯彻落实，精心组织，精心安排，精密策划，开好动员大会。在政审期间，认真负责，对所涉及的人和事，坚持做到查清为止。做到不包庇、不袒护、不徇私、不讲情，做到为军队输送合格、有用的人才。初报人数34人，政审13人，送员8人，圆满完成上级下达的各项指标。

(三) 中心工作

今年党委政府安排我和××同志入驻××村。到村后，深入基层，了解××村存在的问题及根本原因，先后召开了两次村民大会，反复分析问题的症结所在，研究解决问题的措施方法。做到群众有困难找干部解决，及时解决，决不推诿，决不拖延。在工作上没有人为地加大干部与群众的距离，与群众心连心，心交心，了解民众的疾苦，加强与群众血肉联系，密切干群关系，认真带领村委一班人，深入一线工作，既当指挥员又当战斗员，精心组织，精心策划，打好粮钱入库这场硬仗，全面完成上级下达的各项指标任务。深刻体现了"三个代表"的重要思想，维护了广大人民群众的根本利益，切实改善了干群关系，为今后工作再创历史新高，打开了一个良好的局面。

三、存在的不足

(一) 在工作上与干部群众联系还不够，未能做到及时了解群众的思想动态及他们关心的热点和难点问题。

(二) 在团结同志上做得不够，今后定要努力加强。

(三) 学习上还不够，今后努力学习，提高自身素质和工作水平。为自己业务素质和理论水平及时充电，全面提高自己，武装自己。

尊敬的各位领导，同仁们，虽然我自身存在着许多不足，但我会以我的真诚、执着、热情、勇气去拼搏，去奋斗！"长风破浪会有时，直挂云帆济沧海"，在以后的工作中，我一定戒骄戒躁，对工作中取得的成绩决不沾沾自喜，对存在的不足认真改正，力争成为一名业务精兵！

谢谢大家！

3.2.6　先进事迹材料

一、概念

先进事迹材料是将先进人物或先进集体的事迹，系统、全面、实事求是地反映出来的一种书面材料。其基本功能，或是为下级单位或个人请奖，或印发下属单位号召学习，推动工作(此类常作为"通知"、"通报"、"决定"的附件)，或用于内部和公开宣传。

二、特点

先进事迹材料表彰先进典型，宣传优秀事迹，传播先进经验，弘扬正气，树立学习目标，以点带面促进工作进一步发展。它具有以下特点。

(一) 鲜明地体现特定的时代精神

先进事迹材料不是单纯地为其单位和个人评功摆好，而是为了鲜明地体现和积极宣扬一种特定时代所需要的精神。

(二) 以叙写先进事例为旨要

先进事迹材料所要体现的先进对象的先进思想、精神以及特定的时代特征都要通过叙事予以展现。

(三) 具有较强的触发力和感染力

引导读者认识先进，学习先进，这就要求先进事迹材料要具有较强的触发力和感染力。

三、分类

先进事迹材料作为宣传个人和集体先进事迹的材料，主要分为以下两类。

(一) 按范围分类

从范围上分，可分为集体事迹材料和个人事迹材料。

(二) 按先进对象的形成和内涵分类

从先进对象的形成和内涵上来分，可分为在一个较长时间内形成的先进事迹的材料和在一时因突发事件而产生的先进事迹的材料。

四、结构形式

先进事迹材料主要由标题和正文组成，而写作重点是在正文部分。

(一) 标题

(1) 可用先进人物(集体)名+事由+文种的形式，如《街面犯罪侦查中队集体三等功先进事迹材料》。

(2) 先进人物名+文种，如《刑侦大队民警××先进事迹材料》。

(3) 直接点明主题，如《刑侦骁将蒋健》。

(4) 双标题式，如《一心为乡亲　倾力筑和谐——×××同志先进事迹材料》。

(二) 正文

正文开头一般首先简单介绍先进人物或者先进集体的基本情况。如果是个人，应包括姓名、性别、年龄、政治面貌、工作单位、职务、获得何种先进称号、主要事迹及群众评价等。如果是先进集体，则应包括单位的成立时间、主要工作任务、现有成员状况、所取得的成绩和受表彰的情况等。然后详细介绍先进事迹，选材要有典型意义。如果是反映先进集体的，还可以在集体中选择一至两个典型人物，以其典型事例反映集体的普遍素质。

五、注意事项

(1) 要注意文章的主题必须具有现实意义。

(2) 要注意材料的典型性和说服力。

(3) 观点和提法要分寸恰当。

(4) 要注意语言的平易朴实。

六、应用示例

民警先进事迹材料

××，男，37岁，中共党员，现任××市公安局××××教导员。从警17年来，他扎根山区派出所十一年，亲民爱民，创造性地开展工作。他担任派出所副所长8年(主持派出所工作6年)和教导员2年来，忘我工作，无私奉献，守护一方百姓，以实际行动得到了党委政府和上级公安机关的肯定，赢得了辖区老百姓的真心爱戴，被老百姓亲切地称为"庄户人的好警察"，先后被评为"××市政法系统先进个人"、"××市公安系统岗位先进标兵"、"××市优秀共产党员"等，并荣立个人三等功1次，受嘉奖3次。

在农村老百姓的眼里，镇上的派出所就是"公安局"，就是老百姓说理鸣屈、主持公道、伸张正义的地方。从到派出所工作的那天起，××同志就深深地认识到了这一点，一天也没有马虎过，更没有懈怠过，始终牢牢地把持着心中公正的天平。他经常说："当一个警察，严格执法，秉公办事，这是最起码的要求"。十几年来，他始终秉承这看似简单、成却艰难的职业信念，不仅一心一意为民立公道、伸正义，依法严厉打击处理违法犯罪分子，得到了社会和辖区广大群众的肯定和好评，而且带着感情去执法，尊重群众，文明办案，让说情者、被处理的人心服口服，没有一起申诉、复议案件。

××同志时时处处严格要求自己。参加公安工作十几年来，不抽烟、不喝酒，从未利用权力和便利到辖区单位办一件私事、报一张单子，就是出发下村，都坚持不在村委、农户吃饭，这一习惯坚持了不是一次两次、一天两天，而是一坚持就是十余年。××还给自己定了许多规矩。他规定，案件处理以前的礼金，能拒则拒，特殊情况可以当场收下，由专人登记保存，案件处理完后，统一退回。案件处理以后的礼金礼物，必须要当场拒绝。

疾恶如仇、惩恶扬善的××总觉得不法分子违法犯罪，就像冲着他自己示威。群众受到了不法侵害，就像自己的亲人受到了伤害。参加工作以来，经他亲手打击的各类违法犯罪份子计300余人，摧毁村霸地痞等恶势力团伙2个，打击处理团伙成员20余名，破获各类案件1000余起。

维护社会稳定，只打不防不行，打得狠防不严也不行，这一点在农村治安工作中尤其突出和重要。多年来，××同志从农村治安工作的实际出发，带领同志们积极探索，走出了一条防控管一体化、打牢基层基础工作的新路子，收到了很大成效。在××的时候，他就根据当地实际，深入调查研究，将辖区50个自然村划分为七个警务区，率先建立了警务区民警责任机制，将防、控、管责任捆绑落实到责任区民警，实行了严格的考核奖惩制度，从而极大地调动了警区民警和协警人员的积极性。实行这一机制后，责任区民警对辖区人口熟悉率大大提高，辖区暂住人口和租赁房屋的办证率、掌握率和控制率均达98%，辖区公共场所特种行业的登记办证率、掌握率和控制率达100%，对重点人口和监管对象列管率、掌握率、熟悉率均达100%。

××用自己的实际行动赢得了群众的满意，但每当提起父母妻女，他的愧疚之情就涌上心头，难以自抑。俗话说，养儿防老。××是家里的唯一的儿子，但是，他参加工作后竟十一年没能陪父母在家里过一个春节、中秋节，父母生病他也从来没能到床前完整地伺候过一天。××的妻子是一名护士，也是他的小学同学，是一位非常贤达的警嫂，结婚后也非常支持他的工作。但因××长期工作在农村，顾不上家，结婚3天××就上了班，双休日和节假日从来没有完整地休过，回家之后已是极度疲劳，倒头就睡，家里的事情不再指望他。结婚十几年，××很少有时间陪妻子散步，更不用说外出旅游散心。××的女儿今年11岁，已经小学六年级，而××没能为她开过一次家长会，平时也很难有时间和女儿交流，女儿不止一次埋怨他经常不回家，不陪她玩，以至于妻子经常为他们父女疏通关系。十多年来，××对家人有说不完、道不尽的愧疚，做得实在太少太少，但对辖区内的老百姓，他却是毫不犹豫、慷慨解囊，倾尽了自己全部的爱和情。××就是这样，十几年如一日，时刻想着群众，处处为了群众，真心实意为老百姓办实事、解难题。

3.2.7　调查报告

一、概念

调查报告是对某一事物、某一问题或某一情况(事件)进行有目的、系统的调查研究之后，经过科学地归纳整理和分析研究而写成的有事实、有观点、有结论的书面报告，其主要用于总结经验教训、揭露存在的问题、指导推动全盘、介绍新生事物。

二、特点

调查报告具有真实性、典型性、政策性、新颖性和结论性，起到了解、剖析事物的本质及其发展趋向的作用，对于解决问题也具有积极的作用。

(一) 真实性

调查报告的内容，无论是介绍人物、交代背景、叙述情况、反映过程、提供数字，都必须真实准确，尊重客观实际，讲求实事求是，不允许有任何的主观臆测、想象虚构。

(二) 典型性

调查报告的内容必须具有典型性，要表现带有社会倾向性的、有普遍意义的事物，通过总结归纳，概括出能够显示最近一个时期的社会本质和历史发展必然的规律，用来指导和推动全局工作。

(三) 政策性

调查报告是为了解决工作中的实际问题，针对性、政策性很强。

(四) 新颖性

调查报告是对现实生活中的新情况、新问题、新经验的调查研究，是对社会治安和现实生活中活生生事例的研究，并且要通过调查研究，总结出新的经验、新的观点，用来指导工作。

(五) 结论性

调查报告中占主要篇幅的具体事实，都是为结论服务的，列举事实的目的不是就事论事，而是为了得出结论，用来指导工作或解决问题。

三、分类

调查报告主要有四种类型。

(一) 情况调查报告

社会情况的调查报告是对社会的基本情况以及出现的新情况、新问题进行调查之后所写的，包括贯彻执行党和国家的某项政策、法规情况、开展某项中心工作情况、社会各阶层情况、敌情动态、社会治安情况，刑事犯罪情况，公安基础工作情况，公安队伍建设情况等。

（二）典型调查报告

典型经济的调查报告与经验总结相类似。它所反映的典型经济或是先进单位的工作经验，或是先进人物的先进思想、模范事迹，或是某单位工作中某一方面的成功经验。

（三）揭露问题的调查报告

揭露问题的调查报告主要是揭露工作中违背原则、违背人民利益的现象和弊端，以引起人们的重视和警觉，并引以为戒。

（四）事故事件类调查报告

事故事件类调查报告的对象是事，它主要是对发生的火灾、交通事故及其他治安灾害事故、治安事件、严重违法乱纪事件或在社会形成影响的重大事件进行调查后写成的书面材料。

四、结构形式

调查一般由标题、正文、尾部三部分组成。

（一）标题

调查报告的标题灵活多样，但公安机关的调查报告常见的有三种：一是公文式标题，由事由和文种组成。二是提问式标题。三是正标题与副标题相结合。四是文章式标题，这类标题主要是归纳全文主要内容或直述主旨。

（二）正文

正文由导语、主体和结束语三部分组成。

(1) 导语。导语部分是调查报告的开头。一般有两种写法：一是调查的时间、地点、对象、范围作必要的交代，并点明调查的主旨。二是概括介绍调查报告的主要内容，总领全文。

(2) 主体。主体是调查报告的核心内容。一般要写清以下三方面的内容：一是调查所得的主要事实，事情发生、发展变化的始末，具体过程。二是问题或典型经验产生的前因后果，对调查所得情况的分析和认识。三是根据调查情况得出的结论谈看法。

(3) 结束语。结束语没有固定的格式，也不是每篇必有，要根据每篇调查报告的具体情况来定。

（三）尾部

调查报告写完后，在标题下签署调查人或调查单位名称，也可以写在全文最后右下角，最后注明成文时间。

五、注意事项

(1) 调查报告的主题要突出，立意要新颖。

(2) 调查报告的内容要真实，材料要翔实。

(3) 调查报告的分析要中肯，建议要合理。

六、应用示例

宜昌兴山县"10·1"重大道路交通事故调查报告

2011年10月1日14时40分许，宜昌市兴山县312省道129Km+650m处发生一起重大道路交通事故，造成16人死亡、19人受伤，直接经济损失764.19万元。

事故发生后，省委书记李鸿忠，省长王国生，对现场施救和善后工作作出了重要指示，段轮一副省长率领省安监局局长刘旭辉、省交通运输厅厅长尤习贵、省公安厅副厅长周家柱和省公安厅党委委员、交管局局长马国宪等领导干部连夜赶赴事故现场部署指挥应急救援及善后工作。依据《生产安全事故报告和调查处理条例》等有关法律法规规定，经省政府同意，于10月8日成立了由省安监局局长刘旭辉任组长，省安监局、省监察厅、省公安厅、省交通运输厅、省总工会等单位参加的省政府兴山县"10·1"重大道路交通事故调查组(以下简称事故调查组)，并邀请省人民检察院派员参加了事故调查工作。

事故调查组严格按照"四不放过"的原则，通过科学严谨、依法依规、实事求是、周密细致的现场勘察、检验测试、技术鉴定、调查取证、综合分析和专家论证，查明了事故发生的经过、原因、应急处置、人员伤亡和直接经济损失情况，认定了事故性质和责任，提出了对有关责任人员及责任单位的处理建议和事故防范及整改措施建议。现将有关情况报告如下(以下内容除了标题，内容已省略)：

一、事故车辆及驾驶员情况

(一) 事故车辆情况

(二) 肇事车辆驾驶员情况

二、事故车辆所属单位情况

(一) 荆州市九州旅游汽车运输有限公司

(二) 荆州凤之旅国际旅行社有限公司

三、道路状况、当天气象及路面监管情况

(一) 道路状况

(二) 当天气象

(三) 路面监管

四、事故发生经过

五、应急救援及善后情况

六、事故原因及性质

(一) 直接原因

(二) 间接原因

(三) 事故性质认定

七、事故有关责任人员和单位的处理建议

(一) 追究刑事责任人员

(二) 建议给予政纪处分人员

(三) 有关单位和人员的处理建议

八、防范措施及建议

(一) 强化安全监管，切实落实旅游经营企业安全生产主体责任，确保旅游客运交通安全

(二) 强化源头管理，改善交通安全环境

(三) 加大道路交通安全监督联合执法力度，坚决打击道路交通违法行为

(四) 广泛开展社会宣传活动，营造良好的道路交通安全环境

宜昌市兴山县"10·1"重大道路交通事故调查组

二〇一二年五月四日

思考与练习

一、单项选择

1. 总结的常见结构形式有：① 工作情况，② 存在问题，③ 今后打算，④ 经验体会，其顺序为( )。

    A. ①②③④   B. ①②④③   C. ①④②③   D. ②①④③

2. 为了了解并掌握情况，搞清事件真相，从而得出正确的结论，应使用( )。

    A. 公安简报   B. 调查报告   C. 总结   D. 计划

3. 有目标、有方法、有步骤是制作( )的三要素。

    A. 调查报告   B. 会议记录   C. 总结   D. 计划

二、简答题

1. 调查报告的主要特点是什么？

2. 总结的正文编写有何要求？

3. 计划有哪些常用种类？

三、应用写作

1. 根据所学专业，拟写一份本学期(或学年)个人学习计划或读书计划。

2. 拟写一份本学期(或学年)区队或班级工作计划。

3. 选择一个题目，对本队、本班、本单位或某一社会问题进行一次调查，写一篇调查报告。

    要求：选题适当，目的明确，材料典型，层次清楚，分析恰当。调查方法自选。不少于1500字。

4. 试做一期实习简报。

第四章

公安刑事法律文书

第一节　公安刑事法律文书概述

　　文书是各种文件材料的统称，是人们在社会实践中为了凭证、记载、公布和传递的需要，以文字方式在一定的书写材料上表达思想意图的书面记录。依据文书的内容，文书大体上分为公务文书与私人文书两类。私人文书是指个人与个人之间为私事来往活动所形成和使用的书信材料；公务文书则是机关单位在公务活动中形成和使用的文件材料。公务文书是传达方针政策、法律法令，报告工作，交流情况等的一种工具，公安刑事法律文书属于公务文书，是具体执行法律的重要工具之一，是公安机关审理刑事案件和对被羁押犯罪嫌疑人、被告人实施警戒看管的主要依据和记录。本章根据公安部关于公安刑事法律文书的有关规定，参照其他司法文书的制作要求，从其概念及制作方法、注意事项等方面加以具体阐述，并附以实例评析，目的是准确地执行《中华人民共和国刑法》、《中华人民共和国刑事诉讼法》等法律法规，提高办案质量，做好对被羁押犯罪嫌疑人、被告人的警戒看管，保障刑事诉讼工作的顺利进行。

一、公安刑事法律文书概念和特点

（一）概念

　　公安刑事法律文书是指公安机关在刑事案件受理、立案、侦查、审理的过程中，依据《刑事诉讼法》的有关规定，按照特定的程序和格式制作、使用的，具有法律效力或法律意义的文书。

　　这一概念从制作机关、制作依据、适用范围和文书的作用等方面明确了公安刑事法律文书的特定内容：

　　(1) 该文书必须由公安机关制作，即由公安机关行使侦查办案权的部门制作。其他机关、团体和个人都无权制作。

　　(2) 该文书必须依据法律制作，即必须严格按照我国《刑事诉讼法》和《公安机关办理刑事案件程序规定》等有关法律、法规制作。

　　(3) 该文书必须是为办案而制作。公安刑事法律文书的适用范围仅限于公安机关办理

刑事案件阶段，反映的是公安机关办理刑事案件活动的内容和过程：从受理案件起，经过立案、侦查破案、讯问犯罪嫌疑人和核实收集的证据，直到案件侦查终结，将案件移送人民检察院审查决定起诉或者撤销案件作出其他处理时为止。

(4) 该文书具有法律效力或法律意义。公安刑事法律文书是由公安机关代表国家行使侦查权而制作的一种司法文书，它对所反映的具体案件、具体犯罪嫌疑人具有法律效力，其法律效力主要体现为强制性和制约性。其高度的法律强制性和制约性是以国家权力为后盾保证其实施的，具有一定的法律效力和法律意义。

正确理解公安刑事法律文书的概念，对于严格执行国家法律，提高公安刑事法律文书的写作水平和办案质量，促进公安工作的法制化、规范化和科学化，不论在理论上还是实践上，都具有极其重要的意义。

(二) 特点

公安刑事法律文书的特点主要表现在法律的约束性、制作的规范性和适用的特定性等方面。

1．法律的约束性

法律的约束性也称法律的约束力，即法律性。公安刑事法律文书是公安机关在刑事诉讼活动中为行使侦查权而制作的文件材料，是刑事诉讼活动过程的具体体现，因而具有一定的法律约束性。这种法律约束性具有双重性质：一方面，它的制作受法律、法规的制约，另一方面，它又对办理刑事案件起着制约作用。

所谓受法律、法规的制约，即公安刑事法律文书的制作必须依照有关法律的规定和要求，必须按照一定的法律程序，履行一定的法律手续，才能被视为具有法律效力或法律意义的文书。例如，对犯罪嫌疑人采取刑事拘留强制措施时，首先应制作《呈请拘留报告书》，报请县级以上公安机关负责人批准，再开具《拘留证》，然后对犯罪嫌疑人执行拘留。对拘留的犯罪嫌疑人，认为需要逮捕时，应当在法定期限内制作《提请批准逮捕书》，经县级以上公安机关负责人签发，提请同级人民检察院审查批准，待人民检察院作出批准逮捕的决定后，再填写《逮捕证》，对犯罪嫌疑人执行逮捕。

所谓对办理刑事案件起着制约作用，就是按照法律、法规规定的内容、要求和程序制作的公安刑事法律文书，对侦查办案活动有一定的法律约束力。公安刑事法律文书一旦发生法律效力，就应当严格遵照执行，非经法定程序不得随意变更或撤销，否则将用国家法律赋予的权力切实保障，强制执行。法律的约束力是保证公安刑事法律文书主旨实现的重要条件，否则，制作公安刑事法律文书的目的就难以达到。当然，公安刑事法律文书的法律约束力，有的表现得十分明显。例如，依法制作的《逮捕证》、《拘留证》、《搜查证》等凭证就具有明显的法律约束力，执行人员一经出示上述法律凭证，被逮捕、拘留、搜查人就必须接受，不得抗拒，否则就强制执行。

2．制作的规范性

公安刑事法律文书制作的规范性，是由公安刑事法律文书在刑事诉讼活动中所处的地位和其本身具有的执法性质以及它属于特殊应用文体所决定的。它要求法律观点准确、规格有矩、文字精当，使用时让人一目了然，准确无误地理解它的主旨与要求。

公安刑事法律文书制作的规范性主要表现在：一是结构的程式化，即文体结构固定。二是语言文字具有简明、准确和单一解释的特点。制作文书时，无论是对情况的说明、对事实的叙述、对理由的阐发、对数量的填写，或是对处理意见的表达，在文字上都必须是简要、明确、切实、准确，在语义上只能有一种解释，而不能有语义两歧或模棱两可、似是而非的现象。三是形式规格的统一。每一种公安刑事法律文书的形式、规格、用纸、文字书写和用印等均有统一规定的格式和标准。四是制作的程序性。制作文书时，先制作哪种，后制作哪种，都必须按照规定的程序依法进行，不得随意更改，颠倒顺序。

3. 适用的特定性

公安刑事法律文书是在侦查办案工作中依法制作的，它们反映的是法律适用于其所审理的具体案件、具体犯罪嫌疑人。因此，公安刑事法律文书只能对它所反映的具体案件、具体犯罪嫌疑人有法律效力。

二、公安刑事法律文书的分类与作用

公安刑事法律文书是公安机关依据国家法律审理管辖范围内的各种刑事案件的文字凭证，是刑事诉讼活动工作中不可或缺的法律文件。

(一) 分类

公安刑事法律文书的分类可以根据办案程序、文体种类等几方面划分。

(1) 按文书的广义、狭义分，可分通用文书和专用文书。

(2) 按文书的文体分，可分为表格类、报告类、书证类、笔录类等。

(二) 作用

公安刑事法律文书的作用主要表现在以下三个方面。

1. 执法依据作用

公安刑事法律文书是公安机关在刑事诉讼活动中行使侦查权的主要表现形式。公安机关的侦查办案活动是以公安刑事法律文书为依据，并通过公安刑事法律文书反映出来，从而使侦查办案合法有效。

2. 真实记录作用

公安刑事法律文书是公安机关办理刑事案件的产物，也是侦查办案等诉讼活动的真实记录。公安机关在侦办案件中，从受理案件开始到侦查终结的每道程序和每项活动，都要通过公安刑事法律文书记载下来。公安刑事法律文书具体反映了侦查办案的全部活动。实际上，办案过程也是公安刑事法律文书的制作过程。公安刑事法律文书不仅是公安机关办理刑事案件全貌的反映，是认定案件事实、确定案件性质与罪名的材料基础，而且是人民检察院对案件审查起诉和人民法院进行审判的依据，在整个刑事诉讼中起着重要的作用。

3. 研究备查作用

公安刑事法律文书是检查侦查办案工作执法情况，研究犯罪活动规律的依据。公安刑事法律文书既是侦查办案的真实记载，也是侦查办案工作质量好坏、执法严格与否的集中反映。办案程序是否合法、有效，案件事实和证据是否真实可靠，法律手续是否完备，往往要通过公安刑事法律文书反映出来。每进行一项办案活动，都要制作相应的公安刑事法律文书，以保证侦查办案活动的正常进行。办案质量的优劣、执行法律水平的高低，一般可从公安刑事法律文书中有所反映。因此，要检查办案质量和执行法律情况，一般都离不开审阅公安刑事法律文书。

同时，公安刑事法律文书具体地记载了犯罪嫌疑人的犯罪动机、目的、过程、手段、危害后果、组织联系、犯罪活动赖以生存的各种社会条件。这些文字材料为公安机关研究犯罪规律，探讨预防犯罪对策，制定社会治安治理措施，对青少年进行法制教育，提高群众遵约守法的自觉性，搞好安全防范工作等，提供了直接的、重要的历史借鉴。

三、公安刑事法律文书制作要求

(一) 制作的基本步骤

公安刑事法律文书具有较强的法律约束力。因此，制作公安刑事法律文书不得盲目从事、随意制作，而应当严格依照科学的步骤和规范性的要求进行。了解和掌握公安刑事法律文书制作的基本步骤和要求，对于正确制作公安刑事法律文书，确保公安刑事法律文书的质量，具有实际指导意义。制作公安刑事法律文书分以下五个基本步骤。

1. 选定文书种类

选定文书种类是制作公安刑事法律文书的第一步。因为在目前办案中使用的公安刑事法律文书种类繁多，每一种公安刑事法律文书都有其特定的性质、特点、作用和制作要求，所以根据案件办理的情况首先选择和确定文书种类。

2. 梳理和选用必要材料

写文章要对掌握的材料进行梳理和选取，制作公安刑事法律文书同样也需要根据所制作的文书要求梳理和选取相对应的材料。例如，制作《呈请拘留报告书》，必须掌握犯罪嫌疑人的基本情况和应当拘留的事实和根据。

3. 制作文书内容

在选定公安刑事法律文书种类并占有必要材料的基础上，即可制作公安刑事法律文书内容。制作公安刑事法律文书内容是关键的一步。

4. 检查文书正误

制作文书内容之后，必须认真检查文书正误。公安刑事法律文书是公安机关行使侦查权力的书面依据，若制作填写得好，则可以保证侦查权力的顺利行使；若制作有误，则可能使侦查活动误入歧途。

5. 履行必要手续

对制作的公安刑事法律文书经过认真细致的检查，确认其准确无误后，应当及时履行必要的程序，以便确认其应有的法律效力或法律意义。

综上所述，制作公安刑事法律文书的五个基本步骤既相互独立，又相互联系，从而有机地构成了制作公安刑事法律文书的动态过程。

（二）制作的基本要求

公安刑事法律文书是关系侦查办案活动成败的重要司法文书。因此，为了确保公安刑事法律文书的正确制作，我们不仅应当了解制作公安刑事法律文书的基本步骤，而且应当掌握制作公安刑事法律文书的基本要求。制作公安刑事法律文书的基本要求有以下三个方面。

1. 格式规范

公安刑事法律文书是规范性文书，它是公安机关侦查人员代表国家依法而制作的。为了保证公安刑事法律文书的规范性和制作、审阅、处理及适用的方便，公安部在总结制作和使用公安刑事法律文书实践经验的基础上，制定并颁布了文书的具体格式、结构、项目和要求，我们必须严格执行，按照统一的格式、结构、项目和要求制作。

2. 语言精当

语言要精当是指公安刑事法律文书的语言应精练、准确、平实和庄重。应该把握好以下几点：

（1）语言精练。语言精练是指语言简洁明快，开门见山，言简意赅。鲁迅先生曾讲过，写文章要"简而得要"。质量较高的文书应当是叙述简明完备，说理精辟，简而不缺，疏而不漏，一清二楚，明白无疑。因此，作为法律性和实用性很强的公安刑事法律文书在语言上更应当精练，叙事即直接叙事，说理即是直接说理，开门见山，不拖泥带水。当然，要求语言精练，并不是一味求精求简，该写的不写，该说的不说，而是反对那种冗长杂芜、无病呻吟的毛病。要做到语言精练，应当尽量克服语句中叠床架屋的结构，把长句改为短句。例如，有的文书中写道："被张××一棍打倒在地，口鼻出血的被害人孙××正欲从地上再次爬起时，手持三棱刮刀，脚穿三节头牛皮鞋的黄某又飞起左脚踢在孙××后脑勺并将孙××踢昏倒在地上。"这段语言表达读起来使人感到绕嘴费舌。如果改成："被害人孙××被张××一棍打倒在地，口鼻出血，正待爬起来时，又被脚穿三节头牛皮鞋的黄某用左脚踢在脑勺上，昏倒在地。"这样，就比较精练易懂。

（2）语言准确。语言准确是指使用的语言恰当妥帖，分寸有度，正确地反映所要表达的意图，尤其是涉及犯罪嫌疑人有罪与无罪、重罪与轻罪、此罪与彼罪时。在定案处理时，更应该注意语言表达的准确，不要含糊其辞、模棱两可。例如，叙述犯罪嫌疑人盗窃次数时，是十次就写十次，是八次就写八次，不能笼统地写成十多次或十余次。叙述犯罪嫌疑人年龄时，是多大年龄就写多大年龄，不能写成十七八岁、二十余岁，尤其是对于 14 岁、16 岁和 18 岁这三个年龄阶段必须写清楚，否则将直接影响到对案件的正确认识和处理。当然，要求语言准确是相对的，而不是绝对的，对于在实践中本来就模糊的案件情节，如果人为地加以精确表述，反而会失去其客观性和可信度。例如，犯罪嫌疑人于 20×× 年 8 月上午 10 时许拦路抢劫，如果写成犯罪嫌疑人于 20×× 年 8 月上午 10 时 21 分 3 秒拦路抢劫，让人感到怀疑，反而不准确了。

要做到语言准确是不容易的，因为案件情况往往十分复杂，许多问题很难表达准确。同时，中国语言文字又十分复杂，有的一词多义，有的多词一义，使用不当就会影响对案情原意的表达。例如，叙述犯罪嫌疑人犯罪时手的动作，有许多词语，如掐、拉、推、搡、拖、攫、撕、携、捣、扇、打、揪、扭等动词；叙述犯罪嫌疑人犯罪时脚的动作，也有许多词语，如踢、蹬、踹、踩、弹、跺、顿、捻等动词。这些动词都各自反映着犯罪嫌疑人手脚的特定动作，不可混用、乱用。这在客观上就给准确使用语言造成了困难。所以，要做到语言准确就应当注意两点：第一，要准确使用词语。词语是语言的基本构成要素，词语使用是否准确，直接影响到语言的准确性。一词之差，语义大变。如将"通奸"写成"强奸"，意思就截然不同。通奸是男女双方在自愿基础上发生的性关系，这种性行为不构成犯罪；而强奸则是违背被害人的意志强行与被害人发生性关系，这种性行为是犯罪行为。第二，句子要尽可能符合语法要求。语法是句子的结构方式，是对语言结构方式一般规律的概括，句子只有符合语法，才能表意准确，让人听懂、看懂，否则，就难以达到预期的目的。例如，有的《起诉意见书》写道："领导批评了他，就怀恨在心，身藏利刃，趁人不备，捅了一刀。"究竟谁怀恨在心，身藏利刃，又是谁趁人不备，捅了谁一刀，让人费解。

(3) 语言平实。平实即通俗、朴实，不夸张渲染，不艰涩难解。公安刑事法律文书的语言平实是由其实用性决定的，制作公安刑事法律文书的目的在于客观、准确地反映客观事实真相，以便对案件作出客观公正的处理。因此，在结构上诸如追求所谓的新颖别致、穿插呼应、预设伏笔、设计高潮等笔法是不妥的；在叙述上诸如刻画形象、抒发情感、烘托气氛之类也没必要；在用词上使用过于夸张的形容词、难以理解的非常用词也是不当的。

(4) 语言庄重。庄重即郑重。公安刑事法律文书是公安机关代表国家依法制作的。因此，公安刑事法律文书所使用的语言必须庄重，健康文明，不允许在文书中出现低级下流的污言秽语，尽可能少出现犯罪嫌疑人使用的流氓黑话、暗语。例如，强奸案中犯罪嫌疑人供述的淫秽污浊的、过于具体的情节，犯罪嫌疑人交代的诸如"挂码子"、"拍婆子"之类的黑话、暗语等一般不要出现在公安刑事法律文书中。当然，这并不是说凡是这些东西都不能写进公安刑事法律文书，在有的情况下，不写这些东西不足以反映案情时还是可以写的。

3. 内容真实

内容真实是对制作公安刑事法律文书最根本的要求。公安刑事法律文书只有内容真实可靠，才能切实保证办案活动的顺利进行，反之如内容虚假，必然会将办案活动引入歧途，影响刑事诉讼活动的顺利进行。公安刑事法律文书内容真实大致包含三层含义：第一，公安刑事法律文书涉及的有关人员基本情况要真实。如姓名、性别、年龄、住址、职业、单位及简历等都必须真实无误。第二，公安刑事法律文书所列举的事实必须真实。如《起诉意见书》中列举犯罪嫌疑人的犯罪事实必须是经过查证属实的。对一些似是而非、未经过查实的问题均不得列入。第三，公安刑事法律文书中列举的证据必须真实，这些证据也必须是经过查证无误的。

要做到公安刑事法律文书内容真实，必须注意两点：一是在制作公安刑事法律文书之前，要对那些准备列入公安刑事法律文书的事实材料进行认真细致的检查，逐一确认它们的真实性。二是在制作了公安刑事法律文书之后，要对文书再进行一次认真的检查，主要是对文书中使用的语言是否准确反映案件情况进行检查。在实践中，常常遇到这种情况，被列入公安刑事法律文书的案件情况是真实的，而由于文书中语言使用不当，从而使真实的案件情况发生曲解。例如，有一公安刑事法律文书在叙述犯罪嫌疑人张某用三棱刮刀捅死孙某时这样写道："在村南电灌站机房门前，张某与孙某相遇，还没谈几句话，便拔出三棱刮刀朝左胸部捅了一刀。"张某用三棱刮刀捅死孙某是真实的，可这段语的语言表述使人感到模糊不清，从而使文书的真实性受到影响。

四、常规项目和事项的制作

公安刑事法律文书尽管性质不同，形式多样，但其中有些栏目和事项是相同的，其制作要求也基本一致。因此，为了避免与后面各部分文书的叙述雷同，在此单独叙述。

(一) 犯罪嫌疑人姓名

在通常情况下，只要写明犯罪嫌疑人在户籍上登记的姓名即可。但制作有些文书时则应写明与案件有关的所有名称，包括曾用名、绰号、化名、乳名、笔名等，这样要求的目的是便于正确辨别犯罪嫌疑身份，更好地审查案情，判断证据，准确认定案件事实和行为人，并有利于羁押、看管。如果犯罪嫌疑人系外国籍或少数民族，应正确写明汉语译名，必要时也可在汉语译名后注明犯罪嫌疑人使用的本国或本民族文字姓名。

(二) 犯罪嫌疑人年龄

由于年龄在一定程度上反映着一个人认识事物、辨别是非和正确表达的能力，尤其是对那些未满 18 周岁的犯罪嫌疑人来说，年龄登记的准确与否，直接关系到其行为是否构成犯罪和罪轻、罪重认定结论的作出。因此，在填写犯罪嫌疑人的年龄时，应当认真细致，慎重从事，并且应当特别注意以下几点：第一，对犯罪嫌疑人年龄的计算，均应以公历(阳历)周岁的年龄为准，对那些习惯于以农历(阴历)计算年龄的，应一律换算成公历年龄。计算年龄时，应精确到出生的年、月、日。第二，对于犯罪时已满 14 周岁不满 18 周岁的犯罪嫌疑人，为了据以确定是否应负刑事责任和是否应当从轻或减轻处罚，应当在写明年龄的同时，准确地写明出生年、月、日，以示特别慎重。第三，在叙述犯罪嫌疑人犯罪事实时，需要写明犯罪嫌疑人作案时的年龄，可写明"时年××岁"。第四，对犯罪嫌疑人年龄的认定，一般应以户口底册为准，但对于那些可能存在误差的户口底册不能轻信，尤其是犯罪嫌疑人尚属未成年时，更不能轻易依户口底册认定年龄。为了慎重起见，可以从多种途径调查了解，然后综合分析认定，如通过犯罪嫌疑人的身份证、工作证、学生证、出生证和档案材料等了解。

(三) 犯罪嫌疑人文化程度

公安刑事法律文书上所要填写的文化程度一般是指国家承认的学历，应以学校颁发的毕业证为准，填写时应当依据犯罪嫌疑人的情况正确填写。在办案实践中，有些犯罪嫌疑人虽未上过学，但是通过自己的努力，达到了一定的文化水平，为了正确地反映其文化水平状况，也可以在文化程度栏中填写"相当于××文化"。对于那些虽然就读，但未获得毕业证的，可填写"肄业"字样。

(四) 犯罪嫌疑人籍贯

籍贯是一个人的祖居或出生地，但各地公安刑事法律文书制作中对籍贯栏的填写不尽一致，有的以犯罪嫌疑人祖居地为准；有的以犯罪嫌疑人父亲出生地或居住地为准；有的以犯罪嫌疑人出生地或居住地为准；也有的干脆不写，通常情况下应填写犯罪嫌疑人出生地为妥。因为对于案件审查而言，犯罪嫌疑人出生地远比祖居地价值大。填写祖居地对案件的审查和处理没有多大的实际意义。犯罪嫌疑人属外国籍的，则应以其在国外的出生地为准。

（五）犯罪嫌疑人职业

职业是指一个人在某行业所从事的具体工作，按照我国相关规定，无论在全民所有制、集体所有制工作还是从事个体劳动，无论是固定性职业还是临时性职业，都是在业人员。据此，在制作公安刑事法律文书时，对职业概念的理解不应过于狭窄。对临时性某种职业也要在职业栏中如实反映，不能填为"无业"。对于等待国家统一分配的大、中、专毕业生以及复员、转业军人和其他老弱病残人员，可在职业栏里填写"不在业"，同时在其后注明属于哪类情形。

（六）犯罪嫌疑人住址

住址指犯罪嫌疑人经常居住的场所或地方。一般来说，犯罪嫌疑人的住址都是犯罪嫌疑人户口登记的地址，因此在填写住址时，应当首先将犯罪嫌疑人户口登记的住址填写上，但近年来由于种种原因，人户分离现象较为突出，如果在住址栏中只填写其户口登记地的住址则与实际情况不符，对案件的查办不利，因此要在住址栏中首先把其户口登记地的住址写清楚，然后把其经常性居住的固定处所写在后面，而且应当写得具体、准确。

（七）犯罪嫌疑人简历

简历是犯罪嫌疑人学习、工作、生活等主要经历的简述。填写简历栏时应当注意：其一，填写应当按时间先后顺序进行。其二，填写应简明扼要、重点突出、详略得当，既不能面面俱到，事无巨细统统写进去，又不能过于简单，遗漏一些应该填写的重要情况。其三，简历要客观地反映出犯罪嫌疑人的历史概貌，包括正确地反映犯罪嫌疑人的学习、生活、工作情况，正确地反映犯罪嫌疑人在以往的经历中所受到的重要奖励和惩罚情况。其中，惩罚情况主要是指受到的刑事处罚、治安处罚和劳动教养处分等，也包括被公安司法机关采取过刑事强制措施或行政强制手段，如拘留、取保候审等。

（八）犯罪嫌疑人的工作单位

在填写工作单位栏时，常见的错误是过于简单，习惯于写简称，以至于让非填写人员在调查取证或审查案件中产生歧义，甚至难以弄清。

（九）发文字号

公安刑事法律文书文字号一般由五个部分组成：其一，发文公安机关简称。通常是把公安机关名称中具有代表意义的两个字作简称。如昆明市公安局简称为"昆公"，云南省公安厅简称为"云公"。其二，发文公安机关具体业务部门简称。通常是把业务部门名称中的具有代表意义的一个字作为简称，如治安支队简称为"治"，刑侦支队简称为"刑"。其三，文书作为简称，通常将制作的文书名称中具有代表意义的字作为简称，如《搜查证》简称为"搜"，《起诉意见书》简称为"诉"，有时也可不写。其四，该类文书年度内发文排列序号，一般是从 1 号开始逐次排列。其五，发文年代通常只写到年，不写到月、日，并且多用方括号括起来，如[2004]。按照上述五个部分的要求，就可以填写出合乎要求的发文代号。如昆明市公安局刑侦支队 2004 年签发的第 20 号《搜查证》，就可以写成"昆公刑搜字[2004]20 号"，或"昆公搜字[2004]20 号"。对于一纸多联式文书，在各联之间的骑缝处，应以大写数字写明发文字号。

（十）印章使用

印章包括单位公章和个人印章。使用公章时，应端端正正压在制发日期的年、月、日中间，俗称"掩年盖月"。个人印章即局长印章，使用时应当盖在制作年、月、日之上，并列于文书落款中"局长"二字之后。上有局长印章，下有公安局公章，两章上下基本对齐。凡一纸两联或一纸多联的刑事法律文书，在每联的中间连接处填写发文字号，加盖公章(骑缝章)。对于多页的文书，需在各页右侧边沿加盖骑缝章或调查材料专用章。

（十一）法律条文的援引

公安刑事法律文书中有许多具体文书需要引用法律条文，引用时应当注意以下几点：其一，引用的法律条文需用全称，不能使用简称，如不能将《中华人民共和国刑事诉讼法》简称为"刑诉法"。其二，引用的法律条文要具体。例如，法律条文中有款或项的，要具体到××条××款或××项；没有款或项的，要具体到条。其三，不能引用宪法、内部规定、政策性文件或一些会议文件精神。但是，全国人大常委会发布的有关刑事的决定可以引用。

（十二）数字和计量单位的用法

数字和计量单位在刑事法律文书中经常被使用，为了保证刑事法律文书的规范性，应当对数字和计量单位的使用提出统一要求：其一，关于数字的用法。在公安刑事法律文书中，凡是涉及时间、长度、重量、质量、面积、容积、体积和其他有关事项时均须使用数字表示。按照《国家行政机关公文处理办法》的规定，在公安刑事法律文书中，除发文号、统计表、计划表、序号、专用术语或其他必须使用阿拉伯数字外，一般要用汉字书写。其二，关于计量单位用法。根据《中华人民共和国法定计量单位》等法规的要求，应当停止使用一些非法定的计量单位，包括我国人民生活中习惯使用但已被国家规定停止使用的计量单位，如"尺"、"寸"、"斤"、"里"、"担"等，而应换算成"厘米"、"米"、"千克"、"千米"等法定计量单位。

（十三）选择性项目的填写

文书中出现选择性项目的内容，如"男/女"、"回避/驳回申请回避决定书"等，可根据情况用"/"斜线或"——"横线删去不需要的内容。

（十四）不用填写内容的处理

应当将文书中空缺的地方全部填满，如有不必填写或无法填写的应当在空白处画线，不能留空。

第二节 案件受理文书

公安机关对属于本单位管辖范围内的事项，应当及时调查处理；对属于公安机关职责范围，但不属于本单位管辖的，应当在受理后的二十四小时内移送有管辖权的单位处理，并告知报案人；对不属于公安机关职责范围内的事项，应告知当事人向其他有关主管机关报案或者投案。这一过程中具体涉及的受案文书有《报案笔录》和《受案登记表》。

4.2.1 报案笔录

一、概念

《报案笔录》是公安机关在接受报案人、控告人、举报人口头报案时，依法制作的文字记录，也就是机关、单位和个人发现有犯罪事实或犯罪嫌疑人，向公安机关报案，工作人员如实记载报案内容时使用的文书。

二、结构形式

《报案笔录》包括以下几部分：

(1) 报案、控告、举报或者自首的时间、地点，接待人，记录人，报案人、控告人、举报人或者自首人的基本情况和叙述的内容。

当事人的基本情况是指报案人的姓名、性别、年龄、工作单位、职业和家庭住址等情况，这些基本信息应记写清楚，以便备查。所谓叙述的内容，就是报案的内容，包括案件发生的时间、地点、经过、主要情节、作案手段、作案工具、财物损失情况、人员伤亡情况和犯罪嫌疑人的情况，以及报案人是否认识或见过犯罪嫌疑人，犯罪嫌疑人的体貌特征如何等。

(2) 《报案笔录》向报案人、控告人、举报人或者自首人宣读无误后，由其签名或盖章。

三、注意事项

(1) 《报案笔录》要抓住案件发现、发生的有利时机认真制作，认真审查，尽快确定案件的管辖。

(2) 《报案笔录》要注意当场制作。

(3) 做完笔录要在审查以后，由报案人签名并且捺指印。如果报案人、控告人、举报人要求保密的，要做好保密工作。

四、应用示例

报 案 笔 录

受案时间 20×× 年 9 月 26 日 9 时 15 分至 10 时 30 分

受案单位 ××派出所

受 案 人 本所民警张××

报案(包括控告、举报、自首、扭送、自行发现等)人情况:

　　姓名: 刘××, 性别: 女, 年龄: 30 岁, 职业: 出纳员, 工作单位: ××公司财务部, 现在地址: ××市××公司宿舍楼 502 号房。

犯罪嫌疑人情况 ……

问: 你到派出所来有什么事?

答: 我来报案, 我被人抢劫了单位存款 35 000 元。

问: 请你把发案经过说清楚。

答: 今天上午上班后, 大约 8 点 30 分, 我搭乘单位三菱面包车到建设银行东风路储蓄所给单位存款, 把 35 000 元人民币装在一个黑色长方形牛皮手提包内, 到储蓄所门口下车后, 就看见一男青年从停在储蓄所门前的一辆摩托车上下来, 迎面向我走来, 问道: "大姐, 现在几点了?" 我看了一下手表说: "8 点 50 分。" 我的话刚说完, 这个男青年突然抢去我的手提包, 然后跳上摩托车就逃跑了。送我来储蓄所的本单位司机开车追出约 2 公里, 没有追上抢劫者(作案人), 又返回到储蓄所门口, 我立即上车随他一起来报案。

问: 那个男青年长得什么样? 穿什么衣服? 有什么特征?

答: 抢夺我手提包的是一个高个子的青年, 身高一米七五左右, 大约二十三四岁, 长方脸, 眼睛很大, 右眼角下有一颗明显的黑痣, 上衣是灰底蓝横条纹 T 恤衫, 下身穿蓝色牛仔裤。

问: 还有什么情况?

答: 没有了。

问: 请留下你的电话号码, 以便我们与你联系。

答: 好的, 电话号码是×××××××。

问: 你以上所谈是否属实?

答: 完全属实。

以上笔录我看过, 和我说的相符。

报案人: 刘×(签名)
记录人: 王×(签名)

4.2.2　受案登记表

一、概念

　　《受案登记表》是公安机关在接受公民扭送、报案、控告、举报、犯罪嫌疑人自首或者有关单位移送案件时, 在《报案笔录》的基础上制作的表格式文书, 它是公安机关受理刑事案件的重要原始材料。

二、结构形式

　　《受案登记表》为表格形式, 是一纸一联文书, 由公安机关受案部门填写制作, 并由以下三个部分组成。

(一) 首部

　　首部由文书名称、填报单位、文书编号、报案人和移送单位基本情况栏组成。

（二）正文

正文包括报案内容。

（三）尾部

尾部是受案意见和受案审批栏，由相关人员填写。

三、注意事项

(1) 一般情况下，在制作本文书前，应当先制作《报案笔录》。将登记表报送领导批示时，应当附《报案笔录》。

(2) 经县级以上公安机关负责人批准立案侦查的，侦查终结时，《受案登记表》应当存入诉讼卷，其他情况按有关要求处理。

四、应用示例

受案登记表

（××公安局××派出所印）　　　　　　　　　　　×公(刑)受案字〔201×〕14 号

案件来源		□110 指令☑工作中发现□报案□投案□移送□扭送□其他					
报案人	姓名	成×	性别	男	出生日期		196×年4月5日
	身份证件种类	身份证	证件号码			33×××196×040523××	
	工作单位	××建筑公司		联系方式		876×××23	
	现住址	××区城市中心花园3—3—601					
移送单位			移送人		联系方式		
接报民警	程××		接报时间	201×年6月2日 23时25分	接报地点		××公安局××派出所
简要案情或者报案记录(发案时间、地点、简要过程、涉案人基本情况、受害情况等)以及是否接受证据： 210×年6月2日23时许，××建筑公司员工成×在工地进行例行的巡逻时，发现有两个正在偷工地的钢管，10根钢管(九成新，直径30 cm，长15 m)已经被搬到停在工地一出口处的货车上，成×立刻控制住其中一人(另外一人趁机逃脱)并报警。随后，成×与赶来的××派出所民警一起把违法嫌疑人抓获。违法嫌疑人刘××，男，22岁，住××乡××村。刘××对盗窃钢管的事实供认不讳，也接受了报案人成×提供的证据，接受证据情况见所附《接受证据清单》。							
受案意见	□属本单位管辖的行政案件，建议及时调查处理 ☑属本单位管辖的刑事案件，建议及时立案侦查 □不属于本单位管辖，建议移送_____处理 □不属于公安机关职责范围，不予调查处理并当场书面告知当事人 □其他_____ 受案民警　程××　　　　　　　　　　　二〇一×年六月三日						
受案审批	同意。 受案部门负责人　朱××　　　　　　　　二〇一×年六月三日						

一式两份，一份留存，一份附卷。

第三节　管辖与回避文书

4.3.1　指定管辖决定书

一、概念

《指定管辖决定书》是上级机关对下级机关发生管辖争议或对情况特殊的案件作出指定管辖决定时使用的文书。在办案实践中，由于案件情况千差万别，一些案件的处理过程会出现管辖争议的问题，需要由上级公安机关确定管辖。指定管辖对公安机关侦查活动的顺利进行以及保证打击犯罪力度有着十分重要的作用。

二、结构形式

《指定管辖决定书》属一式多份填充式文书。制作时按表格要求逐一填写。

三、注意事项

(1) 《指定管辖决定书》制作后，机关留存一份，其余分送被指定的公安机关和其他有关的公安机关。

(2) 被指定的公安机关将收到的《指定管辖决定书》存入诉讼卷。

(3) 争议公安机关栏内要写明争议公安机关全称，如果没有争议公安机关，而是因为案件情况特殊需要指定其他公安机关管辖的，将此空以及后面的"争议的"用横线划去不填。

四、应用示例

×××公安局

指定管辖决定书

×公指管字〔201×〕123 号

经对　××市公安局、××市××县公安局　争议的　刘××合同诈骗　案件管辖问题进行审查，决定由　××市公安局　管辖。请　××市××县公安局　在　三　日内将与案件有关的证据材料移送××市公安局　。

（决定机关印）

二〇一×年九月五日

本决定一式若干份，决定机关留存一份，其余分送被指定的公安机关和其他有关的公安机关。

4.3.2 回避/驳回申请回避决定书

一、概念

《回避/驳回申请回避决定书》是公安机关对当事人对有关公安机关的负责人、侦查人员、鉴定人、记录人以及翻译人员提出回避的申请后，决定是否回避并通知当事人时使用的法律文书。本文书是由《回避决定书》和《驳回申请回避决定书》合并而成的，实际工作中可以根据情况选用。

二、结构形式

《回避/驳回申请回避决定书》由存根、附卷联、交申请人联、交被申请人联组成。各部分按表格要求逐一填写，存根存档备查。

三、应用示例

×××公安局
回避/驳回申请回避决定书
（存 根）
×公回字〔201×〕123 号

案件名称　张××盗窃案
案件编号　×××××××
申 请 人　张××
被申请人　李××
决定内容　驳回申请回避
决定理由　不影响公正处理
决 定 人　胡××
批准时间　201×年9月5日
办 案 人　周×× 吴××
办案单位　××市公安局刑侦支队
填发时间　201×年9月5日
填 发 人　刘××

×公回字贰零壹×第壹佰贰拾叁号

×××公安局
回避/驳回申请回避决定书
（副 本）
×公回字〔201×〕123 号

　　申请人：　张××，性别 男，年龄 28 岁，住址　××市××街××号　，单位及职业　×市×公司职员　。
　　被申请人：李××，性别 男，单位与职务　××市公安局刑侦支队侦查员　。
　　申请人：　张××于　201×年9月2日以　李××是被害人杨××的同学　为由提出要求办理　张××盗窃　案的　李××回避的申请，经审查，认为　李××办理此案不影响处理　，根据《中华人民共和国刑事诉讼法》第　三十　条之规定，由本局局长　胡××决定　驳回申请人 张××提出的要求李××回避的申请　。
　　如不服本决定，申请人可以在收到本决定书五日以内，向本局申请复议。

　　　　　　　（公安局印）
　　　　　　　二〇一×年九月五日

本决定书已收到。
　申请人 张××
　201×年9月5日

×公回字贰零壹×第壹佰贰拾叁号

此联附卷

<table>
<tr><td>

×××公安局
回避/驳回申请回避决定书

×公回字〔201×〕123 号

　　申请人：<u>张××</u>，性别<u>男</u>，年龄<u>28</u>岁，
住址<u>××市××街××号</u>，单位及职业<u>×市</u>
<u>×公司职员</u>　　　　　。

　　被申请人：<u>李××</u>，性别<u>男</u>，单位与职务
<u>××市公安局刑侦支队侦查员</u>　　　。

　　申请人：<u>张××</u>于<u>201×</u>年<u>9</u>月<u>2</u>日
以<u>李××是被害人杨××的同学</u>为由提出
要求办理<u>张××盗窃</u>案的<u>李××</u>回避
的申请，经审查，认为<u>李××办理此案不影</u>
<u>响处理</u>，根据《中华人民共和国刑事诉讼法》
第<u>三十</u>条之规定，由本局局长<u>胡××</u>决定
<u>驳回申请人张××提出的要求李××回避的申</u>
<u>请</u>。

　　如不服本决定，申请人可以在收到本决定书五
日以内，向本局申请复议。

（公安局印）
二〇一×年九月五日

</td><td>

（竖排）×公回字贰零壹×第壹佰贰拾叁号

</td><td>

×××公安局
回避/驳回申请回避决定书
（副 本）

×公回字〔201×〕123 号

　　申请人：<u>张××</u>，性别<u>男</u>，年龄<u>28</u>岁，
住址<u>××市××街××号</u>，单位及职业<u>×市</u>
<u>×公司职员</u>　　　　　。

　　被申请人：<u>李××</u>，性别<u>男</u>，单位与职务
<u>××市公安局刑侦支队侦查员</u>　　　。

　　申请人：<u>张××</u>于<u>201×</u>年<u>9</u>月<u>2</u>日
以<u>李××是被害人杨××的同学</u>为由提出
要求办理<u>张××盗窃</u>案的<u>李××</u>回避
的申请，经审查，认为<u>李××办理此案不影</u>
<u>响处理</u>，根据《中华人民共和国刑事诉讼法》
第<u>三十</u>条之规定，由本局局长<u>胡××</u>决定
<u>驳回申请人张××提出的要求李××回避的申</u>
<u>请</u>。

　　如不服本决定，申请人可以在收到本决定书五
日以内，向本局申请复议。

（公安局印）
二〇一×年九月五日

</td></tr>
<tr><td>此联交申请人</td><td></td><td>此联交被申请人</td></tr>
</table>

第四节　律师参与刑事诉讼文书

　　律师参与刑事诉讼文书制作部分，由于本书篇幅有限，加之后面有专门章节叙述律师诉讼文书，因此，在此只列出相关文书种类供读者了解。

　　(1) 安排律师会见非涉密案件在押犯罪嫌疑人通知书。

　　(2) 涉密案件聘请律师申请表。

　　(3) 涉密案件聘请律师决定书。

　　(4) 会见涉密案件在押犯罪嫌疑人申请表。

　　(5) 准予会见涉密案件在押犯罪嫌疑人决定书、通知书。

　　(6) 准予会见涉密案件在押犯罪嫌疑人决定通知书。

　　(7) 不准予会见涉密案件在押犯罪嫌疑人决定书。

第五节　勘验与检查文书

　　公安刑事案件现场勘验、检查是侦查人员利用科学技术手段，对与犯罪有关的场所、

物品、人身、尸体等进行勘验、检查的一种侦查活动。该办案环节涉及多种文字材料，但由于本书篇幅有限仅介绍《现场勘查笔录》。

一、概念

《现场勘查笔录》是公安机关侦查人员勘验检查与犯罪有关的场所时，记录现场勘查过程中以及勘查人员在现场提取证据等情况的文书。

现场勘查是刑事诉讼法规定的一项重要的侦查措施，其任务是查明犯罪现场的情况，发现和收集证据，研究分析案情，判断案件性质，确定侦查方向和范围，为破案提供线索和证据。《现场勘查笔录》通过固定现场的痕迹、物证，为公安机关侦查人员完成这一重要证据提供重要依据，它也是甄别犯罪嫌疑人口供，证实其作案和法庭定罪量刑的重要证据之一。

《现场勘查笔录》和现场照片、现场绘图三部分组成现场勘查记录。其中，《现场勘查笔录》是现场勘查记录的重要组成部分，是主件；现场照片和现场绘图是附件。

二、结构形式

《现场勘查笔录》属于叙述型文书，虽没有规定标准格式，但基本包括以下内容：

(1) 文书名称(已印制好)。

(2) 发现或者报案时间，要求精确到某时某分。

(3) 现场保护人的姓名、单位、到达现场时间。《公安机关办理刑事案件程序规定》第一百九十四条第一款规定，发案地派出所、巡警或者治安保卫组织应当妥善保护犯罪现场，注意保全证据，控制犯罪嫌疑人，并立即报告公安机关主管部门。《现场勘查笔录》应当将上述情况记录清楚，以便能够对现场有关情况作出准确判断。

(4) 勘查时间、地点。勘查时间要精确到分，勘查地点就是犯罪现场，应当准确说明。

(5) 勘查人员及见证人基本情况。勘查人员包括现场勘查指挥人员及其他勘查人员。

(6) 现场条件。《现场勘查笔录》应当记载清楚进行现场勘查时的现场条件，如天气、温度、湿度、光线条件等。

(7) 勘查过程首先要记录清楚发现或者接到报案的情况以及组织人员赴现场勘查情况，然后要重点记载现场和勘查的具体情况，如现场的空间、方位、大小及建筑布局，物体的摆放、陈设情况，犯罪工具及其他物证、痕迹的具体位置、种类、分布情况以及提取方法，现场物品损害情况及被害人情况，以及其他变动或异常情况。对于性质不同的案件，要根据不同案件的特点，有针对性地进行勘查，如对于凶杀现场，要记录尸体的具体方位和姿势，周围是否有血迹，周围物品和痕迹的位置和特点以及尸表检查情况等；入室盗窃现场要记录清楚门窗是否关闭，是否完整，有无撬压痕迹，有无指纹、足迹，室内家具有无移动、破坏情况等。

(8) 现场勘查结果，主要包括对现场物证、痕迹的处理情况，提取物品的名称、数量、标记和特征，提取痕迹的名称和数量，拍摄现场照片和绘制现场图的种类和数量。

《现场勘查笔录》是对案件现场勘查中发现的各种客观情况的记载，侦查人员对现场情况的分析意见，不能记录在笔录中。笔录中对各种情况的记载顺序，应当与对现场情况进行实际勘查的顺序相符。笔录的文字一定要准确、清楚，避免使用晦涩难懂或者含混不清的语言，尤其是对现场物体和痕迹的位置、形状、距离、大小等特征，一定要准确记载。

此外，如果在现场进行了尸体外表检查、解剖检验、现场实验、人身搜查，除应单独制作详细记录外，也应简要加以反映。如果一次勘查后再次进行勘查，应制作现场勘查补充笔录。

(9) 由现场勘查指挥人、勘查人、见证人和记录人签名。

三、注意事项

《现场勘查笔录》适用于公安机关对刑事案件现场进行勘查情况的记录。所谓现场，即犯罪现场，是指犯罪分子作案的地点，包括犯罪分子作案的场所及其作案所遗留的痕迹与物品。公安机关应当对犯罪现场有关情况进行全面勘查。

(1) 根据《公安机关办理刑事案件程序规定》第一百九十七条的规定，现场勘查应当对现场拍照，并制作现场图，与《现场勘查笔录》相互补充、印证。

(2) 《现场勘查笔录》作为案件的重要证据，在案件侦查终结时存入诉讼卷。

四、应用示例

现 场 勘 查 笔 录

发现/报案时间：201×年 11 月 3 日 7 时 15 分

现场保护人姓名、单位：魏××、高××，××派出所民警

现场保护人到达时间：201×年×月×日 9 时 10 分

勘查时间：201×年×月×日 9 时 35 分至 201×年 11 月 3 日 15 时 10 分

勘查地点：××市××动物园大象区护栏外

指挥人姓名：陈×　　　单位：××市公安局　　　职务：副局长

其他勘查人姓名、单位、职务：封××，××市公安局刑警队队长；吕××，××市公安分局局长；林××，××公安局刑警队教导员；季×、陈××，××市公安局法医；孙××，××市公安局痕迹技术员；徐××，××市公安局刑警队照相技术员；郑××、金××、朱××等，××市公安局刑警队侦查员；方××，××派出所民警。

见证人姓名、地址、单位：周××，住××市××区××路××号，××市动物园干部。

现场条件：晴天，气温 23℃～25℃，偏东风 2～3 级，空气湿度 35%～40%。

勘查过程及结论：201×年×月×日 7 时 30 分，我大队值班室接××分局刑侦队电称："动物园大象区护栏外发现一人被打伤，被害人已送医院抢救，现场有许多血。请速派人来勘查现场。"

接到报案后，由封××大队长带领侦查员郑××、金××，法医季××、陈××，痕迹技术员孙××，照相技术员徐××于 8 点 10 分到达现场。相继到达现场的有××分局局长吕××、教导员林××、侦查员陶××、林×等同志。现场已由××派出所方××同志和动物园的部分工人同志保护。

首先听取了派出所和动物园同志的情况介绍，然后访问了现场发现人顾××(男，18 岁，住动物园清洁大队)和胡××(男，25 岁，住动物园清洁大队)。据他俩讲，早上 6 点 30 分左右，顾与胡去动物园打扫卫生，先到工具存放室取工具，然后从南至北地清扫。9 点 10 分，他们在大象区护栏外打扫卫生，扫到大象区时，在护栏外，发现一个人头东足西仰

天躺着，右手搁在头上，左手弯曲伸在旁边，头上都是血，旁边一张报纸上也染了很多血，一个挎包扔在一旁，包里的东西撒了一地。胡讲："快去叫人报警。"二人就向办公室方向跑去，碰到动物园一男一女过来，就把情况告诉了他们。男的报告班长去了，女的跟着去大象区。过了 10 分钟，来了几辆警车和一辆救护车，救护车把那人抬上去，拉到了××医院抢救。

法医勘查被害人伤势，被害人是一位 60 多岁身体壮实的老年人，已昏迷不醒，有生命危险。右侧头部后面有严重的钝器伤(详见法医鉴定)。勘查时××动物园班干部周××、王××被邀请作为现场勘查见证人。现场勘查从 9 点 35 分开始，当日天晴，气温 15～26℃，偏北风 2～3 级，是在自然光下进行勘查。

现场位于××区××动物园北面大象区护栏外，西面靠近老虎、狮子区；南面临向医院；东西与动物园孔雀园相望；北面是鸵鸟区。

大象区朝西是一大门，护栏两侧可进出都无门。大象区总面积为 267 ㎡。

现场血迹在护栏外北面的水泥地上，一石阶与护栏相接，高 13 厘米，石阶下有一滩浓色血泊，面积为 50×40 厘米。石阶上也有 40×30 厘米血泊，流下台阶与浓色血泊连接在一起。石阶上面血泊旁有一张 200×年 7 月 17 日至 9 月 23 日的第 20 期广播电视节目周报，报上染满了血迹。紧靠报旁有一大滩 67×55 厘米的呕吐物(上有嚼碎的月饼和梨子成分)。距呕吐物 8 厘米处有一堆 5×4.5 厘米的碎月饼。离碎月饼 30 厘米处有呈条状的梨皮，紧靠旁边是一副完整的外圈黄色眼镜，镜脚贴地平放。左侧地面有三条约 60 厘米长的划痕，东面一石柱上沾 17×4 厘米的血迹。距石柱 110 厘米处有一个草绿色的挎包，周围撒有笔、本子、牙刷、牙膏、梨、矿泉水，包内有一条绿条子毛巾、小塑料袋一个(内装白色香皂一小块)；淡绿色软面工作手册一本；红色塑料面的××汽车发动机厂的工作证一个，内贴照片，写有："石××，男，54 岁，19××年 8 月 1 日发。"离包 30 厘米处发现一个局部波浪形花纹的血足迹。

勘查至东孔雀园进门至墙的方形洞外泥地上，距血迹 26 厘米处有两只不同类型的鞋印，一只塑料底鞋，前掌局部花纹隐约可见；另一只类似球鞋花纹。两鞋相距 25 厘米。

为认真勘查，在护栏四周进行搜索。距血迹 245 厘米偏西方向泥地上发现一只吃剩下的梨子心。往西侧距护栏 380 厘米处有一辆八成新、上海产的全包链、双搁脚的凤凰自行车，钢印号码74401，车照号码24401。

现场认真搜索后，未发现其他物证。

现场勘查于当日 15 时 10 分结束。提取了现场鞋印、现场遗留物、挎包及包内的全部物品。拍摄了现场照片 20 张，绘制了现场图三张。制作现场笔录一份。

指挥人：陈×

勘查人：×××、×××、×××、

　　　　×××、×××、×××

见证人：周××、

记录人：×××

第六节　调取证据文书

4.6.1　呈请调取证据报告书

一、概念

《呈请调取证据报告书》是公安机关办案人员在办理刑事案件过程中，依法向有关单位或个人调取与案件有关的证据前制作的报县级以上公安机关负责人审批的文书。它是制作《调取证据通知书》的依据。

二、结构形式

《呈请调取证据报告书》适用《呈请____报告书》的格式。

三、注意事项

(1) 调取的证据是与案件有关的实物证据，如果是收集与案件有关证人的证言，则应当制作《询问通知书》。

(2) 用其他方式获取的实物证据，如勘察、搜查中获取的实物证据，不需要制作《呈请调取证据报告书》。

(3) 《呈请调取证据报告书》经批准后，可制作《调取证据通知书》。结案时，《呈请调取证据报告书》归入侦查卷。

四、应用示例

领导批示	同意。　　　　　　　　　　　　　　　　　　　张××
	2010×年 3 月 15 日
审核意见	拟同意调取相关涉案账户的交易明细，妥否请局领导批示。
	李××
	2010×年 3 月 15 日

呈请调取证据报告书

我大队 2010×年 3 月 13 日受理的 ATM 机被盗窃案需对相关证据进行调取，现将有关情况报告如下：

201×年 3 月 13 日我大队受理的 ATM 机被盗窃案，经过调取现场监控录像，发现犯罪嫌疑人存在使用银行卡的行为。未查清相关犯罪事实，现呈请调取犯罪嫌疑人所使用的中国邮政储蓄账户(账号：62215474276879)取款情况。

妥否，请批示。

刑侦支队二大队

向×× 王××

201×年 3 月 15 日

4.6.2　调取证据通知书

一、概念

《调取证据通知书》是公安机关在办理刑事案件过程中，依法向有关单位或个人调取与案件有关的证据时制作的通知性文书。它是公安机关收集案件证据的重要依据和凭证，对于规范公安机关的取证活动具有重要作用。

二、结构形式

《调取证据通知书》由存根、副本、正本三联组成。制作时各部分按表格要求逐一填写，正本交原证据持有人；副本由原证据持有人签字后带回入卷；存根存档备查。

三、应用示例

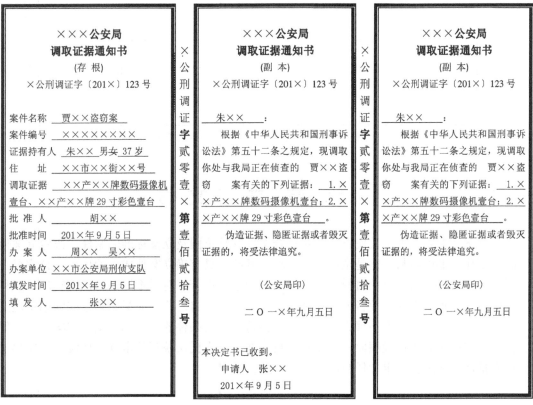

4.6.3　调取证据清单

一、概念

《调取证据清单》是公安机关办理刑事案件过程中，在向有关单位或个人调取证据时制作的记录调取证据情况的文书。

二、结构形式

《调取证据清单》属填充式文书。制作时，各部分按表格要求逐一填写。

三、应用示例

×××公安局调取证据清单

编号	名称	数量	特　　征	备注
1	数码摄像机	壹台	××产、××型、银色	
2	DVD 机	壹台	××产、××型、黑色	
3	笔记本电脑	壹台	××产、××型、黑色	
4	电视机	壹台	××产、××型、黑色	
证据持有人　赵×× 201×年 8 月 12 日			办案单位　××市公安局刑警队 办案人　孙××、徐×× 201×年 8 月 12 日	

本清单一式三份，一份附卷，一份证据持有人，一份交证据保管人员。

第七节　立案文书

立案文书是公安机关侦查部门对符合案件管辖范围及立案标准的案件，决定立案侦查时所制作的书面材料。它是全部侦查活动的开端，具有确立案件成立的作用。公安机关对于控告、检举或者自首的材料，应按管辖范围进行审查。对于不属于自己管辖的，应移送主管机关处理，并通知控告人、检举人；对于不属于自己管辖而又必须采取紧急措施的，应先采取紧急措施，然后移送主管机关。如符合立案条件的，应当立案。立案后，一般案件由公安机关、人民检察院开始侦查；自诉案件由人民法院直接审理。如没有犯罪事实，或者依法不应追究刑事责任的，则不予立案。

4.7.1　呈请立案报告书

一、概念

《呈请立案报告书》是公安机关侦查部门对拟立案侦查的案件，报请领导审批的书面报告。

二、结构形式

《呈请立案报告书》属呈请类文书,其结构分为三部分。

(一)首部

首部包括文书名称,即《呈请对××案立案报告书》不必编写文号。

(二)正文

正文由以下四个部分组成:

(1)报告导语:主要概括写明案件来源,接受案件后的处置,从初查或现场勘查和访问获得的证据得出是否有犯罪事实已经发生的结论,然后接程式句"现将有关情况报告如下"。

(2)接受案件情况:要根据接受案件的不同情况,简要叙述接受案件的时间、地点、报案、控告、举报、扭送、自首以及现场抓获的经过。

(3)立案根据:主要写明通过现场勘查、现场访问、检验、鉴定获取的能够证明犯罪事实已经发生的证据,以及被侵害客体人身、财产受到损失的情况和后果。

(4)立案理由和意见:写明综合上述情况,认为犯罪事实已经发生,应当追究犯罪人刑事责任,且属于自己管辖的意见。之后写明程式化语句"为此,根据《中华人民共和国刑事诉讼法》第一百一十条之规定,拟立案侦查。"另起一行写明"妥否,请批示。"

(三)尾部

尾部写明呈请立案的单位、两名以上侦查员姓名及制作日期。

三、注意事项

《呈请立案报告书》制作完毕经县级以上公安机关负责人批准后,作为填写《立案决定书》的依据。《呈请立案报告书》存入侦查卷(副卷)。

四、应用示例

领导批示	同意。	张××
		200×年4月30日
审核意见	拟同意。请张局长批示。	李××
		200×年4月30日

呈请对蔡××被杀案立案报告书

蔡××被杀案,我大队于201×年4月30日接受,经审查,蔡××被他人加害的犯罪事实已经发生,应立案开展侦查。现将有关情况报告如下:

据报案人刘××讲,甘谷胡同4号是其同事王××的住房,因空闲,便于201×年3月出租。201×年4月25日以来房内不时飘出臭味,到30日已臭得呛人,加之多日无人往来,刘××甚觉蹊跷,便于30日下午4时从窗户缝隙向内观望,发现床上有一具尸体,于是马上到派出所报案。

　　经勘查，甘谷胡同为一死胡同，共有 8 户居民，4 号房间位于胡同最里侧。房门有一明锁，没有撬压痕迹，室内面积 15 平方米，靠东南角窗下双人床上有一女尸面部朝上，盖着被子。揭开被子发现全身赤裸，已中度腐烂。

　　经访问房主和邻居得知，死者叫蔡××，30 岁，福建漳州人，201×年 3 月来此租住。蔡××与人很少交往，平日打扮妖艳，时常偷偷带陌生男子同居，邻居最后与蔡××见面是 4 月 20 日上午。

　　经尸体检验，死者颈部有明显的勒痕，系窒息而死。

　　我们认为，蔡××之死系被他人加害，应当追究加害人的刑事责任，且案件发生地属我刑侦大队管辖。为此，根据《中华人民共和国刑事诉讼法》第一百一十条之规定，拟立案侦查。

　　妥否，请批示。

刑侦支队二大队

李×× 王××

二○一×年四月三十日

4.7.2　立案决定书

　　《立案决定书》是公安机关对报案、举报、控告、自首材料进行审查后，认为符合立案条件，经县级以上公安机关负责人批准后，制作的立案决定文书。它是公安机关对接受的刑事案件正式开展侦查活动的合法依据，表明公安机关已经立案，进入侦查阶段。它属填充式文书，是两联单，由存根、正本两部分组成。制作时按表格要求逐一填写。

×××公安局
立案决定书
（存　根）
×公经立字 [201×] 123 号

案件名称	李××合同诈骗案
案件编号	××××××××
犯罪嫌疑人	李×× 男女 37 岁
住　　址	××市××街××号
单位及职业	×市×公司经理
批准人	胡××
批准时间	201×年 9 月 5 日
办案人	周×× 吴××
办案单位	××市公安局经侦支队
填发时间	201×年 9 月 5 日
填发人	周××

×公经立字贰零壹×第壹佰贰拾叁号

×××公安局
立案决定书

×公经立字 [201×] 123 号

　　根据《中华人民共和国刑事诉讼法》第 一百一十 条之规定，决定对 李××涉嫌合同诈骗 案立案侦查。

（公安局印）

二○一×年九月五日

此联附卷

4.7.3　不予立案通知书

　　《不予立案通知书》是公安机关对于不符合刑事案件立案标准的案件，决定不予立案时，把不立案的原因通知控告人而制作的法律文书。它是通知类文书，其作用在于：对有控告人控告的案件，如果不予立案的，将结果通知控告人，以便于控告人知道不立案的原因，并对不予立案的案件采取其他的救济途径。它也是公安机关对案件不立案侦查的法律凭证。它属填充式文书，是三联单，由存根、副本、正本三部分组成。制作时按表格要求逐一填写。

×××公安局
不予立案通知书
（存　根）
×公不立字[201×]66号

控告人　　　　　　江××
住　址　　××县××路××号
单位及职业　××县××公司
　　　　　　　　职员
控告事由　　　　　强奸
不予立案原因　刘××的行为不属
　　　　　　　于犯罪行为
批　准　人　张××
批准时间　201×年8月17日
办案人　刘××、李××
办案单位　××县公安局刑警大队
填发时间　201×年8月17日
填　发　人　黄××

×公不立字贰零壹×第陆拾陆号

×××公安局
不予立案通知书
（副　本）
×公不立字[201×]66号

控告人江××：
　　你于201×年8月15日提出控告的刘××强奸案，根据《中华人民共和国刑事诉讼法》第一百一十条之规定，决定不予立案。
　　如不服本决定，可以在收到本通知书之日起七日内向本局申请复议。

（公安局印）
二〇一×年八月十七日

本通知书已收到。
　　控告人　江××
　　201×年8月18日

此联附卷

×公不立字贰零壹×第陆拾陆号

×××公安局
不予立案通知书
（正　本）
×公不立字[201×]66号

控告人江××：
　　你于201×年8月15日提出控告的刘××强奸案，根据《中华人民共和国刑事诉讼法》第一百一十条之规定，决定不予立案。
　　如不服本决定，可以在收到本通知书之日起七日内向本局申请复议。

（公安局印）
二〇一×年八月十七日

此联交控告人

4.7.4　不立案理由说明书

　　《不立案理由说明书》是公安机关应人民检察院要求，说明不立案理由时使用的法律文书。它属填充式文书，是三联单，由存根、副本、正本三部分组成。制作时按表格要求逐一填写。

×××公安局
不予立案说明书
（存　根）
×公不立说字[201×]66号

要求立案事由　　刘××强奸案

不立案原因　　没有犯罪事实

送往单位　　××市人民检查院

批　准　人　　　张××

批准时间　　201×年8月17日

办　案　人　　刘××、李××

办案单位　××县公安局刑警大队

填发时间　201×年8月17日

填　发　人　　　黄××

×公不立说字贰零壹×第陆拾陆号

×××公安局
不予立案说明书
（副　本）
×公不立说字[201×]66号

××市 人民检查院：
　　你院201×年8月12日提以×检立监[201×]23 号文要求我局对刘××强奸案说明不予立案的理由，我局经审查认为刘××只是对江××有语言上和行为上的挑逗，并未实施强奸行为，即没有犯罪事实，根据《中华人民共和国刑事诉讼法》第八十六条之规定，决定不立案，根据《中华人民共和国刑事诉讼法》第八十七条之规定，特此说明。

　　　　　　　　（公安局印）
　　　　　　二〇一×年八月十七日

本通知书已收到。
　　控告人　江××
　　201×年8月18日

×公不立说字贰零壹×第陆拾陆号

此联附卷

×××公安局
不予立案说明书
×公不立说字[201×]66号

××市 人民检查院：
　　你院201×年8月12日提以×检立监[201×]23 号文要求我局对刘××强奸案说明不予立案的理由，我局经审查认为刘××只是对江××有语言上和行为上的挑逗，并未实施强奸行为，即没有犯罪事实，根据《中华人民共和国刑事诉讼法》第八十六条之规定，决定不立案，根据《中华人民共和国刑事诉讼法》第八十七条之规定，特此说明。

　　　　　　　　（公安局印）
　　　　　　二〇一×年八月十七日

此联交检察院

第八节　强制措施文书

　　强制措施是指在刑事诉讼的过程中，公安机关、人民法院或人民检察院在刑事案件的办理过程中为了保障刑事诉讼的顺利进行，而依法对刑事案件的犯罪嫌疑人、被告人以及重大嫌疑分子的人身自由采取限制或者剥夺的一种强制性方法，一般包括拘传、取保候审、监视居住、拘留、逮捕。其中涉及到的文书种类有拘传措施文书、取保候审措施文书、监视居住措施文书、拘留措施文书、逮捕措施文书。

4.8.1　拘传措施文书

　　拘传是公安机关、人民检察院、人民法院对未被羁押的犯罪嫌疑人、被告人强制其到案接受讯问的一种强制方法，本强制方法所使用到的文书即为拘传措施文书。

呈请拘传报告书

一、概念

《呈请拘传报告书》是承办案件的单位在侦查过程中，需要拘传犯罪嫌疑人到案接受讯问时报请县级以上公安机关负责人审批的文书。

二、结构形式

《呈请拘传报告书》适用《呈请_____报告书》的格式，由以下三部分组成。

(一) 首部

首部只需填写被拘传人的姓名，即《呈请拘传×××报告书》。

(二) 正文

正文填写包括报告导语、犯罪嫌疑人的基本情况、拘传的理由、对犯罪嫌疑人的拘传意见和法律依据等内容。

(三) 尾部

尾部写明程式化语句"妥否，请批示"，然后填写承办单位名称、成文日期，最后应注明附案件材料份数。

三、注意事项

(1)《呈请拘传报告书》经县级以上公安机关负责人批准后，承办人即可凭此文书制作《拘传证》。

(2)《呈请拘传报告书》存入侦查工作卷，存档备查。

四、应用示例

领导批示	同意。
	宋××
	201×年 10 月 18 日
审核意见	拟同意。请宋副局长批示。
	李××
	201×年 10 月 18 日

呈请拘传李×报告书

犯罪嫌疑人李×，女，34 岁，××市××县××乡××村农民。

我刑侦大队正在侦查的张××被害致死案，在审理中又发现新的涉案嫌疑人。根据侦查工作需要，须拘传犯罪嫌疑人李×。现将有关情况报告如下：

经侦查：张××被害系张××之友周××投毒所为。我大队已于201×年5月22日将犯罪嫌疑人周××拘留。经审讯，周××供述201×年5月19日晚9时许，在两人集会时趁其友张××起身上卫生间之机，将"毒鼠强"鼠药粉末掺入酒中，等张服下后当即死亡。追讯其犯罪动机时，周供述，因其长期与张××之妻李×通奸，为达到与李×结婚的目的，才害死其友张××，并供述所投"毒鼠强"鼠药系李×提供。

为查清毒药来源和李×与此案的关系，需对李×进行讯问。根据《中华人民共和国刑事诉讼法》第六十四条之规定，拟呈请拘传李×。

妥否，请批示。

刑侦支队六大队
朱××　刘××
201×年10月18日

拘 传 证

一、概念

《拘传证》是公安机关在侦查过程中，依法拘传犯罪嫌疑人到案接受讯问的凭证文书。拘传在一定程度上限制犯罪嫌疑人的人身自由，也是公安机关调查取证的重要手段，具有不可违抗的法律强制性。

二、结构形式

《拘传证》属填充式文书，是两联单，由存根、正本两部分组成。制作时按表格要求逐一填写。

三、注意事项

(1) 需要拘传的，应当填写《呈请拘传报告书》，并附有关材料，报县级以上公安机关负责人批准。

(2) 公安机关拘传犯罪嫌疑人应当出示《拘传证》，并责令其在《拘传证》上签名、捺指印。犯罪嫌疑人到案后，应当责令其在《拘传证》上填写到案时间。讯问结束后，应当由其在《拘传证》上填写讯问结束时间。犯罪嫌疑人拒绝填写的，侦查人员应当在《拘传证》上注明。

(3) 《拘传证》一次有效。每次拘传的时间不得超过12个小时。如果需要再次拘传犯罪嫌疑人的，应当制作新的《拘传证》。但是不得以连续传唤的形式变相拘禁犯罪嫌疑人。

(4) 侦查终结时，《拘传证》应当存入诉讼卷。

(5) 《拘传证》正本上使用的是被拘传人，而《拘传证》存根上使用的是犯罪嫌疑人，这两种称谓是同一人。

(6) 存根中的"拘传原因"分两种情况填写：一是对犯罪嫌疑人经合法传唤无正当理

由而不到案的，可填写"经合法传唤而不到案"；二是对犯罪嫌疑人直接采用拘传的，应填写直接拘传的原因，即被拘传人的行为性质，如盗窃、抢劫、杀人等。不应填写"案情需要"、"侦查需要"等含糊用语。

四、应用示例

<table>
<tr><td>

×××公安局
拘传证
（存根）
×公刑拘传字[201×]66号

案件名称　江××涉嫌盗窃案
案件编号　×××××××
犯罪嫌疑人 江×× 男女 28 岁
住　　址　××市大树弯 76 号
单位及职业　××市探矿厂工人
拘传原因　　　涉嫌盗窃案
批　准　人　　　张××
批准时间　201×年 8 月 19 日
执　行　人　　赵××、宁××
办案单位　　××市刑侦大队
填发时间　201×年 8 月 19 日
填　发　人　　　黄××

</td><td>

×公刑拘传字贰零壹×第陆拾陆号

</td><td>

×××公安局
拘传证

×公刑拘传字[201×]66号

　　根据《中华人民共和国刑事诉讼法》第六十四条之规定，兹派我局侦查人员赵××、宁××对江××（性别男，年龄 28 岁，住址××市大树弯 76 号）执行拘传。

局长（印）
（公安局印）
二〇一×年八月十九日

本证已于 201×年 8 月 19 日 9 时向我宣布。
　　　　　　　　　　　被拘传人 江××
拘传到案时间 201×年 8 月 19 日 1 时。
　　　　　　　　　　　被拘传人 江××
讯问结束时间 201×年 8 月 19 日 16 时。
　　　　　　　　　　　被拘传人 江××

此联附卷

</td></tr>
</table>

4.8.2　取保候审措施文书

　　取保候审是《中华人民共和国刑事诉讼法》规定的一种刑事强制措施。在我国，它指人民法院、人民检察院或公安机关责令某些犯罪嫌疑人、刑事被告人提出保证人或者交纳保证金，保证随传随到的强制措施，并由公安机关执行。

　　被羁押的犯罪嫌疑人、被告人及其法定代理人、近亲属有权申请取保候审。犯罪嫌疑人被逮捕的，其聘请的律师可以为其申请取保候审。被羁押的犯罪嫌疑人、被告人及其法定代理人、近亲属和律师申请取保候审应当采用书面形式，有权决定的机关应当在收到书面申请后 7 日以内作出是否同意的答复。对符合取保候审条件并且提出了保证人或者能够交纳保证金的，公安、司法机关应当同意，并依法办理取保候审手续。对不符合取保候审法定条件的，不同意取保候审。不同意取保候审的，应当告知申请人，并说明不同意的理由。

　　在取保候审办理过程中涉及到的法律文书除了为数不多的呈请类文书外，大部分是表格类文书，制作此类文书时，按要求逐一填写即可。

呈请取保候审报告书

一、概念与作用

《呈请取保候审报告书》是承办案件的单位在侦查过程中，对犯罪嫌疑人需要采取取保候审措施时，报请县级以上公安机关负责人审批的文书。它是实施取保候审的必须程序，是制作《取保候审决定书》的依据。

二、结构形式

《呈请取保候审报告书》参照《呈请＿＿＿报告书》的格式制作，主要由以下三部分组成：

（一）首部

首部写清《呈请对×××取保候审报告书》的标题。

（二）正文

正文包括报告导语、犯罪嫌疑人的基本情况和简历、取保候审的理由和法律依据，这是正文的重点。

（三）尾部

尾部包括承办单位名称、承办人签名和制作日期。

三、注意事项

(1) 根据法律规定，被羁押的犯罪嫌疑人及其法定代理人、近亲属、被逮捕的犯罪嫌疑人聘请的律师申请取保候审的，应当书面提出。公安机关接到申请后应当在七日内作出同意或不同意的答复。同意取保候审的，依法办理取保候审手续；不同意取保候审的，应当书面通知申请人，并说明理由。

(2) 需要对犯罪嫌疑人取保候审的，应当制作《呈请取保候审报告书》，经县级以上公安机关负责人批准后，方可办理取保候审决定书等取保手续。

(3) 《呈请取保候审报告书》存入侦查卷，存档备查。

四、应用示例

领导批示	同意。
	李××
	201×年 3 月 22 日
审核意见	拟同意。请李局长批示。
	张××
	201×年 3 月 22 日

呈请对李××取保候审报告书

我大队正在侦查的江××贪污公款案，因发现江××已怀孕，需要取保候审。现将有关情况报告如下：

犯罪嫌疑人江××，女，27岁，汉族，××省××市人，系××证券交易所职员，现住××市××区北京路236号。

主要简历：江××自小上学，200×年9月从××市第五中学毕业，随后考入×××财贸学院，201×年7月毕业后，被分配到××证券公司工作。201×年3月19日因贪污罪经××市人民检察院批准逮捕，现羁押在××市第5看守所。

取保候审的理由和依据：

犯罪嫌疑人江××自201×年6月至201×年3月担任××证券交易所出纳期间，利用职务之便贪污公款，已查明的金额达36700元。在侦讯过程中，发现犯罪嫌疑人江××怀孕五个月，故不宜关押审查。

根据《中华人民共和国刑事诉讼法》第六十五条第三款之规定，特呈请对犯罪嫌疑人江××采取取保候审的强制措施。

妥否，请批示。

刑侦支队三大队

赵××、张×

201×年3月22日

取保候审决定书、执行通知书

一、概念

《取保候审决定书、执行通知书》是公安机关在侦查过程中依法对犯罪嫌疑人采取取保候审措施时的决定性文书，同时也具有通知被取保候审嫌疑人及申请取保候审办案单位的功能。

二、结构形式

《取保候审决定书、执行通知书》属四联式填充型文书。制作时按文书要求逐项填写。

三、注意事项

(1)《呈请取保候审报告书》必须经县级以上的公安机关负责人批准后，才能填写使用该文书。

(2)侦查终结时，《取保候审保证书》归入诉讼卷。

四、应用示例

×××公安局 **取保候审决定执行通知书** （存　根） ×公刑保字[201×]66号	×××公安局 **取保候审决定书** （副　本） ×公刑保字[201×]66号

×××公安局
取保候审决定执行通知书
（存　根）
×公刑保字[201×]66号

案件名称　江××涉嫌贪污案
案件编号　×××××××
被取保候审人　江×× 男女 28 岁
出生日期　201×年×月×日
取保原因　怀孕
起算时间　201×年 8 月 20 日
保证人　江×× 男女 54 岁
出生日期　201×年×月×日
住　址　××市棕树营 45 号
单　位　××市××公司职员
保证金　
办案单位　××市公安局经侦大队
执行机关　××市公安局××派出所
批准人　张××
批准时间　201×年 8 月 19 日
填发时间　201×年 8 月 19 日
填发人　黄××

×公刑保字贰零壹×第陆拾陆号

×××公安局

取保候审决定书
（副　本）
×公刑保字[201×]66号

犯罪嫌疑人：江××，性别 女，年龄 28 岁，住址 ××市××区北京路 236 号，单位及职业 ××证券交易所职员，联系方式×××××。
我局正在侦查江×× 贪污 案，因犯罪嫌疑人江××怀孕，根据《中华人民共和国刑事诉讼法》第六十五条之规定，决定对其取保候审，期限从 201×年 8 月 20 日起算。犯罪嫌疑人应当接受保证人李××的监督/交纳保证金　元。

（公安局印）
二〇一×年八月十九日

本决定书已收到。
被取保候审人　江××
201×年 8 月 20 日

此联附卷

×公刑保字贰零壹×第陆拾陆号

×××公安局
取保候审决定书

×公刑保字[201×]66号

犯罪嫌疑人：江××，性别 女，年龄 28 岁，住址 ××市××区北京路 236 号，单位及职业 ××证券交易所职员。
我局正在侦查 江××贪污 案，因犯罪嫌疑人江××怀孕，根据《中华人民共和国刑事诉讼法》第六十五条之规定，决定对其取保候审，期限从 201×年 8 月 20 日起算。犯罪嫌疑人应当接受保证人李××的监督/交纳保证金　元。

（公安局印）
二〇一×年八月十九日

此联交被取保候审人

×公刑保字贰零壹×第陆拾陆号

×××公安局
取保候审执行通知书

×公刑保字[201×]66号

××市公安局××派出所：
因江××怀孕，我局决定在对犯罪嫌疑人江××（性别 女，年龄 28 岁，住址××市××区北京路 236 号，联系方式××××××）取保候审，交由你单位执行，取保候审期从 201×年 8 月 20 日起算。

（公安局印）
二〇一×年八月十九日

此联交执行机关

取保候审保证书

一、概念

《取保候审保证书》是公安机关在侦查过程中依法决定对犯罪嫌疑人采取取保候审措施并采用保证人担保方式时，保证人向公安机关保证监督犯罪嫌疑人遵守有关规定时出具的保证性文书。它属于强制措施文书，其目的在于明确取保候审保证人及其应承担的义务。

二、结构形式

《取保候审保证书》属单联式填充型文书。制作时按文书要求逐项填写。

三、注意事项

(1) 使用该文书必须同时具备以下条件：侦查机关已决定对犯罪嫌疑人取保候审并采取人保方式；保证人符合法律规定条件且愿意担保。

(2)《取保候审保证书》填好后，在办案人员的主持下，由犯罪嫌疑人和保证人履行对保手续，对保时，办案人员应向犯罪嫌疑人宣布必须遵守的规定，向保证人宣布应尽义务。

(3) 侦查终结时，《取保候审保证书》归入诉讼卷。

四、应用示例

取保候审保证书

我叫　江××　，性别　男　，年龄　54　，现住××市棕树营45号　　身份证号码××××××××××××××××××　，单位及职业　××市××公司职员　联系方式　13800282844，与犯罪嫌疑人　江××　是　父女　关系。

我自愿向公安局作如下保证：

监督犯罪嫌疑人在取保候审期间遵守下列规定：

(一) 未经执行机关批准不得离开所居住的市、县；

(二) 在传讯的时候及时到案；

(三) 不得以任何形式干扰证人作证；

(四) 不得毁灭、伪造证据或者串供。

监督犯罪嫌疑人遵守以下规定：

(一) 不得进入_____等场所；

(二) 不得与　受害人×××、证人×××　会见或者通信；

(三) 不得从事_____等活动；

(四) 将____护照、驾驶证____证件交执行机关保存。

若本人未履行保证义务，愿承担法律责任。

此致

××市　公安局

保证人　江××

201×年 8 月 19 日

　　取保候审办理过程中还涉及到下列一些表格类文书,由于篇幅有限,文书又比较简单,按要求逐一填写即可,因此只列出应用示例作为使用时的参考,不再做文字描述。

呈请解除取保候审报告书

一、概念

　　《呈请解除取保候审报告书》是承办案件的单位解除对犯罪嫌疑人取保候审措施时,报请县级以上公安机关负责人审批的文书。它是决定解除取保候审必须履行的法律手续,也是制作《解除取保候审决定书》的依据。

二、结构形式

　　《呈请解除取保候审报告书》适用《呈请＿＿＿＿报告书》的格式。正文包括以下内容:

　　(1) 犯罪嫌疑人的基本情况、违法犯罪经历;也可用报告导语,概括叙述案件名称、解除取保候审的原因和请求,然后接程式化语句"现将有关情况报告如下"。

　　(2) 原决定取保候审的理由和依据。要用简练的文字阐明对犯罪嫌疑人采取取保候审的理由、法律依据以及取保候审的时间、保证人情况。如果是以保证金担保的,要说明交纳保证金的数额。

　　(3) 解除取保候审的理由。应根据犯罪嫌疑人的具体情况进行叙述。如因犯罪嫌疑人具备拘留或者逮捕条件而解除取保候审的;对犯罪嫌疑人因疾病治愈,哺乳期已满而解除取保候审的;因撤销案件而解除取保候审的等。

　　(4) 解除取保候审的法律依据。针对犯罪嫌疑人的具体情况,根据《刑事诉讼法》第五十八条第二款之规定,明确呈请解除取保候审的意见。

　　最后写明"妥否,请批示",落款注明承办单位名称、侦查员姓名及制作文书日期。

三、注意事项

　　(1) 《呈请解除取保候审报告书》经县级以上公安机关负责人批准后,由办案人员制作《解除取保候审决定书》。

　　(2) 侦查终结时,《呈请解除取保候审报告书》归入侦查卷,存档备查。

四、应用示例

领导批示	同意。 李×× 201×年3月22日
审核意见	拟同意。请李局长批示。 张×× 201×年3月22日

呈请解除刘××取保候审报告书

　　我局移送起诉的刘××故意伤害案，因人民法院免于追究其刑事责任，需解除取保候审。现将有关情况报告如下：

　　犯罪嫌疑人刘××，男，19××年×月×日出生，××省××县人，系××省××县拖拉机配件厂临时工，现住××省××县××乡××村。

　　201×年10月3日，犯罪嫌疑人刘××因宅基地问题与邻居肖×发生口角，在争吵过程中，肖×及其儿子将刘××推倒在地进行殴打，刘随手在地上捡起一块石头向肖×的头部打去，将肖×左眼砸伤，经鉴定为轻伤偏重。201×年10月8日，我局以涉嫌故意伤害罪将其取保候审。201×年1月28日，××县人民法院以防卫过当免除对刘××的刑事处罚。根据《中华人民共和国刑事诉讼法》第七十七条第二款之规定，拟对刘××解除取保候审。

　　妥否，请批示。

刑侦支队六大队

周××　徐××

201×年1月29日

　　取保候审办理过程中还涉及到下列一些表格类文书，由于篇幅有限，文书又比较简单，按要求逐一填写即可，因此只列出应用示例作为使用时的参考，不再做文字描述。

收取保证金通知书

××公安局
收取保证金通知书
（存　根）
×公刑收保字[201×]76号

案件名称	王××涉嫌盗窃案
案件编号	××××××××
被取保候审人	王×× 男女 20 岁
住　　　址	××市××街×号
单位及职业	××市电子设备厂工人
保证金数额	叁仟元整
代收银行	××市××银行
收取截止时间	201×年8月4日
批准人	张××
批准时间	201×年8月1日
办案人	刘××、李××
办案单位	××市公安局刑警大队
填发时间	201×年8月1日
填发人	黄××

×公刑收保字贰零壹×第柒拾陆号

××公安局
收取保证金通知书
×公刑收保字[201×]76号

王××：

　　根据《中华人民共和国刑事诉讼法》第六十六条之规定，请持此通知书于201×年8月4日之前到××市××银行交纳取保候审保证金(大写)叁仟元。

（公安局印）

二〇一×年八月一日

此联交被取保候审人

×公刑收保字贰零壹×第柒拾陆号

×××公安局
收取保证金通知书

×公刑收保字[201×]76 号

××市××银行：

　　根据《中华人民共和国刑事诉讼法》第六十六、第七十条之规定，决定对<u>王××</u>(性别<u>女</u>，年龄<u>20</u>岁，住址<u>××市××街×号</u>)取保候审，收取保证金。请你行将其交纳的取保候审保证金(大写)<u>叁仟</u>元存入我局保证金专户。

(公安局印)
二〇一×年八月一日

此联交银行

×公刑收保字贰零壹×第柒拾陆号

×××公安局
收取保证金通知书
(回　执)

×公刑收保字[201×]76 号

××市公安局：

　　根据你局通知书，我单位已于<u>201×</u>年<u>8</u>月<u>2</u>日收取<u>王××</u>(性别<u>女</u>，年龄<u>20</u>岁，住址<u>××市××街×号</u>)交来的保证金(大写)<u>叁仟</u>元存入你局保证金专户。

(银行印)
二〇一×年八月二日

此联由银行填写后退办案机关附卷

退还保证金决定书、通知书

退还保证金决定书、通知书

×公刑退保字贰零壹×第陆拾陆号

×××公安局
决定
退还保证金通知书
(存　根)

×公刑退保字[201×]66 号

案件名称	<u>江××涉嫌盗窃案</u>
案件编号	<u>×××××××</u>
被取保候审人	<u>江××</u> 男女
出生日期	<u>19××年×月×日</u>
保证金数额(大写)	<u>叁仟元整</u>
退还数额(大写)	<u>叁仟元整</u>
办理银行	<u>××市××银行</u>
批准人	<u>张××</u>
批准时间	<u>201×年8月17日</u>
办案人	<u>刘××、李××</u>
办案单位	<u>××市公安局刑警大队</u>
填发时间	<u>201×年8月18日</u>
填发人	<u>黄××</u>

×公刑退保字贰零壹×第陆拾陆号

×××公安局
退还保证金决定书
(副　本)

×公刑退保字[201×]66 号

　　被取保候审人江××，性别<u>男</u>，出生日期 <u>19××年×月×日</u>，住址<u>××路××号</u>，单位及职业<u>××市××公司职员</u>。

　　因被取保候审人江××在取保候审期间遵守有关规定，根据《中华人民共和国刑事诉讼法》第七十一条之规定，决定退还其交纳的取保候审保证金(大写)<u>叁仟</u>元。请被取保候审人持此决定书、交款凭证和本人身份证件到××市××银行领取。

(公安局印)
二〇一×年八月十八日

本决定书已收到。
被取保候审人　江××
201×年 8 月 18 日

此联附卷

×公刑退保字贰零壹×第陆拾陆号

×××公安局
退还保证金决定书

×公刑退保字[201×]66 号

　　被取保候审人江××，性别<u>男</u>，出生日期 <u>19××年×月×日</u>，住址<u>××路××号</u>，单位及职业<u>××市××公司职员</u>。

　　因被取保候审人江××在取保候审期间遵守有关规定，根据《中华人民共和国刑事诉讼法》第七十一条之规定，决定退还其交纳的取保候审保证金(大写)<u>叁仟</u>元。请被取保候审人持此决定书、交款凭证和本人身份证件到××市××银行领取。

(公安局印)
二〇一×年八月十八日

此联交被取保候审人

×公刑退保字贰零壹×第陆拾陆号

×××公安局
退还保证金通知书

×公刑退保字[201×]66 号

××市××银行：
　　因被取保候审人江××(性别男,出生日期 19××年×月×日,住址××路××号)在取保候审期间遵守有关规定,根据《中华人民共和国刑事诉讼法》第七十一条之规定,我局决定退还其交纳的取保候审保证金(大写)叁仟元。请予以办理。

(公安局印)
二〇一×年八月十八日

此联交银行

×公刑退保字贰零壹×第陆拾陆号

×××公安局
退还保证金通知书
（回　执）

×公刑收保字[201×]66 号

××市公安局：
　　根据你局通知,我行已退还江××(性别男,出生日期 19××年×月×日,住址××路××号)交纳的取保候审保证金(大写)叁仟元。

(银行印)
二〇一×年八月十九日

此联由银行填写后退办案机关附卷

没收保证金决定书、通知书

×××公安局
没收保证金^{决定}通知书
（存　根）

×公刑没保字[201×]66 号

案件名称	江××涉嫌盗窃案
案件编号	×××××××
被取保候审人	江×× 男女
出生日期	19××年×月×日
单位及职业	×县×公司职员
取保候审决定机关	××县检察院
保证金数额(大写)	叁仟元整
没收数额(大写)	叁仟元整
没收原因	干扰证人作证
办理银行	××县××银行
批　准　人	张××
批准时间	201×年 8 月 18 日
办　案　人	刘××、李××
办案单位	××县公安局 刑警大队
填发时间	201×年 8 月 18 日
填　发　人	黄××

此联附卷

×公刑没保字贰零壹×第陆拾陆号

×××公安局
没收保证金决定书
（副　本）

×公刑没保字[201×]66 号

　　被取保候审人江××,性别男,出生日期 19××年×月×日,住址××县××路××号,单位及职业××县××公司职员。
　　因被取保候审人江××在取保候审期间两次干扰证人作证,根据《中华人民共和国刑事诉讼法》第六十九条之规定,决定没收其交纳的取保候审保证金(大写)叁仟元。
　　如不服本决定,被取保候审人可以在收到决定书之日起五日以内向我局 申请复核一次。

(公安局印)
二〇一×年八月十八日

本决定书已收到。
被取保候审人　江××
（被取保候审人在逃的,由其家属、法定代理人或单位负责人签收）
201×年 8 月 18 日

此联附卷

×公刑没保字贰零壹×第陆拾陆号

×××公安局
没收保证金决定书

×公刑没保字[201×]66 号

　　被取保候审人江××,性别男,出生日期 19××年×月×日,住址××县××路××号,单位及职业××县××公司职员。
　　因被取保候审人江××在取保候审期间两次干扰证人作证,根据《中华人民共和国刑事诉讼法》第六十九条之规定,决定没收其交纳的取保候审保证金(大写)叁仟元。
　　如不服本决定,被取保候审人可以在收到决定书之日起五日以内向我局 申请复核一次。

(公安局印)
二〇一×年八月十八日

此联交被取保候审人或者家属、法定代理人辩护人或其单位等

<table>
<tr><td>

×
公
刑
没
保
字
贰
零
壹
×
第
陆
拾
陆
号

</td><td>

×××公安局
没收保证金通知书

×公刑没保字[201×]66 号

×××银行：
　　因被取保候审人 江×× (性别男，出生日期 19××年×月×日，住址×× 县×××路××号)在取保候审期间两次干扰证人作证，根据《中华人民共和国刑事诉讼法》第六十九条之规定，决定没收其交纳的取保候审保证金(大写)叁仟 元。请予以办理。

（公安局印）
二〇一×年八月十八日

此联交银行

</td><td>

×
公
刑
没
保
字
贰
零
壹
×
第
陆
拾
陆
号

</td><td>

×××公安局
没收保证金通知书
（回 执）

×公刑没保字[201×]66 号

××县公安局：
　　根据你局×公刑没保字[201×]66 号《没收保证金通知书》，没收被取保候审人江×× (性别男，出生日期 19××年×月×日，住址××县××路××号)保证金(大写)叁仟 元，我行已办理完毕。

（银行印）
二〇一×年八月十九日

此联交银行填写后退公安机关，交由取保候审决定机关附件

</td></tr>
</table>

对保证人罚款决定书、通知书

<table>
<tr><td>

×××公安局
对保证人罚款 决定 通知 书
（存 根）

×公刑保罚字[201×]66 号

案件名称　张××涉嫌诬告陷害案
案件编号　×××××××××
保 证 人 李×× 男女
出生日期 19××年×月×日
住　　址××县××路××号
被取保候审人 张×× 男女　出生日期 19××年×月×日
取保候审
决定机关 ××区人民检察院
罚款原因　未履行保人义务
罚款数额(大写) 叁仟元整
批 准 人　张××
批准时间 201×年8月18日
办 案 人 马××、李××
办案单位　××县公安局
　　　　　　刑警大队
填发时间 201×年8月18日
填 发 人　黄××

</td><td>

×
公
刑
保
罚
字
贰
零
壹
×
第
陆
拾
陆
号

</td><td>

×××公安局

对保证人罚款决定书
（副 本）

×公刑保罚字[201×]66 号

　　保证人：李×× 性别男，出生日期 19××年×月×日，住址××县××路××号，单位及职业××县×× 公司职员。
　　被取保候审人 张××，性别男，出生日期 19××年×月×日，住址××县××路××号，单位及职业××县×××运输公司经理。
　　因被取保候审人在取保候审期间 干扰证人作证 违反《中华人民共和国刑事诉讼法》第六十九的规定，保证人未履行保证义务，根据《中华人民共和国刑事诉讼法》第六十八条之规定，决定对保证人处以罚款(大写)叁仟元。
　　如不服本决定，保证人可以在收到决定书之日起五日以内向 我局 申请复议一次。

（公安局印）
二〇一×年八月十八日

本决定书已收到。
　　保证人 李××
　　201×年8月18日

此联附卷

</td></tr>
</table>

×××公安局
对保证人罚款决定书

×公刑保罚字[201×]66 号

保证人：李×× 性别男，出生日期 19××年×月×日，住址 ××县××路××号，单位及职业××县×× 公司职员。

被取保候审人张××，性别男，出生日期 19××年×月×日，住址××县××路××号，单位及职业××县××运输公司经理。

因被保候审人在取保候审期间 干扰证人作证 违反《中华人民共和国刑事诉讼法》第六十九的规定，保证人未履行保证义务，根据《中华人民共和国刑事诉讼法》第六十八条之规定，决定对保证人处以罚款(大写)叁仟元。

如不服本决定，保证人可以在收到决定书之日起五日以内向 我局 申请复议一次。

（公安局印）
二○一×年八月十八日

此联交保证人

×公刑保罚字贰零壹×第陆拾陆号

×××公安局
对保证人罚款通知书

×公刑保罚字[201×]66 号

××区人民检察院

你局(院)于 201×年 3 月 1 日以 ×检刑保字[201×]23 号决定对犯罪嫌疑人张×× (性别男，出生日期 19××年×月×日，住址××县××路××号)取保候审，保证人李×× 性别男，出生日期 19××年×月×日，住址××县××路××号。

因被取保候审人在取保候审期间 干扰证人作证 违反《中华人民共和国刑事诉讼法》第六十九的规定，保证人未履行保证义务，根据《中华人民共和国刑事诉讼法》第六十八条之规定，决定对保证人处以罚款(大写)叁仟元。

（公安局印）
二○一×年八月十八日

此联交取保候审决定机关

×公刑保罚字贰零壹×第陆拾陆号

责令具结悔过决定书

×××公安局
责令具结悔过决定书
（存　根）

×公(经)具字[201×]66 号

案件名称　刘××涉嫌盗窃案
案件编号　××××××
被取保候审人刘××男女
出生日期 19××年×月×日
住　址 ×县××路××号
具结悔过原因 在传讯时未及时到案
批准人　　　张××
批准时间 201×年 8 月 18 日
办案人　刘××、李××
办案单位 ××县公安局刑警大队
填发时间　201×年 8 月 18 日
填发人　　　黄××

×公经具字贰零壹×第陆拾陆号

×××公安局
责令具结悔过决定书
（副　本）

×公(经)具字[201×]66 号

被取保候审人刘××，性别男，出生日期 19××年×月×日，住址××县××路××号。

因被取保候审人在取保候审期间 在传讯时未及时到案，根据《中华人民共和国刑事诉讼法》第六十九之规定，决定责令其具结悔过，并在接到本决定书之日起三 日内将悔过书交我局。

（公安局印）
二○一×年八月十八日

本决定书已收到。

被取保候审人　刘××
201×年 8 月 18 日

此联附卷

×公经具字贰零壹×第陆拾陆号

×××公安局
责令具结悔过决定书

×公经具字[201×]66 号

被取保候审人刘××，性别男，出生日期 19××年×月×日，住址××县××路××号。

因被取保候审人在取保候审期间 在传讯时未及时到案，根据《中华人民共和国刑事诉讼法》第六十九之规定，决定责令其具结悔过，并在接到本决定书之日起三 日内将悔过书交我局。

（公安局印）
二○一×年八月十八日

此联交被取保候审人

解除取保候审决定书、通知书

一、概念

《解除取保候审决定书、执行通知书》是公安机关在侦查过程中依法对犯罪嫌疑人解除取保候审措施时的决定性文书，同时也具有通知被取保候审嫌疑人及办案单位的功能。

二、结构形式

《解除取保候审决定书、执行通知书》属五联式填充型文书。制作时按文书要求逐项填写。

三、注意事项

(1) 必须是《呈请解除取保候审报告书》经过批准后，才能填写使用《解除取保候审决定书、执行通知书》。

(2) 侦查终结时，《解除取保候审决定书》归入诉讼卷。

四、应用示例

×××公安局
解除取保候审 决定 通知书
（存　根）
×公刑解保字[201×]66 号

案件名称	江××涉嫌盗窃案
案件编号	××××××××
被取保候审人	江×× 男女
出生日期	19××年×月×日
住址	××县××路××号
取保方式	保证人担保
执行机关	××县××派出所
取保候审决定时间	201×年7月17日
解除原因	取保候审期限届满
批准人	张××
批准时间	201×年8月17日
办案人	刘××、李××
办案单位	××县公安局刑警大队
填发时间	201×年8月17日
填发人	黄××

×公刑解保字贰零壹×第陆拾陆号

×××公安局
解除取保候审通知书
×公刑解保字[201×]66 号

江××：

我局于201×年7月17日决定对犯罪嫌疑人江××(性别男，出生日期19××年×月×日，住址××县××路××号)取保候审，现因<u>取保候审期限届满</u>，根据《中华人民共和国刑事诉讼法》第七十七条第二款之规定，决定解除对其取保候审，并解除你的保证义务。

（公安局印）
二〇一×年八月十七日

此联交保证人

×公刑解保字贰零壹×第陆拾陆号

×××公安局
解除取保候审决定书
（副　本）
×公刑解保字[201×]66 号

被取保候审人 <u>江××</u>，性别男，出生日期19××年×月×日，住址××县××路××号。

我局于201×年7月17日起对其执行取保候审，现因<u>取保候审期限届满</u>，根据《中华人民共和国刑事诉讼法》第七十七条第二款之规定，决定解除对其取保候审。

（公安局印）
二〇一×年八月十七日

本决定书已收到。
被取保候审人 江××
201×年8月17日

此联附卷

<table>
<tr>
<td>

×
公
刑
解
保
字
贰
零
壹
×
第
陆
拾
陆
号

</td>
<td>

×××公安局
解除取保候审决定书

×公刑解保字[201×]66 号

被取保候审人 江××，性别男，
出生日期 19××年×月×日，住址××县
××路××号。
我局于201×年7月17日起对其执行取
保候审，现因 取保候审期限届满 ，根据
《中华人民共和国刑事诉讼法》第七十七条
第二款之规定，决定解除对其取保候审。

（公安局印）
二○一×年八月十七日

此联交被取保候审人

</td>
<td>

×
公
刑
解
保
字
贰
零
壹
×
第
陆
拾
陆
号

</td>
<td>

×××公安局
解除取保候审通知书

×公刑解保字[201×]66 号

××县××派出所：
我局于201×年7月17日决定对犯罪嫌
疑人江××(性别男，出生日期 19××年×
月×日，住址××县××路××号)取保候
审，现因 取保候审期限届满 ，根据《中华
人民共和国刑事诉讼法》第七十七条第二款
之规定，决定予以解除。

（公安局印）
二○一×年八月十七日

此联交执行机关

</td>
</tr>
</table>

4.8.3　监视居住措施文书

监视居住是指人民法院、人民检察院、公安机关在刑事诉讼中限令犯罪嫌疑人、被告人在规定的期限内不得离开住处或者指定的居所，并对其行为加以监视、限制其人身自由的一种强制措施。在监视居住办理过程中涉及到的法律文书除了为数不多的呈请类文书外，大部分是表格类文书，制作此类文书时，按要求逐一填写即可。

呈请监视居住报告书

一、概念

《呈请监视居住报告书》是办案人员对犯罪嫌疑人采取监视居住强制措施时报请县级以上公安机关负责人批准时制作的文书。

二、结构形式

《呈请监视居住报告书》适用《呈请____报告书》的格式。正文包括以下内容：

(1) 犯罪嫌疑人的基本情况、违法犯罪经历；也可以用报告导语，概括叙述案件名称、监视居住的原因和请求。

(2) 监视居住的理由。简要叙述案件事实，说明对犯罪嫌疑人采取监视居住的原因和理由。

(3) 监视居住的法律依据。针对犯罪嫌疑人的具体情况，根据《刑事诉讼法》之规定，明确呈请监视居住的意见。

最后写明"妥否，请批示"，落款注明承办单位名称、侦查员姓名及制作文书日期。

三、注意事项

(1) 《呈请监视居住报告书》经县级以上公安机关负责人批准后，由办案人员制作《监视居住决定书》。

(2) 侦查终结时，《呈请监视居住报告书》归入侦查卷，存档备查。

四、应用示例

领导批示	同意。 　　　　　　　　　　　　　　　　　　　李×× 　　　　　　　　　　　　　　　　　201×年2月7日
审核意见	拟同意。请李局长批示。 　　　　　　　　　　　　　　　　　　　宋×× 　　　　　　　　　　　　　　　　　201×年2月6日

呈请监视居住报告书

吴××，男，19××年×月×日生，汉族，××省××县人，住××县××路××号，无业。

简历：吴××自幼上学，201×年7月在××县××中学初中毕业，后闲居在家。

20××年2月4日因涉嫌抢夺罪被××县人民检察院批准逮捕。现羁押在××县看守所。

呈请对吴××实行监视居住的理由如下：

201×年1月30日中午11时，犯罪嫌疑人吴××在××县人民银行门口将正从银行取款出来的××单位出纳刘×一把推倒在地，并抢去刘×随身携带的挎包，向××路逃窜，后被过路群众当场抓获。现已查明，被吴××抢去的挎包内装有人民币35万元整，系刘×所在单位的下岗工人补助款。吴××在光天化日之下实施抢夺，且数额较大，证据确凿，本应依法逮捕。但在羁押体检时发现吴××患有甲型肝炎且处于传染期，不宜收押审查。鉴于吴××在本县无其他亲属担保，故不能对其采取取保候审措施。因此，根据《中华人民共和国刑事诉讼法》第七十二条第一款之规定，特呈请对吴××采取监视居住的措施，由犯罪嫌疑人居住地的××派出所执行。

当否，请批示。

承办单位：××县公安局刑警大队
承　办　人：张×× 李××
201×年2月6日

监视居住决定书、执行通知书

一、概念

《监视居住决定书、执行通知书》是公安机关在侦查过程中依法对犯罪嫌疑人采取监视居住措施时的决定性文书，同时也具有通知被监视居住人及办案执行单位的功能。

二、结构形式

《解除取保候审决定书、执行通知书》属四联式填充型文书。制作时按文书要求逐项填写。

三、注意事项

(1) 必须是《呈请监视居住报告书》经过批准后，才能填写使用《监视居住决定书、执行通知书》。

(2) 侦查终结时，《解除监视居住决定书》归入诉讼卷。

四、应用示例

<table>
<tr><td>

×××公安局
监视居住决定执行通知书
（存　根）
×公刑监字[201×]66号

案件名称　　吴××涉嫌抢夺案
案件编号　　×××××××
被监视居住人　吴××　男女
出生日期　19××年×月×日
住　　址　　××市××街××号
监视居住原因　　患甲型肝炎
监视居住地点　　××街××号
起算时间　　201×年8月20日
执行机关　　××派出所
批 准 人　　　张××
批准时间　　201×年8月19日
办 案 人　　赵××、宁××
办案单位　××市公安局刑警大队
填发时间　　201×年8月19日
填 发 人　　　黄××

</td><td>

×
公
刑
监
字
贰
零
壹
×
第
陆
拾
陆
号

</td><td>

×××公安局
监视居住决定书
（副　本）
×公刑监字[201×]66号

犯罪嫌疑人：吴××，性别　男，出生日期 19××年×月×日，住址 ××市××街××号。
我局正在侦查 吴××涉嫌抢夺 案，因 犯罪嫌疑人吴×× 患甲型肝炎，根据《中华人民共和国刑事诉讼法》第七十二 款之规定，决定在××街××号对犯罪嫌疑人监视居住，由××派出所负责执行，监视居住期限从 201×年 8月 20日起算。
在监视居住期间，被监视居住人应当遵守下列规定：
一、未经执行机关批准不得离开住处，无固定住处的，未经批准不得离开指定的居所；
二、未经执行机关批准不得会见他人；
三、在传讯的时候及时到案；
四、不得以任何形式干扰证人作证；
五、不得毁灭、伪造证据或者串供；
六、经护照等出入境证件、身份证件、驾驶证件交执行机关保存。
如果被监视居住人违反以上规定，情节严重的，可以予以逮捕；需要予以逮捕的，可以先行拘留。

（公安局印）
二〇一×年八月十九日

本决定书已收到。
　被监视居住人　吴××
　201×年8月20日

</td></tr>
</table>

此联附卷

×公刑监字贰零壹×第陆拾陆号

×××公安局
监视居住决定书

×公刑监字[201×]66 号

犯罪嫌疑人：吴××，性别 男，出生日期 19××年×月×日，住址 ××市××街××号。

我局正在侦查 吴××涉嫌抢夺 案，因犯罪嫌疑人吴×× 患甲型肝炎，根据《中华人民共和国刑事诉讼法》第七十二 款之规定，决定在××街××号对犯罪嫌疑人监视居住，由××派出所负责执行，监视居住期限从 201×年 8 月 20 日起算。

在监视居住期间，被监视居住人应当遵守下列规定：

一、未经执行机关批准不得离开住处，无固定住处的，未经批准不得离开指定的居所；

二、未经执行机关批准不得会见他人；

三、在传讯的时候及时到案；

四、不得以任何形式干扰证人作证；

五、不得毁灭、伪造证据或者串供；

六、经护照等出入境证件、身份证件、驾驶证件交执行机关保存。

如果被监视居住人违反以上规定，情节严重的，可以予以逮捕；需要予以逮捕的，可以先行拘留。

（公安局印）
二〇一×年八月十九日

此联交被监视居住人

×公刑监字贰零壹×第陆拾陆号

×××公安局
监视居住执行通知书

×公刑监字[201×]66 号

××公安局××路派出所：

因吴××患甲型肝炎，我局决定在××街××号对涉嫌抢夺罪的犯罪嫌疑人吴××（性别 男，出生日期 19××年×月×日，住址××市××街××号）监视居住，交由你单位执行，监视居住期限从 201×年 8 月 20 日起算。

在监视居住期间，被监视居住人应当遵守下列规定：

一、未经执行机关批准不得离开住处，无固定住处的，未经批准不得离开指定的居所；

二、未经执行机关批准不得会见他人；

三、在传讯的时候及时到案；

四、不得以任何形式干扰证人作证；

五、不得毁灭、伪造证据或者串供；

六、经护照等出入境证件、身份证件、驾驶证件交执行机关保存。

如果被监视居住人违反以上规定，情节严重的，可以予以逮捕；需要予以逮捕的，可以先行拘留。

属于律师会见需经许可的案件是/否

（公安局印）
二〇一×年八月十九日

此联交执行机关

呈请解除监视居住报告书

一、概念

《呈请解除监视居住报告书》是承办案件的单位拟对犯罪嫌疑人解除监视居住时制作的报请县级以上公安机关负责人批准的文书。它是解除监视居住必须履行的法律手续，也是制作《解除监视居住决定书、通知书》的依据。

二、结构形式

《呈请解除监视居住报告书》适用《呈请_____报告书》的格式。正文包括犯罪嫌疑人的基本情况和违法犯罪经历、解除监视居住的理由、法律依据。最后写明"妥否,请批示"。落款依次注明单位名称、办案人姓名以及制作文书的日期。

三、注意事项

(1) 使用这种文书时,要考虑到只有被采取监视居住的犯罪嫌疑人,具有下列情形之一的,才能制作使用:案件撤销的;法定期限届满的;作其他处理的。

(2) 《呈请解除监视居住报告书》制作完毕,经县级以上公安机关负责人批准后,制作《监视居住决定书、执行通知书》。

(3) 侦查终结后,该报告存入侦查卷,存档备查。

四、应用示例

领 批 导 示	同意。 李×× 201×年5月31日
审 意 核 见	拟同意。请宋副局长批示。 张×× 201×年5月31日

呈请解除对钟××监视居住报告书

我大队侦查的钟××故意伤害罪案,因犯罪情节轻微,需解除监视居住。现将有关情况报告如下:

犯罪嫌疑人钟××,男,25岁,汉族,×××市××区人,系×××市×××建筑公司工人,现住×××市××区×××路21号。

主要简历:犯罪嫌疑人钟××自幼读书,20××年高中毕业后,进入×××市×××建筑公司工作,200×年3月19日因涉嫌故意伤害罪被批准逮捕,后经查明钟的犯罪情节轻微,于20××年4月9日将其监视居住。

现经××区人民法院20××年5月12日审理,判钟××为防卫过当,免除对钟××刑事处罚。

根据《中华人民共和国刑事诉讼法》第七十七条第二款之规定,拟请解除对钟××的监视居住决定。

妥否,请批示。

刑侦支队三大队

王××、莫××

二○一×年五月十三日

解除监视居住决定书、通知书

一、概念

《解除监视居住决定书、执行通知书》是公安机关在侦查过程中依法对犯罪嫌疑人解除监视居住措施时的决定性文书，同时也具有通知被监视居住嫌疑人及办案单位的功能。

二、结构形式

《解除监视居住决定书、执行通知书》属四联式填充型文书。制作时，按文书要求逐项填写。

三、注意事项

(1) 必须是《呈请解除监视居住报告书》经过批准后，才能填写使用该文书。

(2) 侦查终结时，《解除监视居住决定书》归入诉讼卷。

四、应用示例

×××公安局

解除监视居住 决定通知书

（存　根）

×公刑解监字[201×]66 号

案件名称	钟××故意伤害案
案件编号	××××××××
被监视居住人	钟×× 男女
出生日期	19××年×月×日
住　　　址	××市××区×路21号
监视居住	
决定时间	201×年7月25日
执行机关	××派出所
解除原因	不起诉
解除时间	201×年8月19日
批准人	张××
办案人	赵××、宁××
填发时间	201×年8月19日
填发人	黄××

×公刑解监字贰零壹×第陆拾陆号

×××公安局

解除监视居住决定书

（副　本）

×公刑解监字[201×]66 号

被监视居住人：钟××，性别 男，出生日期 19××年×月×日，住址　××市××区××路21号。

我局于　201×年7月25日决定对其监视居住，现因情节轻微，不起诉，根据《中华人民共和国刑事诉讼法》第七十七条第二款之规定，决定予以解除。

（公安局印）

二〇一×年八月十九日

本决定书已收到。

被监视居住人　钟××

201×年8月19日

此联附卷

×公刑解监字贰零壹×第陆拾陆号

×××公安局
解除监视居住决定书

×公刑解监字[201×]66号

被监视居住人：钟××，性别 男，出生日期 19××年×月×日，住址 ××市××区××路21号。

我局于 201×年7月25日决定对其监视居住，现因情节轻微，不起诉，根据《中华人民共和国刑事诉讼法》第七十七条第二款之规定，决定予以解除。

（公安局印）
二〇一×年八月十九日

此联交被监视居住人

×公刑解监字贰零壹×第陆拾陆号

×××公安局
解除监视居住通知书

×公刑解监字[201×]66号

××市××区××派出所：
我局于200×年7月25日决定对犯罪嫌疑人钟××（性别男，出生日期 19××年×月×日，住址××市××区××路21号）监视居住，现因情节轻微，不起诉，根据《中华人民共和国刑事诉讼法》第七十七条第二款之规定，决定予以解除。

（×××公安局印）
二〇一×年八月十九日

此联交执行机关

4.8.4　拘留措施文书

拘留是公安机关或人民检察院在刑事案件侦查中，对现行犯或重大嫌疑分子，暂时采取的强制措施。本强制措施所使用的文书即为拘留措施文书。

呈请拘留报告书

一、概念

《呈请拘留报告书》是办案人员对现行犯或者重大嫌疑分子需要采取拘留措施时所制作的报请县级以上公安机关负责人审批的文书。它是制作《拘留证》的依据。

二、结构形式

《呈请拘留报告书》首部包括文书的名称、被拘留人的基本情况及简历。正文包括拘留的理由和法律依据。简要叙述犯罪嫌疑人犯罪事实，并对有关证据进行分析；明确依据的法律条款。结尾写明承办单位的名称、承办人签名、制作文书的日期。最后还应注明附案件材料多少件多少页。

三、注意事项

(1) 《呈请拘留报告书》制作完毕后，连同案件材料、证据报县级以上公安机关负责人审批。如领导批准拘留，承办人即可凭此批示制作《拘留证》。

(2) 侦查终结后，《呈请拘留报告书》归入侦查卷。

四、应用示例

领批 导示	同意刑事拘留。 　　　　　　　　　　　　　　　　　　　××× 　　　　　　　　　　　　　　　　　201×年8月12日
审意 核见	同意。请××局长批示。 　　　　　　　　　　　　　　　　　　　××× 　　　　　　　　　　　　　　　　　201×年8月12日

呈请拘留报告书

×公刑拘字[200×]5号

犯罪嫌疑人黄××，绰号：大黄，男，19××年生，汉族，××省××县人，身份证号：×××××××××，户口所在地：××省××县，现住××省××市××区城关街××号。

简历：1973年至1983年在××县读书，1984年至1987年在××市××技校读书，1987年10月在××农药厂做合同工，1995年9月因犯盗窃罪被判处有期徒刑五年，20××年9月刑满释放后在××市做临时工。

犯罪嫌疑人吴××，男，1980年生，汉族，××省××县人，身份证号：×××××××××××××，户口所在地：××省××县，现住××市第五中学教工宿舍2单元205室。

简历：1988年至1997年在××县读书，19××年9月因犯盗窃罪被判处有期徒刑五年，20××年9月刑满释放，无业。

犯罪嫌疑人肖××，男，1986年生，汉族，××省××县人，身份证号：×××××××××××，户口所在地：××省××县，现住××区人民武装部宿舍××楼402室。

简历：1988年至1997年在××县读书，19××年9月因犯盗窃罪被判处有期徒刑三年，20××年9月刑满释放，无业。

现呈请拘留犯罪嫌疑人黄××、吴××、肖××，理由如下：

犯罪嫌疑人黄××、吴××、肖××三人曾多次密谋盗窃枪支。20××年8月10日凌晨2时许，三人窜至××市××区武装部办公室楼下，由吴××放哨，黄××、肖××上楼，翻窗进入区武装部办公室，盗走"五四"式手枪2支，子弹15发。下楼时被值班人员发现后随即报警。××区公安分局接到报案后及时赶到现场，并立即组织力量开展堵截追捕。8月12日上午11时许，黄、范、肖三名犯罪嫌疑人逃到××县伏岭山区，在追捕过程中，黄犯开枪打伤了一名公安民警。当日下午3时许，黄等三名犯罪嫌疑人被我公安民警包围在××山山洞中，被迫放下武器就擒并当场从黄、范、肖三名犯罪嫌疑人身上搜出"五四"式手枪2支、子弹5发、现金1415元。

综上所述，犯罪嫌疑人黄××、范××、肖××的行为触犯了《中华人民共和国刑法》第一百二十七条和第二百六十四条，涉嫌盗窃枪支罪。根据《中华人民共和国刑事诉讼法》第八十条之规定，特呈请对犯罪嫌疑人黄××、范××、肖××刑事拘留。

妥否，请批示。

承办单位：××市刑侦支队

承办人：×××、×××

二〇一×年八月十二日

附：犯罪嫌疑人××侦查案卷×册共×页。

拘 留 证

《拘留证》是公安机关依法对被拘留人执行拘留时使用的凭证性文书，也是羁押犯罪嫌疑人的依据。它属多联填充式文书，分为存根、正本、副本三联。制作时，按要求逐一填写。

执行拘留时，出示《拘留证》(不识字的，应向其宣读)，并责令被拘留人在《拘留证》下面写清"本证已于×年×月×日×时×分向我宣布"及其姓名。如果被拘留人拒绝签名的，执行拘留的侦查人员应在《拘留证》上注明情况。

×××公安局 **拘留证** （存 根） ×公刑拘字[201×]66 号 案件名称<u>江××涉嫌抢夺案</u> 案件编号<u>×××××××</u> 犯罪嫌疑人 <u>江××</u> 男女 出生日期<u>19××年×月×日</u> 住 址<u>××市××区××</u> <u>路 21 号</u> 拘留原因 <u>涉嫌抢夺罪</u> 批 准 人 <u>张××</u> 批准时间<u>201×年8月19日</u> 执 行 人 <u>赵××、宁××</u> 办案单位<u>××县公安局刑警</u> <u>大队</u> 填发时间<u>201×年8月19日</u> 填 发 人 <u>黄××</u>	×公刑拘字贰零壹×第陆拾陆号	×××公安局 **拘留证** ×公刑拘字[201×]66 号 　　根据《中华人民共和国刑事诉讼法》第<u>八十</u>条之规定，兹决定对犯罪嫌疑人<u>江××</u>(性别<u>男</u>，出生日期 <u>19××年×月×日</u>，住址 <u>××市××区××路 21 号</u>)执行拘留，送<u>××县</u> 看守所拘留。 　　　　　　公安局(印) 　　　　二〇一×年八月十九日 本证已于<u>201×</u>年<u>8</u>月<u>19</u>日<u>20</u> 时向我宣布。 　　被拘留人：江×× 本证副本已收到，被拘留人<u>江××</u>于<u>201×</u>年<u>8</u>月<u>20</u>日<u>14</u> 时送至我所。 　　接收民警：刘×× 看守所 (印)	×公刑拘字贰零壹×第陆拾陆号	×××公安局 **拘留证** （副本） ×公刑拘字[201×]66 号 　　根据《中华人民共和国刑事诉讼法》第<u>八十</u>条之规定，兹决定对犯罪嫌疑人<u>江××</u>(性别<u>男</u>，出生日期 <u>19××年×月×日</u>，住址 <u>××市××区××路 21 号</u>)执行拘留，送<u>××县</u> 看守所拘留。 　　执行时间：<u>201×</u>年<u>8</u>月<u>19</u>日<u>20</u> 时 　　涉嫌罪名 <u>抢夺</u> 　　属于律师会见需经许可的案件是<u>是</u>/否 　　　　　　　公安局(印) 　　　　二〇一×年八月十九日
		此联附卷		此联交看守所

拘留通知书

《拘留通知书》是公安机关在对犯罪嫌疑人执行拘留后，通知被拘留人家属或所在单位时使用的通知性文书。它属于多联式填充型文书，由存根、正本、副本三部分组成。制作时，按表格要求逐一填写。除有碍侦查或者无法通知的情形外，应当在拘留后的 24 小时内制发本通知书，并依法履行法律手续。

×××公安局 **拘留通知书** （存　根） ×公刑拘通字〔201×〕66 号 案件名称<u>江××涉嫌抢夺案</u> 案件编号<u>×××××××</u> 被拘留人 <u>江××</u> 男女 出生日期 <u>19××年×月×日</u> 拘留原因 <u>涉嫌抢夺罪</u> 羁押处所<u>××县看守所</u> 家属姓名 <u>陈×</u> 住址<u>××市××区××路21号</u> 办案人 <u>赵××、宁××</u> 办案单位<u>××县公安局刑警大队</u> 填发时间 <u>201×年 8 月 19 日</u> 填发人 <u>黄××</u>	×公刑拘通字贰零壹×第陆拾陆号
×××公安局 **拘留通知书** （副本） ×公刑拘通字〔201×〕66 号 陈×： 　　根据《中华人民共和国刑事诉讼法》第 <u>八十</u> 条之规定，我局已于<u>201×年 8 月 19 日 20</u>时将涉嫌抢夺罪的<u>江××</u>刑事拘留，现羁押在<u>××县</u> 看守所。 　　　　　　公安局（印） 　　　　二〇一×年八月十九日 本通知书已收到。 被拘留人家属：陈× 201×年 8 月 19 日 9 时 　　如未在拘留后 24 小时内通知被拘留人家属，注明原因___。 办案人： 　　　　　年 月 日 时	×公刑拘通字贰零壹×第陆拾陆号
×××公安局 **拘留通知书** ×公刑拘通字〔201×〕66 号 陈×： 　　根据《中华人民共和国刑事诉讼法》第 <u>八十</u> 条之规定，我局已于<u>201×年 8 月 19 日 20</u>时将涉嫌抢夺罪的江××刑事拘留，现羁押在<u>××县</u> 看守所。 　　　　　　公安局（印） 　　　　二〇一×年八月十九日 注：看守所地址<u>××市××区××路××号</u>	
此联附卷	**此联交被拘留人家属**

呈请延长拘留期限报告书

一、概念

《呈请延长拘留期限报告书》是办案人员拘留犯罪嫌疑人后，因具有法定特殊情况需要延长拘留期限，呈请县级以上公安机关负责人批准时使用的文书。

二、结构形式

《呈请延长拘留期限报告书》适用《呈请____报告书》的格式。开头写明被拘留人的基本情况、拘留时间和羁押处所。内容主要是说明延长拘留期限的理由和依据。在说明延长拘留期限的理由时，叙述的案情要与法定特殊情况一致，说明延长拘留期限符合法律有关规定。法律依据要准确。最后注明承办人姓名和制作日期。

三、注意事项

(1) 《呈请延长拘留期限报告书》需报请县级以上公安机关负责人批准。如果领导批准延长拘留期限，应在法定时间内抓紧侦查，收集证明犯罪嫌疑人有罪的证据，提请人民检察院批准逮捕；如果延长拘留期限仍收集不到证明犯罪嫌疑人有罪的证据，应对犯罪嫌疑人变更强制措施，不得超期羁押；如果领导不批准延长拘留时限，承办人应及时对犯罪嫌疑人变更强制措施，或者提请逮捕。

(2) 侦查终结后，《呈请延长拘留期限报告书》存入侦查卷。

四、应用示例

领批 导示	同意。 　　　　　　　　　　　　　　　　曾×× 　　　　　　　　　　　　　201×年 11 月 1 日
审意 核见	同意将××拘留期限延长三十日，请曾局长批示。 　　　　　　　　　　　　　　　　吴×× 　　　　　　　　　　　　　201×年 11 月 1 日

呈请延长拘留期限报告书

　　张××，男，19××年 5 月 4 日生，汉族，籍贯：河南省郑州市人，职业：××公司业务员，文化程度：高中，住址：××省××市××区××路×号。拘留时间 201×年 10 月 29 日，现羁押于××看守所。

　　现呈请对张××延长拘留期限，其理由如下：

　　犯罪嫌疑人张××涉嫌在我县××路××商场盗窃一案，供述中犯罪嫌疑人张××自称其为河南省郑州市人。我队与郑州市公安局联系，请他们查询张××的情况，郑州市公安局回电称：郑州市××区××路 28 号居住的并非张××，××公司也没有叫张××的业务员。据此，我队认为，犯罪嫌疑人张××系一流窜作案分子，其姓名、住址均是自己编造的。

　　为了查清犯罪嫌疑人真实身份及其犯罪事实，根据《中华人民共和国刑事诉讼法》第八十九条第二款之规定，特呈请批准将犯罪嫌疑人张××的拘留羁押期限延长至 30 日。

　　妥否，请批示

　　　　　　　　　　　　　　　　　　　　　　承办单位：××刑侦大队
　　　　　　　　　　　　　　　　　　　　　　承 办 人：刘××
　　　　　　　　　　　　　　　　　　　　　　　　　　　　王××
　　　　　　　　　　　　　　　　　　　　　　二〇一×年十月三十一日

　　附：犯罪嫌疑人××侦查案卷×册共×页。

延长拘留期限通知书

《延长拘留期限通知书》是公安机关在拘留犯罪嫌疑人后由于具有法定特殊情况，需要延长拘留期限时使用的通知文书。它属多联填充式文书，由存根、正本、副本三部分组成。制作时，按表格要求逐一填写。

×××公安局 **延长拘留期限通知书** （存　根） ×公刑延拘字[201×]66 号 案件名称 江××涉嫌抢夺案 案件编号 ××××××× 犯罪嫌疑人 江××　男女 出生日 期 19××年×月×日 羁押处所 ××县 看守所 执行拘留时间 201×年 8 月 19 日 延长拘留期限至 201×年 9 月 19 日 延长拘留期限原因 结伙作案 批 准 人　张×× 批准时间 201×年×月×日 执 行 人　赵××、宁×× 办案单位 ××县公安局刑警大队 填发时间　201×年 8 月 22 日 填 发 人　黄××	×公刑延拘字贰零壹×第陆拾陆号	×××公安局 **延长拘留期限通知书** （副　本） ×公刑延拘字[201×]66 号 ××县看守所： 　　因江××结伙作案，根据《中华人民共和国刑事诉讼法》第 八十九条第 二 款之规定，决定延长对犯罪嫌疑人江××(性别 男，出生日期 19××年×月×日，于 201×年 8 月 19日被执行拘留)的拘留期限，时间从 201×年 8 月 22 日至 201×年 9 月 19 日。 公安局(印) 二○一×年八月二十二日 本通知书已向我宣布。 犯罪嫌疑人：江×× 201×年 8 月 22 日 本通知书已收到。 看守所(印) 201×年 8 月 22 日	×公刑延拘字贰零壹×第陆拾陆号	×××公安局 **拘留证** （副　本） ×公刑拘字[201×]66 号 ××县看守所： 　　因江××结伙作案，根据《中华人民共和国刑事诉讼法》第 八十九条第 二 款之规定，决定延长对犯罪嫌疑人江××(性别 男，出生日期 19××年×月×日，于 201×年 8 月 19日被执行拘留)的拘留期限，时间从 201×年 8 月 22 日至 201×年 9 月 19 日。 公安局(印) 二○一×年八月二十二日
		此联附卷		此联交看守所

4.8.5　逮捕措施文书

逮捕是由人民检察院、人民法院决定，由公安机关执行的，在一定时间内剥夺犯罪嫌疑人人身自由并解送到一定场所予以羁押的强制措施。本强制措施所使用的文书即为逮捕措施文书。

呈请逮捕报告书

一、概念

《呈请逮捕报告书》是承办案件的单位需要逮捕犯罪嫌疑人时所制作的报请县级以上公安机关负责人审批的文书。它一经县级以上公安机关负责人批准，便成为制作《提请批准逮捕书》的依据。

二、结构形式

《呈请逮捕报告书》适用《呈请____报告书》的格式与内容。开头包括文书的名称、犯罪嫌疑人的基本情况、简历及违法犯罪经历。正文包括犯罪事实和逮捕的依据两部分内容。犯罪事实是指有证据证明的犯罪事实。在叙述犯罪事实时,首先要阐明犯罪嫌疑人的犯罪事实,即把犯罪的时间、地点、手段、经过、后果、动机、目的等情节比较客观地反映出来,并要说明获取了认定犯罪事实的可靠证据。其次,要阐明犯罪嫌疑人行为的社会危害后果的严重程度。再次,要阐明犯罪嫌疑人有逮捕必要的事实,即要说明对犯罪嫌疑人不采取逮捕的强制措施,不足以防止发生逃跑、自杀、毁灭证据等有碍侦查工作以及继续危害社会的行为。逮捕的依据。在叙述这部分内容时,针对犯罪嫌疑人的犯罪事实,说明犯罪嫌疑人的行为触犯了我国《刑法》哪一条哪一款,涉嫌什么罪,应该依法追究其刑事责任。根据我国《刑事诉讼法》第六十条第一款之规定,应对犯罪嫌疑人逮捕审查,拟提请人民检察院批准逮捕,呈请领导审批。结尾写明制作单位名称、承办人签名以及制作日期等内容。最后应注明,附案件材料多少件多少页。

三、注意事项

(1) 《呈请逮捕报告书》制作完毕,经县级以上公安机关负责人批准后,便可在此基础上制作《提请批准逮捕书》。

(2) 《呈请逮捕报告书》归入侦查卷。

四、应用示例

领批 导示	同意。 王×× 201×年4月9日
审意 核见	同意。请王副局长批示。 杨×× 201×年4月9日

呈请逮捕报告书

犯罪嫌疑人边×,男,26岁,××市人,汉族,大学文化,系××市无缝钢管厂工人,现住××市体育学院家属宿舍5栋205号。

边×自幼上学,1995年考入××体育学院,1999年因奸淫幼女罪被判处徒刑两年,201×年4月4日因涉嫌杀人罪被刑事拘留。

现呈请逮捕犯罪嫌疑人边×,理由如下:

今年3月15日下午4时,犯罪嫌疑人边×以雇佣保姆为由,将安徽省无为县来本市的女青年陈××骗至××市体育学院36号房内,对陈欲行奸淫,陈奋力反抗,边×即用随身携带的尖刀,朝陈××的胸部猛捅数刀,致陈当场死亡。之后,边×为逃避打击,伪造现场,并隐尸灭迹,用尖刀将被害人陈××的腹部割开,取出内脏,又将被害人的双臂、双手、双脚以及两小腿肢解。当晚用塑料桶、背包、塑料袋将肢解的尸块及被害人的衣物分别弃于体育学院地下防空洞通风口、乒乓球馆下水道等处。随后，又将自己作案时穿的衣服、鞋子焚毁。

获取的证明边×杀人犯罪事实的证据：在边×家中提取作案用的尖刀一把、血衣一件、装尸体用的塑料桶二只及其他物证。

综上所述，边×的行为已触犯了我国《刑法》第二百三十二条之规定，涉嫌故意杀人罪。边×对其犯罪事实也供认不讳。根据《中华人民共和国刑事诉讼法》第七十九条第二款之规定，拟对边×提请人民检察院批准逮捕。

妥否，请批示。

承办单位：刑侦支队
承 办 人：童×× 汪××
二○一×年四月九日

提请批准逮捕书

一、概念

《提请批准逮捕书》是公安机关对有证据证明有犯罪事实且有逮捕必要的犯罪嫌疑人，提请同级人民检察院审查批准逮捕而制作的文书。

二、结构形式

《提请批准逮捕书》的开头包括制作文书的机关、文书的名称、字号、犯罪嫌疑人的基本情况及违法犯罪经历等内容。犯罪嫌疑人如果在拘留后被提请逮捕的，应当注明涉嫌罪名、拘留的时间和羁押地点。正文写清案由、案件来源、犯罪事实、相关证据和法律依据几方面内容。结尾写明文书送达的同级人民检察院的名称、公安局长印、公安局印以及制作的日期。最后还应注明，附案卷材料多少卷，证据多少件，犯罪嫌疑人羁押在××看守所。

三、注意事项

(1) 《提请批准逮捕书》制作完毕后，打印一式三份。办案部门存一份。其余两份连同案卷材料、证据一并移送同级人民检察院，检察院批示后，其中一份由人民检察院连同批准逮捕决定书或者不批准逮捕决定书以及案卷、证据材料退回公安机关。

(2) 共同犯罪案件，一案需要提请批准逮捕数名犯罪嫌疑人时，可合写一份《提请批准逮捕书》。在首部填写犯罪嫌疑人的基本情况时，可按各个犯罪嫌疑人在犯罪过程中的地位和作用(主犯、从犯、胁从犯)的顺序排列。

(3) 对于人民检察院不批准逮捕并通知补充侦查的，公安机关应当按照人民检察院补充侦查提纲的要求补充侦查。公安机关补充侦查完毕后，认为符合逮捕条件的，应当重新提请批准逮捕。

(4) 对于人民检察院决定不批准逮捕的，公安机关在收到不批准逮捕决定书后，如果犯罪嫌疑人已被拘留，应当立即释放，发给《释放证明书》，并将执行回执在3日内送达作出不批准逮捕决定的人民检察院。对已被拘留不批准逮捕的犯罪嫌疑人，公安机关认为需要补充侦查、要求复议或者提请复核的，可以变更为取保候审或监视居住。

(5) 对人民检察院不批准逮捕而未说明理由的，公安机关可以要求人民检察院说明理由。对于人民检察院不批准逮捕的决定，认为有错误需要复议的，应当在 5 日内制作《要求复议意见书》，报经县级以上公安机关负责人批准后，送交同级人民检察院复议。

(6) 侦查终结时，《提请批准逮捕书》归入诉讼卷。

四、应用示例

示例一

××公安局

提请批准逮捕书

提捕字[　　]　号

犯罪嫌疑人×××(姓名、别名、曾用名、绰号等)性别、出生年月日、出生地、身份证号码、民族、文化程度、职业或工作单位及职务、住址、政治面貌。(如是人大代表、政协委员，一并写明具体级、届代表、委员。)

违法犯罪经历及本案采取的强制措施情况。(案件有多名犯罪嫌疑人的，应逐一写明。)

犯罪嫌疑人涉嫌×××(罪名)一案，由××××举报(控告、移送)至我局(写明案由和案件来源)，简要写明案件侦查过程中的各法律程序开始的时间，如接受案件、立案时间。具体写明犯罪嫌疑人归案情况。

经依法侦查查明：(概括叙述侦查认定的犯罪事实，应当根据具体情况，围绕刑诉法规定的逮捕条件，简要叙述。注意明确"七何要素"。)

(对于只有一个犯罪嫌疑人的案件，犯罪嫌疑人实施多次犯罪的犯罪事实应逐一列举；同时触犯数个罪名的犯罪嫌疑人的犯罪事实，应按照主次顺序分别列举；对于共同犯罪的案件，写明犯罪嫌疑人的共同犯罪事实及各自在共同犯罪中的地位和作用后，按照犯罪嫌疑人的主次顺序分别叙述各犯罪嫌疑人单独犯罪事实。)

认定上述事实的证据如下：(分列相关证据)

综上所述，犯罪嫌疑人×××(根据犯罪构成简要说明罪状)，其行为已触犯《中华人民共和国刑法》第×条之规定，涉嫌××罪，有逮捕必要。依据《中华人民共和国刑事诉讼法》第七十九、第八十五条之规定，特提请批准逮捕。

此致
××人民检察院

(公安局印)
年 月 日

附：1. 本案卷宗　卷　　页。
　　2. 犯罪嫌疑人羁押处所。

示例二

××市公安局
提请批准逮捕书

×公提捕字[201×]18 号

犯罪嫌疑人边×，男，1974 年 2 月 25 日生，汉族，河北省三河县人，系××市无缝钢管厂工人，住址：××市体育学院家属宿舍 5 楼 505 号。

该犯 1981 年至 1988 年在××市新华路小学读书，1988 年 9 月至 1993 年 7 月在××市第 65 中学读书，1993 年高中毕业后到××市无缝钢管厂工作，201×年 4 月 4 日因涉嫌杀人罪被我局刑事拘留。

犯罪嫌疑人边×涉嫌故意杀人一案，由××县公安局移送我局，经初步审查，于 201×年×月×日立案侦查，201×年×月×日将其刑事拘留。

经本局侦查，犯罪嫌疑人边×有以下犯罪事实：

201×年 3 月 15 日下午 4 时许，犯罪嫌疑人边×在本市和平区街道保姆劳务市场，以雇佣保姆为名，将安徽无为县来本市谋生的女青年陈××骗至××体育学院 36 号平房内，欲对陈××奸淫。陈××不从，极力反抗，边×恼羞成怒，当即抽出随身携带的自制尖刀，朝陈××的胸部猛捅数刀，致陈××死亡。

犯罪嫌疑人边×将陈××杀死后，为了逃避打击，伪造现场，并隐尸灭迹，用尖刀将被害人陈××的腹部割开，取出内脏，又将被害人的双臂、双手、双脚以及两小腿肢解。当晚用塑料桶、背包、塑料袋将肢解的尸块及被害人的衣物分别弃于体育学院地下防空洞通风口、乒乓球馆下水道等处。随后，又将自己作案时穿的衣服、鞋子焚毁。犯罪嫌疑人边×供认了自己的犯罪行为，并有犯罪嫌疑人作案用的尖刀、塑料桶、塑料袋、背包及被害人的衣物予以佐证。

上述事实证明，犯罪嫌疑人边×的行为已触犯了《中华人民共和国刑法》第二百三十二条，涉嫌故意杀人罪。根据《中华人民共和国刑事诉讼法》第七十九、第八十五条之规定，特提请批准逮捕。

此致
××市人民检察院

××公安局(印)
二〇一×年四月九日

附：1. 犯罪嫌疑人边×侦查案卷 1 册共 45 页。
　　2. 犯罪嫌疑人边×现羁押于××看守所。

逮 捕 证

《逮捕证》是公安机关对犯罪嫌疑人执行逮捕时使用的凭证性文书。它属多联填充式文书，分为存根、正页、副页三联。制作时，按文书要求逐一填写。

　　《逮捕证》制作完毕后，侦查人员即可持《逮捕证》对犯罪嫌疑人执行逮捕。逮捕时，应向被捕人出示《逮捕证》(不识字的应向其宣读)。令被捕人在《逮捕证》下面填写"本证已于×年×月×日时向我宣布"及姓名。如果被捕人拒绝填写的，侦查人员应在《逮捕证》下面注明情况。在紧急情况下，凭《逮捕证》可以对被捕人的人身、住处及其他有关的地方进行搜查。

　　执行逮捕时，侦查人员不得少于二人。逮捕犯罪嫌疑人后，应立即送看守所羁押。看守所凭公安机关签发的《逮捕证》收押犯罪嫌疑人。《逮捕证》副本交看守所，并请看守所收押民警在正本上签名和收押时间，加盖看守所印章。

×××公安局 逮捕证 （存　根） ×公刑捕字[201×]66 号	×××公安局 逮捕证 ×公刑捕字[201×]66 号	×××公安局 逮捕证 （副本） ×公刑捕字[201×]66 号
案件名称　江××涉嫌抢夺案 案件编号　××××××× 犯罪嫌疑人　江××　男女 出生日期　19××年×月×日 住　　址　××市××区××路 21 号 逮捕原因　涉嫌抢夺罪 批　准　人　张×× 批准或决定逮捕时间　201×年 8 月 19 日 批准或决定机关××县人民检察院 执行人　赵××、宁×× 办案单位××县公安局刑警大队 填发时间　201×年 8 月 19 日 填发人　黄××	根据《中华人民共和国刑事诉讼法》第_七十八_条之规定，经×_×县人民检察院批准，兹由我局对涉嫌抢夺罪的_江××_(性别_男_，出生日期_19××年×月×日_，住址_××市××区××路 21 号_)执行逮捕，送_××县_看守所羁押。 　　　公安局(印) 　　二〇一×年八月十九日 本证已于_201×年 8 月 19 日 20_时向我宣布。 　　被逮捕人：江×× 本证副本已收到，被逮捕人_江××_于_201×_年 _7_ 月 _17_ 日送至我所。 　　接收民警：刘×× 　　　　看守所(印) 　　二〇一×年八月十九日	根据《中华人民共和国刑事诉讼法》第_七十八_条之规定，经××_县人民检察院批准，兹由我局对涉嫌_抢夺_罪的_江××_(性别_男_，出生日期_19××年×月×日_，住址_××市××区××路 21 号_)执行逮捕，送_××县_看守所羁押。 　　执行时间：_201×年 8 月 19 日 20_时 　　涉嫌罪名_抢夺_ 　　属于律师会见需经许可的案件是_/否_ 　　　公安局(印) 　　二〇一×年八月十九日

此联附卷　　　　　　　　　　　此联交看守所

逮捕通知书

　　《逮捕通知书》是公安机关在执行逮捕后将逮捕的原因和羁押处所通知被逮捕人的家属或者所在单位时使用的通知性文书。它属多联式填充型文书，由首部、正文、尾部三部分组成。制作时，按表格要求逐一填写。

《逮捕通知书》正本交被逮捕人的家属或其所在单位，并请其在副本的签收栏部分签收。如果收件人本人或者代收人拒绝接收或者拒绝签名、盖章的时候，送达人可以邀请他的邻居或者其他见证人到场，说明情况，把文件留在他的住处，在签收栏部分记明拒绝的事由、送达的日期，由送达人签名，即认为已经送达。

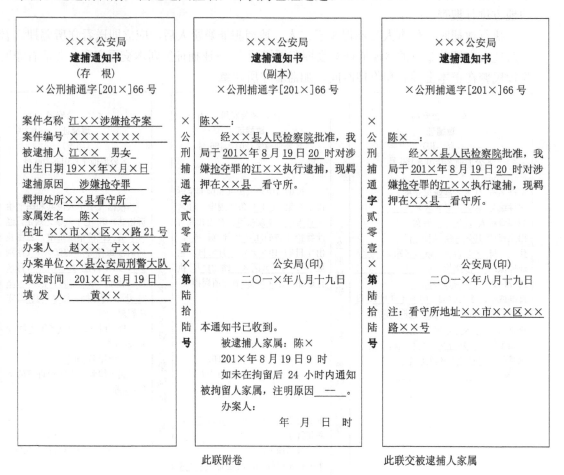

×××公安局
逮捕通知书
（存　根）
×公刑捕通字[201×]66 号

案件名称　江××涉嫌抢夺案
案件编号　×××××××
被逮捕人　江××　男女
出生日期 19××年×月×日
逮捕原因　　涉嫌抢夺罪
羁押处所××县看守所
家属姓名　　陈×
住址　××市××区××路 21 号
办案人　　赵××、宁××
办案单位××县公安局刑警大队
填发时间　201×年 8 月 19 日
填 发 人　　　黄××

×公刑捕通字贰零壹×第陆拾陆号

×××公安局
逮捕通知书
（副本）
×公刑捕通字[201×]66 号

陈×：
　　经××县人民检察院批准，我局于 201×年 8 月 19 日 20 时对涉嫌抢夺罪的江××执行逮捕，现羁押在××县 看守所。

公安局(印)
二○一×年八月十九日

本通知书已收到。
　　被逮捕人家属：陈×
　　201×年 8 月 19 日 9 时
　　如未在拘留后 24 小时内通知被拘留人家属，注明原因　—　。
　　办案人：
　　　　　年 月 日 时

此联附卷

×公刑捕通字贰零壹×第陆拾陆号

×××公安局
逮捕通知书
（副本）
×公刑捕通字[201×]66 号

陈×：
　　经××县人民检察院批准，我局于 201×年 8 月 19 日 20 时对涉嫌抢夺罪的江××执行逮捕，现羁押在××县 看守所。

公安局(印)
二○一×年八月十九日

注：看守所地址××市××区××路××号

此联交被逮捕人家属

变更强制措施通知书

《变更强制措施通知书》是公安机关依法对被逮捕的犯罪嫌疑人变更强制措施时通知原批准逮捕的人民检察院时使用的通知性文书。它属于多联式填充型文书，由正本、副本和存根组成。制作时，按要求逐一填写。

本通知书只适用于犯罪嫌疑人被逮捕的情况，如果犯罪嫌疑人只是被拘留或者取保候审、监视居住，变更强制措施时无须通知人民检察院。

×××公安局
变更逮捕措施通知书
（存　根）
×公刑变通字[201×]66 号

案件名称 江××涉嫌抢夺案
案件编号 ×××××××
犯罪嫌疑人 江×× 男女
出生日期 19××年×月×日
住址 ××市××区××路 21 号
逮捕时间 201×年 8 月 9 日
羁押处所 ××县看守所
变更原因 患有严重心脏病
变更后的强制措施 监视居住
送往单位 ××县人民检察院
批　准　人 张××
批准时间 201×年 8 月 19 日
办案人 赵××、宁××
办案单位 ××县公安局刑警大队
填发时间 201×年 8 月 19 日
填　发　人 黄××

×公刑变通字贰零壹×第陆拾陆号

×××公安局
变更逮捕措施通知书
（副本）
×公刑变通字[201×]66 号

××县人民检察院：
　　你院于 201×年 8 月 9 日以××[201×]36 号决定书批准逮捕的犯罪嫌疑人 江×× 已于 201×年 8 月 9 日被执行逮捕，现因患有严重心脏病，生活不能自理，根据《中华人民共和国刑事诉讼法》第九十四、六十五 条之规定，我局决定于 201×年 8 月 20 日对其变更强制措施为 监视居住。

公安局(印)
二〇一×年八月十九日
本通知书已收到。
检察院收件人：陈×
201×年 8 月 19 日

×公刑变通字贰零壹×第陆拾陆号

×××公安局
变更逮捕措施通知书

×公刑变通字[201×]66 号

××县人民检察院：
　　你院于 201×年 8 月 9 日以××[201×]36 号决定书批准逮捕的犯罪嫌疑人 江×× 已于 201×年 8 月 9 日被执行逮捕，现因患有严重心脏病，生活不能自理，根据《中华人民共和国刑事诉讼法》第九十四、六十五 条之规定，我局决定于 201×年 8 月 20 日对其变更强制措施为 监视居住。

公安局(印)
二〇一×年八月十九日

此联附卷　　　　　　　　　　此联交检察院

第九节　侦查取证文书

　　侦查取证文书是公安机关在办理刑事案件过程中依法进行专门调查工作，收集、固定证据时所制作的文书。按照《刑事诉讼法》的规定，侦查人员必须依照法定程序，采取科学有效的方法，规范地收集能够证明犯罪嫌疑人有罪、犯罪情节轻重的证据，查明案件的全部事实真相，为依法、公正处理犯罪嫌疑人提供依据。

4.9.1　讯问犯罪嫌疑人文书

呈请传唤报告书

一、概念

　　《呈请传唤报告书》是公安机关为查明案情，传唤不需要逮捕、拘留的犯罪嫌疑人按指定的时间和地点到案接受讯问的，报请主管部门负责人审批的内部文书。

二、结构形式

　　《呈请传唤报告书》可以按《公安刑事法律文书格式》式样，即《呈请＿＿＿报告书》

制作，其结构分为以下三部分。

（一）首部

首部包括文书的名称、文书的编号、犯罪嫌疑人的基本情况及简历等。

（二）正文

正文是《呈请传唤报告书》的主要部分。它的内容包括传唤的理由及法律的依据两个部分。传唤的理由，简明扼要写明案情，然后重点写传唤的必要性，即为什么要传唤，通过传唤所解决的问题。传唤的法律依据，应根据上述情况写明《刑事诉讼法》有关的根据，拟对×××进行传唤。特呈请领导审批。

（三）尾部

尾部应写明承办单位名称、承办人姓名及制作时间。

三、注意事项

《呈请传唤报告书》制作完毕，经县级以上的公安机关负责人批准后，才能由承办人持此报告填写《传唤通知书》，《呈请传唤报告书》最终应存入诉讼卷(副卷)。

四、应用示例

领批导示	同意对刘××进行传唤。 　　　　　　　　　　　　　　　　李×× 　　　　　　　　　　　　　　　201×年8月16日
审意核见	同意，请李副局长批示。 　　　　　　　　　　　　　　　　张×× 　　　　　　　　　　　　　　　201×年8月16日

呈请传唤报告书

犯罪嫌疑人刘××，男，31岁，云南省××市人，无业，住××市××区红山路105号楼。主要简历：该刘自幼在××市××小学读书，19××年9月在××第二中学读书，19××年9月考入××商业技工学校，19××年7月分配到××水产公司当业务员，2000年3月因诈骗罪被××市中级人民法院判刑三年，2003年刑满释放。

传唤的理由及依据：2006年8月7日晚11时许，犯罪嫌疑人刘××伴同李××(已投案自首)，窜到××区××路22号，二人用钢棍等作案工具撬开××区实业开发办公室，盗窃××省增值发票二张，并私盖该单位的专用章。

为了及时查清此案，根据《中华人民共和国刑事诉讼法》第一百一十七条第一款之规定，拟传唤犯罪嫌疑人刘××到××市刑侦办公室进行讯问。特呈请领导审批。

承办单位：××市公安局刑侦科
承办人：李××、王××
二○××年×月×日

传唤通知书

　　《传唤通知书》是公安机关为查明案情，传唤不需要逮捕、拘留的犯罪嫌疑人按照指定时间和地点到案接受讯问的文书，是执行传唤时所使用的法定性证明文件。传唤是公安机关在调查取证时经常使用的一种侦查措施，对于及时获取犯罪证据，保证侦查活动顺利进行具有重要作用。《传唤通知书》属填充式文书，是三联单，由存根、副本、正本三部分组成。制作时，按表格要求逐一填写。

　　在制作《传唤通知书》时应注意两点：第一，要明确传唤的范围。根据《刑事诉讼法》的有关规定，传唤的对象是不需要逮捕、拘留的犯罪嫌疑人。不得以《传唤通知书》的形式通知证人提供证言。第二，《传唤通知书》只能使用一次，而且每次传唤的时间不得超过12小时。如果在12小时内不能讯问完毕时，需要继续讯问的，要再制作《传唤通知书》，但不得以连续传唤的形式变相拘禁犯罪嫌疑人。

×××公安局 传唤通知书（存根）	×××公安局 传唤通知书（副本）	×××公安局 传唤通知书
×公刑传字〔20××〕66号	×公刑传字〔20××〕66号	×公刑传字〔20××〕66号

存根联：
×公刑传字贰零××第陆拾陆号

案件名称　刘××抢夺案
案件编号×××××××
犯罪嫌疑人王××男女 35 岁
住　址　××市××区××路××号
单位及职业　×公司职员
传唤原因　涉嫌抢夺罪接受讯问
应到时间20××年3月10日10时
批　准　人　　张××
批准时间201×年3月9日
办案人　马××、李××
办案单位　　××市公安局刑侦支队
填发时间20××年3月9日
填　发　人　　陈××

副本联：

刘××：

　　根据《中华人民共和国刑事诉讼法》第一百一十七条第一款之规定，现传唤你于＿20××年 3 月 10 日 10 时到 ××市公安局刑侦支队 接受讯问。

（公安局印）
二〇××年三月九日

传唤通知书已于 20××年 3 月 9 日收到。

被传唤人 刘××

被传唤人到案时间 20××年 3 月 10 日 10 时。

被传唤人 刘××

传唤结束时间 20××年 3 月 10 日 12 时。

被传唤人 刘××

此联附卷

正本联：

刘××：

　　根据《中华人民共和国刑事诉讼法》第一百一十七条第一款之规定，现传唤你于 20××年 3 月 10 日 10 时到××市公安局刑侦支队接受讯问。

（公安局印）
二〇××年三月九日

被传唤人需持此通知书到案，没有正当理由不到的，予以拘传。

提 讯 证

《提讯证》(有的称《提审证》),是公安机关办案人员提讯犯罪嫌疑人时所用的凭证。正确制作和使用《提讯证》,对于防止无证提审,确保监所安全和刑事诉讼活动的顺利进行具有重要的意义。

《提讯证》是一种一纸多用性文书。侦查人员每次提讯在押犯罪嫌疑人时都要填写,并加盖看守所公章,凭此证提讯犯罪嫌疑人。否则,看守员应拒绝提讯。结束侦查时,《提讯证》存入诉讼卷(主卷)。

看守所
(公章)

犯罪嫌疑人	钱××			性别	男	年龄	35 岁	代号	29
羁押期限	20××年7月14日至 20××年9月14日			发证日期		20××年7月15日			
提讯证编号	18			侦查员姓名		李×× 周××			
提讯时间	事由		侦查员签名		回所时间		看守员签名		
20××年7月14日19时 30分	讯问		李×× 周××		20××年7月15日4 时20分		吴　× 刘　×		
20××年7月18日8时 20分	讯问		李×× 周××		20××年7月18日11 时40分		吴　× 刘　×		
20××年7月23日14时 30分	出所辨认		李×× 周××		20××年7月23日17 时30分		吴　× 刘　×		
20××年7月30日8时 30分	出所起赃		李×× 周××		20××年7月30日11 时10分		吴　× 刘　×		
年　月　日 时　分					年　月　日 时　分				
年　月　日 时　分					年　月　日 时　分				
年　月　日 时　分					年　月　日 时　分				
年　月　日 时　分					年　月　日 时　分				

　　依法延长、重新计算羁押期限的,拘留转逮捕的,案件改变管辖的,更换侦查员的,应当重新办理《提讯证》。超过羁押期限的,原《提讯证》作废。提讯时侦查员不得少于二人。提解犯罪嫌疑人出所的,应当同时出具由县级以上公安机关负责人批示的报告,并制作《在押人员体表检查表》。

　　"事由"栏根据情况填写"讯问"、"出所辨认"、"出所起赃"等。

　　附:在押人员体表检查表。

犯罪嫌疑人诉讼权利义务告知书

《犯罪嫌疑人诉讼权利义务告知书》是公安机关办理刑事案件过程中,在对犯罪嫌疑人采取强制措施之日或者对其进行第一次讯问时，将《刑事诉讼法》规定的犯罪嫌疑人在侦查阶段所享有的权利和应当承担的义务告知犯罪嫌疑人的文书。作为法定程序，告知犯罪嫌疑人享有的权利和承担的义务，是维护犯罪嫌疑人合法权益的体现。

公安机关侦查人员应当在对犯罪嫌疑人进行第一次讯问时或者采取强制措施之日起告知犯罪嫌疑人的权利和义务。

犯罪嫌疑人诉讼权利义务告知书

根据《中华人民共和国刑事诉讼法》的规定，在公安机关对案件进行侦查期间，犯罪嫌疑人有如下诉讼权利和义务：

1. 有权用本民族语言文字进行诉讼。

2. 对于公安机关及其侦查人员侵犯其诉讼权利和人身侮辱的行为，有权提出控告。

3. 对于侦查人员、鉴定人、记录人、翻译人员有下列情形之一的，有权申请他们回避：第一，是本案的当事人或者是当事人的近亲属的；第二，本人或者他的近亲属和本案有利害关系的；第三，担任过本案的证人、鉴定人、辩护人、诉讼代理人的；第四，与本案当事人有其他关系，可能影响公正处理案件的。对于驳回申请回避的决定，可以申请复议一次。

4. 有权辩护。犯罪嫌疑人在接受公安机关讯问时有权为自己辩解。

5. 有权聘请律师提供法律帮助。犯罪嫌疑人在接受第一次讯问后或者被采取强制措施之日起，可以聘请律师提供法律咨询、代理申诉、控告，如果被逮捕，聘请的律师还可以为其申请取保候审。但如果本案涉及国家秘密，聘请律师应当经公安机关批准。

6. 犯罪嫌疑人及其法定代理人、近亲属、聘请的律师对于采取强制措施超过法定期限的，有权要求解除强制措施。

7. 对于侦查人员的提问，应当如实回答。但是对与本案无关的问题，有拒绝回答的权利。

8. 有核对讯问笔录的权利。如果犯罪嫌疑人没有阅读能力，侦查人员应当向其宣读；如果讯问笔录记载有遗漏或者差错，可以提出补充或者改正。对讯问笔录、勘验检查笔录、搜查笔录、扣押物品、文件清单以及送达的各种法律文书确认无误后，应当签名或者盖章。

9. 依法接受拘传、取保候审、监视居住、拘留、逮捕等强制措施和人身检查、搜查、扣押、鉴定等侦查措施。

此告知书在第一次讯问犯罪嫌疑人或对其采取强制措施之日交犯罪嫌疑人，并在第一次讯问笔录中记明或责令犯罪嫌疑人在强制措施文书附卷联中签注。

未成年犯罪嫌疑人法定代理人到场通知书

《未成年犯罪嫌疑人法定代理人到场通知书》是公安机关在对未成年犯罪嫌疑人进行

讯问时，根据法律规定通知其法定代理人到场的法律文书。它属填充式文书，是三联单，由存根、副本、正本三部分组成。制作时，按表格要求逐一填写。

《未成年犯罪嫌疑人法定代理人到场通知书》一次使用有效。如果需要再次讯问未成年犯罪嫌疑人的，应当制作新的通知书。

×××公安局 **未成年人犯罪** **嫌疑人法定代理人** **在场通知书** （存　根） ×公刑未字〔201×〕66 号 案件名称　程××盗窃案 案件编号　×××××× 被羁押人　程××　男女 12 岁 法定代理人　程×× 单　位　××市××公司 住　址××市××区××路××号 应到时间 201×年 4 月 13 日 9 时 应到地点××市公安局刑警支队 批　准　人　李×× 批准时间 201×年 4 月 12 日 办　案　人任××、华×× 办案地点××市公安局刑警支队 填发时间 200×年 4 月 12 日 填　发　人　华××	× 公 刑 未 字 贰 零 壹 × 第 陆 拾 陆 号	×××公安局 **未成年人犯罪嫌疑人** **法定代理人在场通知书** （副　本） ×公刑未字〔201×〕66 号 　程×× ： 　我局定于 201× 年 4 月 13 日 9 时在 ××市刑警支队 对犯罪嫌疑人 程×× 进行讯问。 因该犯罪嫌疑人系未成年人，根据 《中华人民共和国刑事诉讼法》第 十四条第二款之规定，通知你届时 到场。 　　　　（公安局印） 　　　二○一×年四月十二日 本通知书已收到。 未成年犯罪嫌疑人法定代理人 　　　　　　　程×× 201×年 4 月 12 日	× 公 刑 未 字 贰 零 壹 × 第 陆 拾 陆 号	×××公安局 **未成年人犯罪嫌疑人** **法定代理人在场通知书** ×公刑未字〔201×〕66 号 　程×× ： 　我局定于 201× 年 4 月 13 日 9 时在 ××市刑警支队 对犯罪嫌疑人 程×× 进行讯问。 因该犯罪嫌疑人系未成年人，根据 《中华人民共和国刑事诉讼法》第 十四条第二款之规定，通知你届时 到场。 　　　　（公安局印） 　　　二○一×年四月十二日
		此联附卷		此联交未成年犯罪嫌疑人法定代理人

讯 问 笔 录

一、概　念

《讯问笔录》是公安机关侦查人员在办理刑事案件过程中，依法对犯罪嫌疑人进行讯问时，记载讯问情况的文字记录。

讯问是审理案件不可缺少的一项重要工作，《讯问笔录》要如实、全面、完整地记录案件事实及与案件有关的各种情况，为全面分析、研究案情，制定针对犯罪嫌疑人心理状态的侦查审讯策略，最终处理案件提供客观依据。同时，《讯问笔录》也对侦查人员总结办案经验、检查办案质量具有重要作用。经过查证核实的《讯问笔录》是刑事诉讼的证据之一。

二、结构形式

《讯问笔录》属叙述型文书，其结构可分为首部、正文、尾部三部分。

(一) 首部

首部包括文书名称(已印制好)，讯问的起止时间、地点，侦查员、记录员基本情况，犯罪嫌疑人姓名。其中文书名称后括号内要填写讯问的次数；讯问的时间要精确到某时某分；侦查员基本情况包括姓名和单位。

(二) 正文

正文是《讯问笔录》的关键部分，记载讯问所了解的全部情况。该部分采用问答的形式按以下顺序记载。

1. 亮明法定身份

根据《刑事诉讼法》和《程序规定》的有关规定，讯问犯罪嫌疑人，必须由侦查人员负责进行，讯问的时候，侦查人员不得少于二人。因此，讯问时应当首先亮明侦查人员的合法身份，并在笔录上予以记录。

2. 基本情况

对犯罪嫌疑人进行第一次讯问时，应当详细记明犯罪嫌疑人的基本情况，其中包括：第一，自然情况。记写姓名、别名、曾用号、绰号、性别、民族、出生年月日、出生地点、身份证件号码、籍贯、文化程度、户籍所在地、现住址、职业和工作单位、政治面貌、家庭情况、社会关系等。第二，主要简历。记写何时在何地求学、工作等。

3. 处罚记录

处罚记录包括何时在何地因何原因受过何种处罚，现执行情况如何，包括刑事、行政和治安等处罚情况。在第二次及以后的讯问中，上述三部分一般可以不必再记，但是如果对犯罪嫌疑人的基本情况有疑问，需要进一步核实的，可有针对性地进行讯问和记载。

4. 告知犯罪嫌疑人诉讼权利和义务

我国《刑事诉讼法》规定，犯罪嫌疑人在被侦查机关第一次讯问后，可以聘请律师提供法律帮助。在这次修改文书时，为了贯彻刑事诉讼法的上述规定，保障犯罪嫌疑人的合法权益，增加了《犯罪嫌疑人诉讼权利义务告知书》，并要求在对犯罪嫌疑人第一次讯问时告知犯罪嫌疑人诉讼权利和义务，将《犯罪嫌疑人诉讼权利义务告知书》送交犯罪嫌疑人，如果犯罪嫌疑人没有阅读能力，侦查人员要向犯罪嫌疑人宣读(有关要求详见《犯罪嫌疑人诉讼权利义务告知书》)。然后，侦查人员要问犯罪嫌疑人是否看清或者听清告知书的内容，以及有何要求，即犯罪嫌疑人是否需要聘请律师，是否申请有关人员回避等。对于犯罪嫌疑人有具体要求的，一定要如实记录。

5. 犯罪事实

第一次讯问时，在这部分首先要讯问犯罪嫌疑人是否有犯罪行为，让他陈述有罪的情节或者无罪的辩解，然后再向其提出问题。根据讯问情况，清楚准确地记载犯罪事实、动机、目的、手段，与犯罪有关的时间、地点、涉及的人、事、物等。如犯罪嫌疑人进行无罪辩解，要准确、完整地记录其陈述的理由和有关证据。在第二次以及以后的讯问中，主要根据以前对犯罪嫌疑人的讯问及案件侦查情况，有针对性地对案件有关情况作进一步讯问。讯问的情况可以是案件的全面情况，也可以是案件情况的某一个情节。

6. 结束问题

讯问结束时，一般都用两个问题来确定本次讯问的内容，如"还有要说的吗？"和"以上所说是否属实？"要在笔录正文末尾处如实地记录这两个问题和犯罪嫌疑人的所答内容。

（三）尾部

讯问结束，笔录应当交犯罪嫌疑人核对，没有阅读能力的，要向其宣读。如记载有差错或遗漏，应当允许犯罪嫌疑人更正或补充，并在改正或补充的文字上捺指印。犯罪嫌疑人看完或者听完笔录后，应当要求其在笔录的末尾写明对笔录的意见，即"以上笔录我看过(或者向'我宣读过')，和我说的相符"并签名(盖章)、捺指印、写明时间。同时在笔录(除最后一页外)的每页末尾右下角签名(盖章)、捺指印。拒绝签名、捺指印的，应当在笔录尾部注明。

三、注意事项

(1) 制作《讯问笔录》应当注意的事项。

第一，根据《刑事诉讼法》第九十一条的规定，讯问的时候，侦查人员不得少于 2 人。因此，侦查人员与记录员不应由一个人同时担任。书写《讯问笔录》，应当使用能够长期保持字迹的书写工具、墨水。

第二，讯问前，侦查人员应当了解案件情况和证据材料，制定讯问计划，列出讯问提纲。讯问未成年人应当针对未成年人的身心特点，采取不同于成年人的讯问方式。记录人员要在讯问前熟悉、了解犯罪嫌疑人的基本情况以及案件的有关情况，以保证笔录质量、减少记录错误。

第三，讯问聋、哑犯罪嫌疑人，应当有通晓聋、哑手势的人参加，并在《讯问笔录》上注明犯罪嫌疑人的聋、哑情况，以及翻译人的姓名、工作单位和职业。讯问不通晓当地语言文字的犯罪嫌疑人，应当配备翻译人员。

第四，《讯问笔录》上所列项目，应当按规定填写齐全。为了保证记录的速度，对侦查人员提问和犯罪嫌疑人回答，一律用"问"和"答"表示，而不能用其他符号代替。侦查人员、翻译人员应当在《讯问笔录》上签名或者盖章。

第五，笔录内容要全面、准确。《讯问笔录》必须全面地反映讯问的情况，不能任意删减和遗漏。不仅要记载犯罪嫌疑人有罪的供述，也要记载其无罪的辩解。既要记载犯罪嫌疑人坦白检举的情况，也要记载其在讯问中的其他情况，如低头、哭泣、摇头、叹气、抓头发、顿足、捶胸等。同时，对于有关案情的内容，应尽可能记载犯罪嫌疑人的原话，不能任意改变原意。特别是犯罪嫌疑人的姓名，一定要问清，记准究竟是哪几个字。

第六，在讯问中，需要运用证据证实犯罪嫌疑人的罪行时，应当防止泄露侦查工作秘密。

第七，讯问犯罪嫌疑人时，应当严格依照《刑事诉讼法》和《程序规定》的要求进行，严禁刑讯逼供或者使用威胁、引诱、欺骗以及其他非法方法获取供述。

(2) 使用《讯问笔录》应当注意的事项。

第一，《讯问笔录》是证明案件事实的重要证据之一，在侦查终结时，应当存入诉讼卷。

第二，讯问犯罪嫌疑人时，在笔录的同时，可以根据需要对讯问过程进行录音、录像，作为对讯问情况的证明。

四、应用示例

示例一

讯 问 笔 录(第一次)

时间：20××年7月10日8时10分至20××年7月10日10时25分

地点：××市看守所第×审讯室

侦查员姓名、单位：李××、马××，××市公安局刑侦支队

记录员：王×× 单位：××市公安局刑侦支队

犯罪嫌疑人：周××

问：我们是××市公安局刑侦支队的民警，现在依法对你进行讯问。你叫什么名字？

答：我叫周××。

问：还用过什么名字？

答：初中毕业前用过周×这个名字。

问：还有别的名字或者化名、别名、绰号吗？

答：没有了。

问：你的出生年月日？

答：19××年×月×日。

问：你的身份证号码？

答：×××××××××××××××××× 。

问：籍贯？

答：××省××县××街××号。

问：你的户籍所在地？

答：××市××区××路××号，属××派出所管辖。

问：你的现住址？

答：××市××区××路××大学家属区。

问：你的民族？

答：回族。

问：你的工作单位和职业？

答：××市××机械设备厂工人。

问：你的文化程度？

答：职高。

问：把你的家庭情况讲一下？

答：父亲：周××，60岁，××市××工厂退休职工。

母亲：张××，57岁，××市××企业退休职工。

姐姐：周××，32岁，××市××公司职员。

问：讲一讲你的社会经历？

答：19××年至19××年在××市××学校上小学，19××年至19××年在××市××学校上初中，19××年至20××年在××市××技校读书。毕业后在家待业两年，20××年7月被××市××机械设备厂聘用至今。

问：你以前是否受过刑事、行政等处罚或者被劳动教养？

答：没有。

问：这是《犯罪嫌疑人诉讼权利义务告知书》，给你阅读，你如果不识字，我们可以给你宣读？

答：我可以看(看《犯罪嫌疑人诉讼权利义务告知书》约7分钟)。

问：你看清楚了吗？

答：看清楚了。

问：有什么要求？

答：我想请我姐姐为我聘请律师。

问：讯问结束后，我们会把你的这一要求转告给你姐姐。刚才给你的《犯罪嫌疑人诉讼权利义务告知书》你已经看过了，我再给你强调一下，你应当如实回答我们提出的问题，当然对于与办案无关的问题，你可以拒绝回答，你听清楚了吗？

答：听清楚了。

问：你知道为什么拘留你吗？

答：你们怀疑我们厂技术科笔记本电脑被偷的事是我干的，我冤枉(略显激动)。

问：你先别激动，你把7月7日晚上8点到第二天早上7点你的活动情况讲一下。

答：我在我们厂销售科当销售员，经常外出搞推销。7月7日上午我们科长让我第二天到××市参加一个机械产品洽谈会。我下午买了一张当天晚上7点30分开往××市的火车票。当天晚上我坐上火车，一直到第二天早晨5点50分左右下火车，然后我叫了一辆出租车，大约6点15分左右，到达××市××宾馆。我登记了房间，房间号好像是306。到房间后，我感觉很困，就躺在床上睡着了，一直睡到上午9点多。

问：你说的情况属实吗？

答：绝对属实，不信你们可以去查，我在厂里刚报销的火车票。还有，你们可以到××市××宾馆查一下住宿登记，上面还有我的身份证号。

问：这么说你是不在作案现场，或者确切地说7月7日晚上8点到第二天早上7点你根本不在本市？

答：千真万确，当天晚上我真的是去××市出差，我怎么会去偷厂里技术科的笔记本电脑呢？我真的冤枉。

问：那你怎么看你们厂技术科被偷这件事？

答：这我不好说，我不知道是谁干的，反正不是我干的。

问：你是什么时间到火车站的？

答：大约是 7 月 7 日晚上 7 点，当时路上有点堵车，我在去火车站的路上还挺着急。

问：就你一个人出差去××市吗？

答：就我一个人，我们销售科人少任务重，经常要一个人出差。

问：火车是正点开车吗？

答：(略显迟疑)是正点开的吧，这车是始发车，我当时没有很注意，应该是正点开的。

问：周××，经过刚才我们的谈话，我觉得你还不够实事求是，我再告诉你一次，你要如实回答我们提出的问题，目前，只有这条路对你是最可行的，何去何从，你自己要考虑清楚。

答：你们为什么不相信我，我说的都是实话，我真的很冤枉(用手拍腿，很激动)。

问：周××，激动说明不了任何问题。我再次奉劝你，不要存在任何侥幸心理，不要觉得你的故事编得很完美。我再次告诉你，你没有实事求是地讲清楚。

答：我该讲的都讲了，没有隐瞒什么。

问：周××，看来你真的对你的解释很自信，既然这样，我不妨提醒你一下，据我们调查，7 月 7 日晚上 7 点 30 分开往××市的××次列车因机械故障晚开了 20 分钟，你想起来了没有？

答：(沉默约 30 秒)我记不清了，也许我记错了，我感觉没有怎么晚呀。

问：看来这会儿你对自己记忆力的信心并不像开始那么强。不过，你还心存侥幸。

答：没有(略显迟疑)。该讲的我都讲了。

问：还需要再提醒你什么吗？

答(沉默不语，一只手开始不停地搓衣服角)。

问：周××，如果你还没有想起来，我就再提醒你一次，你看这是什么(出示一张出租车票)？在你的手提包里，为什么有一张 7 月 7 日晚上 7 点 40 分的出租车票，你怎么解释？

答：(沉默不语，头上、脸上开始冒汗)

问：我们查了 7 月 7 日晚上出市区的出租车的记录，当天晚上 8 点到第二天早上 8 点共有××车次出租车出市区，其中 9 点 55 分有一辆××出租公司的××××号出租车去了××市，周××，是不是需要把这位出租车司机师傅找来？

答：(双手抱头，痛哭)都怪我一时鬼迷心窍，看来，你们都知道了，我说。

问：你要如实供述。

答：我一定。我们厂技术科的笔记本电脑是我偷的。7 月 7 日我买了当天晚上 7 点 30 分××市的火车票，7 点 20 分左右我到了火车站，剪票后，我没有上火车，接着又从站口出来，叫了辆出租车直接回到了我们厂。我用事先准备好的螺丝刀和钳子撬开了技术科的门锁。进去后找到三个笔记本电脑，我把这些电脑装到了我随身带的旅行包里带回了我住的地方。然后从我的住处出来，叫了辆出租车去了××市××宾馆。

问：7 月 7 号晚上你什么时候回到你们厂？

答：大约 8 点 30 分左右。

问：你是什么时间离开的？

答：我感觉在技术科待了大约 10 分钟，大约 8 点 50 分左右离开我们厂。

问：你到厂、离厂及在技术科待的时间好像对不上？

答：我忘了说了，从厂门口到技术科需要大约 10 分钟。

问：你是怎么去你住的地方？

答：我当时想叫出租车，但等了5分钟也没有等到，就走回去了。

问：你什么时间回到你住处的？

答：我走了大约30分钟，大概9点半的时候到的。

问：你什么时间从家里出来的？

答：大概10点，然后我等了一会儿等到一辆出租车，我就上车去了××市。

问：你什么时间到的××市？

答：第二天早晨6点30分，下车时我看了车上计价器的时间。

问：那三个笔记本电脑现在在什么地方？

答：我从××市回来后，把那三台电脑带回我父母家，放在储藏室的柜子里。

问：你父母没有问你放的是什么东西？

答：问了。我说一个同学临时放在我这儿，我房间太小，在你们那儿放几天就拿走。

问：你为什么偷厂技术科的电脑？

答：我半年前谈了个女朋友，叫刘××，是××商场的售货员，最近我们准备结婚，可是我收入不多，结婚的钱还差好几万，我女朋友心气挺高，说她的同事结婚买的都是什么什么，我们一定不能比她们差。我谈过几个女朋友，都没有成，这次我挺想成的，可手上的确缺钱。听说最近厂技术科进了一批新的笔记本电脑，我一时糊涂，就想偷几台卖了凑钱。

问：你的女朋友知不知道你偷电脑的事？

答：我没告诉她，我不想让她知道。她知道了肯定会跟我吹的。

问：你偷电脑的事还有别人知道吗？

答：没有，我跟谁都没说。

问：还有什么要补充的吗？

答：我想得到宽大处理。

问：还有别的吗？

答：没有了。

问：今天先谈到这，下次再谈。以上说的是否属实？

答：属实。

以上笔录我看过，和我说的相符。

周××(捺指印)

20××年7月10日

示例二

讯 问 笔 录(第二次)

时间：20××年7月12日9时30分至20××年7月12日10时20分

地点：××市看守所第×审讯室

侦查员姓名、单位：李××、马××，××市公安局刑侦支队

记录员：王××   单位：××市公安局刑侦支队

犯罪嫌疑人：周××

问：周××，我们是××市公安局刑侦支队的民警，现在依法对你进行讯问。你应当如实回答我们的提问，对与本案无关的问题你有拒绝回答的权利。你听清楚了吗？

答：听清楚了。

问：你是何时因何事被关押的？

答：20××年7月10日因盗窃罪被××市公安局刑事拘留。现关押于××市看守所。

问：7月7日晚上你到厂里遇到什么人没有？

答：没有。那天晚上阴天，天特别暗，我没有遇到别人。

问：在你回到你的住处时是否遇到什么人？

答：在我刚到我的屋门口时，从楼上下来一个男的，好像是住在五楼，因我是租的房，周围邻居不熟，叫不上名字，但肯定是住我楼上。

问：你住几楼？

答：四楼2号。

问：(出示一螺丝刀)这是你7月7日晚上作案时使用的螺丝刀吗？

答：是。

问：(出示一把钳子)这是你7月7日晚上作案时使用的钳子吗？

答：是。

问：(出示一旅行包)这是你7月7日晚上偷你们厂技术科笔记本电脑时用的旅行包吗？

答：是。因为当时比较紧张，包的一侧在进门时被门锁划了一个1寸长的口子。

问：(出示三台笔记本电脑)这是你7月7日晚上偷的三台笔记本电脑吗？

答：是这个牌子的，样子也一样。

问：还有什么要说的吗？

答：没有了。

问：以上说的是否属实？

答：属实。

以上笔录我看过，和我说的相符。

周××(捺指印)

20××年7月12日

4.9.2 询问证人、被害人文书

询问通知书

《询问通知书》是公安机关在办理刑事案件过程中，依法对证人、被害人进行询问时制作的通知其接受公安机关询问的法律文书。它属于填充式文书，是三联单，由存根、副本、正本三部分组成。制作时，按表格要求逐一填写。

《询问通知书》一次使用有效。如果需要再次询问的，应当制作新的通知书。此外，根据《刑事诉讼法》第九十七条第二款的规定，询问证人应当个别进行。因此，在询问两名以上的证人或者被害人时，应当分别制作《询问通知书》。

×××公安局 **询 问 通 知 书** （存 根） ×公刑询字［201×］66 号		×××公安局 **询 问 通 知 书** （副 本） ×公刑询字［201×］66 号		×××公安局 **询 问 通 知 书** ×公刑询字［201×］66 号
案件名称　夏××杀人案 案件编号　××××××× 被羁押人夏××男女_47_岁 证　人　　　张×× 住　址　×县横山镇××号 单　位　××县横山镇农民 应到时间 201×年5月8日8时 　　30分 应到地点　横山镇派出所 批　准　人　　王×× 批准时间 201×年5月7日 办　案　人 王××、方×× 办案地点　××省××市公安局 刑警队 填发时间 201×年5月7日 填　发　人　　方××	× 公 刑 询 字 贰 零 壹 × 第 陆 拾 陆 号	张×× ： 　　兹因你了解我局正在办理的夏××杀人案有关情况，根据《中华人民共和国刑事诉讼法》第一百二十二条之规定，通知你于 201× 年 5 月 8 日 8 时 30 分到 横山镇派出所 接受询问。 （公安局印） 二〇一×年五月七日 本通知书已收到。 　被询问人　　张×× 　201×年5月7日	× 公 刑 询 字 贰 零 壹 × 第 陆 拾 陆 号	张×× ： 　　兹因你了解我局正在办理的夏××杀人案有关情况，根据《中华人民共和国刑事诉讼法》第一百二十二条之规定，通知你于 201× 年 5 月 8 日 8 时 30 分到 横山镇派出所 接受询问。 （公安局印） 二〇一×年五月七日
		此联附卷		此联交被询问的证人/被害人

询 问 笔 录

一、概念

《询问笔录》是公安机关侦查人员在办理刑事案件过程中，依法向案件中的证人和被害人调查了解案件有关情况时记载询问过程的文字记录。

《询问笔录》是固定证人证言和被害人陈述的书面形式，是公安机关在办理刑事案件过程中制作的调查取证的重要法律文书，对侦查人员及时查明案情，核实犯罪嫌疑人口供和其他证据的真伪，对分析案情、制定侦破方案，获取犯罪证据、准确认定案件事实具有重要的作用。因此，制作好《询问笔录》对于顺利、及时侦破案件具有十分重要的作用。

二、结构形式

《询问笔录》属于叙述型文书，其结构由首部、正文、尾部三部分组成。

(一) 首部

首部包括文书名称，询问的时间、地点，侦查人员、记录员的姓名、单位以及被询问人的基本情况。其中，询问时间要写明询问起止时间并精确到分；询问地点，既可以是证人、被害人的所在单位，也可以是证人、被害人的住处，还可以是在公安机关。

(二) 正文

正文是《询问笔录》最为实质的内容，采用问答的方式记录，主要包括以下内容。

1. 表明身份

根据《刑事诉讼法》有关规定，侦查人员在对有关证人、被害人进行询问时，应当首先出示公安机关的证明文件，或者是侦查人员的工作证件，向被询问人说明来意，并在笔录上予以记录。

2. 告知义务

根据《刑事诉讼法》第四十八条第一款的规定，凡是知道案件情况的人都有作证的义务。公安机关有权向有关单位和个人收集、调取证据。有关单位和个人应当如实提供。侦查人员在询问时，需告知证人、被害人应当如实提供证言，如果有意作伪证或者隐匿罪证的要承担法律责任。

3. 案件情况

对证人、被害人提供的案件有关情况，包括案件涉及的人物、时间、地点、经过、结果等都应当详细记录。要问清上述情况的来源，如现场目击、当场听到、听别人说等。同时还要问清当时的环境，是否还有其他人在场或者了解情况等。如果证人、被害人对当时情况忘记或者记忆不深或者不是很肯定的，都应当记录清楚，以便侦查人员综合判断。

4. 结束问题

讯问结束时，一般都用两个问题来确定本次讯问的内容，如"还有要说的吗？"和"以上所说是否属实？"要在笔录正文末尾处如实记录这两个问题和犯罪嫌疑人的所答内容。

(三) 尾部

询问结束，侦查人员应当将笔录交被询问人核对，没有阅读能力的，要向其宣读。如记载有差错或者遗漏，应当允许被询问人更正或者补充，并在改正或者补充的文字上捺指印。经被询问人核对无误，由其在笔录的末尾写明对笔录的意见，即"以上笔录我看过(或者'向我宣读过')，和我说的相符"，并签名或捺指印，写明时间。同时在笔录除最后一页以外的每页末尾右下角签名(盖章)、捺指印。拒绝签名或者捺指印的，应当在笔录尾部注明。

三、注意事项

《询问笔录》供公安机关查明案情，对证人、被害人进行询问时使用。

(1) 根据《刑事诉讼法》第九十七条第二款的规定，询问证人应当个别进行。因此，在询问证人或者被害人时，应当讲究方式方法，不得对两个以上的证人、被害人一起进行询问，防止互相影响，确保证言客观真实。

(2) 在询问过程中，侦查人员不得向证人、被害人泄露案情或者表示对案件的看法，严禁威胁、引诱或者其他非法方法询问证人、被害人。

(3) 《询问笔录》是证明案件真实情况的重要证据之一，案件侦查终结时，应当存入诉讼卷。

四、应用示例

询 问 笔 录

时间：20××年9月10日10时30分至20××年9月10日11时10分

地点：××市××公司保卫科

侦查员姓名、单位：张××、方××，××市公安局刑侦支队

记录员：王××　　单位：××市公安局刑侦支队

被询问人：彭××　　性别：男　　年龄：35岁　　单位：××市××公司

住址：××市××区××路××号　　联系电话：×××××××

问：我们是××市公安局刑侦支队的民警(张××向证人彭××出示自己的警官证，彭××双手接过，仔细查看后还给张××)，现就正在侦查的杨××被杀案找你了解有关问题。根据刑事诉讼法的有关规定，你应当如实提供证据、证言，如果有意作伪证或者隐匿罪证的，要承担法律责任。你听明白了吗？

答：我明白。

问：你认识赵××吗？

答：认识。上初中时，我俩都在铁路一中上学，他在二班，我在四班，关系一直不错。

问：你最后一次见到赵××是什么时间？

答：是在2月28日中午，在铁一中对面电子游戏室玩电子游戏时碰到他的。

问：赵××给过你什么东西？

答：给过我一把三棱刮刀，当时他用红塔山烟包装纸包着。

问：什么时间给你的？

答：28号中午玩完游戏后给我的。他对我说："这东西先放在你这里两天。"我说："你不是天天带着吗？放在我这里干什么？"他说："你别管了，管多了对你没好处。"

问：你后来去找过赵××吗？

答：去过。是当天晚上去的。因为赵××给我刀子，我不放心，想去他家问问出了什么事。到他家后，见赵××不在家。他大哥说："上派出所了。"也没说什么事，我就在楼下等着。过了半个小时，赵××的二哥回来了，我问他出了什么事，他说："我也不清楚，可能是小立(指赵××)的同学出了点事，牵扯到他，过一会儿可能回来。"我又回到他家等

到 10 点多，赵××也没回来，我就回家了。到了第二天晚上，我与同学王××、肖××一块儿到赵××家。他妈说小立杀了两个人，有一个是他原来的恋爱对象杨××。

问：你认识杨××吗？

答：认识，是在前年大年初一在赵××家见过她一次。赵××说，杨××是他女朋友，在××艺术学院上学。

问：赵××与你谈起过他同杨××的一些情况吗？

答：我听赵××说，杨××不大正经，跟别人搞对象。他还说只要她对我好，我对她好就行了。后来不知为什么他们不来往了，赵××也不提起她了。

问：那把三棱刮刀现在在什么地方？

答：我拿回家后放到写字台抽屉里了。我从赵××家回来后，知道他杀人了，挺害怕，就把刀的事给俺爸爸说了。早上我来学校，让俺爸爸把刀送到××派出所去了，现在可能已送去了。

问：赵××向你说过这把三棱刮刀是从哪里来的吗？

答：听他说是在街上买的。

问：你什么时候见赵××有这把刀的？

答：是去年秋天，从那以后他经常挂在腰带上。

问：你还知道哪些有关赵××的情况？

答：没有别的了。

问：以上说的是否属实？

答：属实。

以上笔录我看过，和我说的相符。

彭××(捺指印)

20××年 9 月 10 日

未成年证人/被害人法定代理人到场通知书

《未成年证人/被害人法定代理人到场通知书》是公安机关在办理刑事案件过程中，对未成年人、被害人进行询问时，根据法律规定通知其法定代理人到场的法律文书。未满 18 岁的人尚在成长发育时期，对事物的理解和判断能力均不够成熟，因此，为了保护未成年人的合法权益，确保刑事诉讼顺利进行，公安机关在对未成年证人、被害人进行询问时，要通知其法定代理人到场。它属填充式文书，是三联单，由存根、副本、正本三部分组成。制作时，按表格要求逐一填写。

×××公安局
未成年证人/
被害人法定代理人
到场通知书
（存　根）
×公刑未证字〔201×〕66号

案件名称程××故意伤人案
案件编号×××××××
犯罪嫌疑人程××男女—20—岁
证人/被害人江××男女—15—岁
法定代理人　　江××
住　址　××市××区×路××号
单　位　　××市××商场
应到时间201×年9月2日9时
应到地点××市公安局刑警大队
批　准　人　　　周××
批准时间　　201×年9月1日
办　案　人　李××、毕××
办案地点　×市公安局刑警大队
填发时间　200×年9月1日
填　发　人　　　李××
—

×公刑未证字贰零壹×第陆拾陆号

×××公安局
未成年证人/被害人
法定代理人到场通知书
（副　本）
×公刑未证字〔201×〕66号

江××：
　　我局定于201×年9月2日9时在××市公安局刑警大队对程××故意伤害案的证人/被害人江××进行询问。因该证人/被害人系未成年人，根据《中华人民共和国刑事诉讼法》第二百七十条之规定，通知你届时到场。

（公安局印）
二〇一×年九月一日

本通知书已收到。
未成年证人/被害人法定代理人　江××
201×年9月1日

×公刑未证字贰零壹×第陆拾陆号

此联附卷

×××公安局
未成年证人/被害人
法定代理人到场通知书

×公刑未证字〔201×〕66号

江××：
　　我局定于201×年9月2日9时在××市公安局刑警大队对程××故意伤害案的证人/被害人江××进行询问。因该证人/被害人系未成年人，根据《中华人民共和国刑事诉讼法》第二百七十条之规定，通知你届时到场。

（公安局印）
二〇一×年九月一日

×公刑未证字贰零壹×第陆拾陆号

此联交未成年证人/被害人的法定代理

4.9.3　搜查文书

呈请搜查报告书

一、概念

《呈请搜查报告书》是承办案件的单位为了搜集犯罪证据，查获犯罪人，需要对犯罪嫌疑人以及可能隐藏罪犯或者其他证据的人的身体、物品、住处和其他有关地方进行搜查时，而依法制作的报请县级以上公安机关负责人审批的文书。它是填发《搜查证》的依据。

二、结构形式

《呈请搜查报告书》可按《公安刑事法律文书格式》式样五（《呈请＿＿＿报告书》）制作，其结构分为首部、正文、尾部三部分。

（一）首部

首部包括文书名称、文书的编号、犯罪嫌疑人的基本情况及简历等。犯罪嫌疑人的基本情况可按照《公安刑事法律文书格式》中《呈请拘留报告书》的具体规定填写。

（二）正文

正文是《呈请搜查报告书》的主要部分，它的内容包括搜查的理由和搜查的法律依据两部分。

1.搜查的理由

首先应简明扼要地写明案情，然后重点写明搜查的必要性，即为什么要进行搜查，通过搜查所要解决的问题，还应写明不及时进行搜查，有可能造成犯罪嫌疑人逃跑或毁灭、伪造、转移犯罪证据等情况。

2.搜查的法律依据

应根据上述情况写明，根据《刑事诉讼法》第一百零九条之规定，拟对被搜查人×××的人身、住处及其他有关地方进行搜查，特呈请领导审批。

（三）尾部

尾部应写明承办单位名称、承办人姓名以及制作的日期。

三、注意事项

《呈请搜查报告书》制作完毕，经县级以上公安机关负责人批准后，由承办人持此报告书填发《搜查证》。《呈请搜查报告书》应存入诉讼卷(副卷)。

四、应用示例

领批导示	同意搜查。 宋×× 20××年8月21日
审意核见	请宋副局长批示。 崔×× 20××年8月21日

呈请搜查报告书

被搜查人徐××，男，31岁，汉族，山东省××市人，××市第二机床厂工人，现住××市××区××街81号。

主要简历：1973年9月至1978年7月在本市××区林祥南街上小学；1978年9月至1984年7月在××市第二十五中上中学；1984年11月分配到××市第二机床厂当工人；20××年8月21日因盗窃罪被××市公安局××区分局刑事拘留。

搜查的理由与法律依据：

我局正在侦查的犯罪嫌疑人徐××供称：20××年8月17日伙同张××(在逃)窜至××市××区花园庄小区南12号楼，撬门破锁进入501室，盗窃松下M900摄像机一架、美能达700照相机1架、金项链1条、国库券10000元、阿歌娜西装1套、将军牌香烟5条等物品，并将上述物品匿藏在家中。这些物品是本案的赃物罪证，对于认定案件事实，核实犯罪嫌疑人口供具有重要作用。

　　为了及时查获赃物，进一步发现和获取罪证，防止本案赃、证物品被转移、销毁，根据《中华人民共和国诉讼法》第一百三十四条之规定，拟对犯罪嫌疑人徐××的住处进行搜查。特呈请领导审批。

××市公安局刑警队

承办人：崔××　牛××

20××年8月21日

搜 查 证

　　《搜查证》是公安机关侦查人员依法对犯罪嫌疑人以及可能隐藏罪犯或者犯罪证据的人的身体、物品、住所和其他有关地方进行搜查时的法律凭证。它属填充式文书，是二联单，由存根、正页两部分组成。制作时，按表格要求逐一填写。

　　根据《刑事诉讼法》等有关规定，在执行拘留、逮捕的时候，若遇有紧急情况时，不用《搜查证》也可以进行搜查。

×××公安局

搜 查 证

(存 根)

×公刑搜字［20××］66号

案件名称 _____梁××杀人案_____
案件编号 ×××××××××
犯罪嫌疑人 梁×× 男 女 28 岁
住　　址 ××市××区××路××号
单位及职业 ××市××工厂工人
搜查原因 查找犯罪证据
搜查对象 梁××的住宅
批　准　人 魏××
批准时间 20××年8月2日
办 案 人 胡××、杨××
办案单位××市公安局刑警支队一大队
填发时间 20××年8月2日
填 发 人 杨××

×公刑搜字贰零××第陆拾陆号

×××公安局

搜 查 证

×公刑搜字［20××］66号

　　根据《中华人民共和国刑事诉讼法》第一百三十四之规定，我局依法对 犯罪嫌疑人梁××在× ×市××区××路××号的住宅 进行搜查。

(公安局印)

二○××年八月二日

本证已于 20×× 年 8 月 3 日 8 时向我宣布。

　　被搜查人或其家属 徐××
20××年8月3日

此联附卷

搜 查 笔 录

一、概 念

《搜查笔录》是指公安机关侦查人员对犯罪嫌疑人以及可能隐藏罪犯或者犯罪证据的人的身体、物品、住所和其他有关地方进行搜查时，对执行搜查情况所作的文字记录。依法制作《搜查笔录》，记载着查获的犯罪证据和可疑的物品，它对分析案情，揭露和证实犯罪有着重要的意义。

二、结构形式

《搜查笔录》在《公安刑事法律文书格式》式样中作了具体规定，其结构由首部、正文、尾部三部分组成。

（一）首部

首部包括文书的名称（《搜查笔录》是事先印制好的）、搜查开始和结束的具体时间（填写时要具体到几时几分）、搜查人所属单位名称和姓名、《搜查证》签发的日期和发文字号、见证人姓名、被搜查人住址和姓名，这部分内容按要求填清即可。

（二）正文

正文即搜查的简要情况。这是《搜查笔录》的主要部分，制作时应根据搜查的顺序写明搜查了哪些地方，比如哪几个居室，哪些存放物品的家具等。搜查过程中有无问题，即写明搜查人员是否严格依法办事，有无违反政策的行为，有无损坏物品的现象，被搜查人及家属能否积极配合搜查，有无抵制或刁难的行为等，查获的赃物、证据与犯罪有关的物品及其他可疑物品的名称以及发现的具体位置、形态、数量等，并注明详见《扣押物品清单》。如果在搜查中，对查获的罪证进行了拍照，也应在笔录中记明。最后要写明本记录的副本（扣押物品清单）已交谁收执。

（三）尾部

《搜查笔录》当场让被搜查人或其家属签署对搜查意见，并签名（盖章）或按指印。如果被搜查人和他的家属不在场或者拒绝签署意见和签名的，执行搜查的侦查人员应在笔录上注明，然后由执行搜查的侦查人员、见证人，在《搜查笔录》末页签名或者盖章。

三、注意事项

在制作《搜查笔录》时，应注意以下几点：

(1) 内容要完整。制作时要按上述要求认真制作，不能漏记或不记。如果被搜查人的意见漏记或不记，就会导致法律手续不完备而使笔录失去法律效力。

(2) 内容要简明。记录搜查中发现的物品是《搜查笔录》的重点，它不要求长篇幅地反映这些情况，而只需简明扼要地记录这些物品发现的处所(位置)、名称、牌号、特征、质地和数量等。

(3) 要当场制作。《搜查笔录》应在搜查时当场制作，并交由被搜查人和见证人签名或盖章，不应过后再补。同时，对需要扣押的物品亦应当场制作《扣押物品清单》。《搜查笔录》应与本次搜查的《扣押物品清单》和罪证照片一起存入诉讼卷(主卷)。

四、应用示例

搜 查 笔 录

时间：20××年6月19日16时12分至20××年6月19日16时35分

××市　　　公安局侦查人员：李××、康××

根据20××年6月19日××市　　　公安局签发的×公刑搜字[20××]26号《搜查证》，在孙××的见证下，对犯罪嫌疑人吴××租住的金水区聂庄村218号403　　　室进行搜查。

搜查的简要情况：20××年6月19日16时12分至20××年6月19日16时35分，××市公安局侦查人员李××、康××带领犯罪嫌疑人吴××的表弟付××到金水区聂庄村218号403室吴××的租住处进行搜查，在房东孙××的见证下，搜查按由外及里的顺序进行，从门口处向内，从床头柜、床、床抽屉到电视机、皮箱进行逐一搜查。在搜查其简易衣柜时，在衣柜右上方的衣服存放夹层中，发现一个塑料袋，里面存放吴××的大同医学专科学校毕业证、专业技术人员任职资格证书、医师执业证书、医师资格证书，并将其进行提取。在搜查过程中未损坏任何物品，被搜查人家属能够配合搜查工作，对搜查活动没有意见。

上述物品均记录于《扣押物品、文件清单》之中。搜查完毕制作《扣押物品、文件清单》两份。

《搜查笔录》的副本及《扣押物品、文件清单》一份已交犯罪嫌疑人的表弟付××收执。

侦查人员：李××、康××

被搜查人或家属：付××

见证人：孙××

记录人：康××

4.9.4　扣押物证、书证文书

扣押物证、书证文书制作部分，由于本书篇幅有限，只列出相关文种供读者了解。

(1) 扣押物品、文件清单。

(2) 处理物品、文件清单。

(3) 发还物品、文件清单。

(4) 随案移交物品、文件清单。

(5) 销毁物品、文件清单。

(6) 呈请扣押邮件报告书。

(7) 呈请解除扣押邮件报告书。

(8) 扣押/解除扣押通知书。

4.9.5　查询、冻结存款、汇款文书

查询、冻结存款、汇款文书制作部分，由于本书篇幅有限，只列出相关文种供读者了解。

(1) 呈请查询犯罪嫌疑人存款报告书。

(2) 呈请查询犯罪嫌疑人汇款报告书。

(3) 查询存款/汇款通知书。

(4) 呈请冻结犯罪嫌疑人存款报告书。

(5) 呈请冻结犯罪嫌疑人汇款报告书。

(6) 呈请解除冻结犯罪嫌疑人存款报告书。

(7) 呈请解除冻结犯罪嫌疑人汇款报告书。

(8) 冻结/解除冻结存款/汇款通知书。

4.9.6　鉴定文书

鉴定文书制作部分，由于本书篇幅有限，只列出相关文种供读者了解。

(1) 呈请鉴定报告书。

(2) 鉴定聘请书。

(3) 鉴定结论通知书。

4.9.7　辨认文书

呈请辨认报告书

一、概念

《呈请辨认报告书》是承办案件的单位在办案过程中，为了确定犯罪嫌疑人、物证和犯罪现场等，需要进行辨认时，制作的报请县级以上公安机关负责人或主管部门负责人审批的文书。经过批准的《呈请辨认报告书》是进行辨认的依据。办案部门拟进行辨认活动时，应当事先制作《呈请辨认报告书》，报请有关部门负责人批准。

二、结构形式

《呈请辨认报告书》按《公安刑事法律文书格式》式样五(《呈请＿＿＿报告书》)制作，其结构由首部、正文、尾部三部分组成。

(一) 首部

首部包括文书名称和犯罪嫌疑人基本情况。犯罪嫌疑人基本情况应写明犯罪嫌疑人姓

名、性别、年龄、职业、住址以及被采取强制措施的种类、日期和案由等。其他内容按要求写明即可。

（二）正文

正文是《呈请辨认报告书》的主要部分，应重点写明辨认理由。辨认的理由应当在简述案情的基础上，重点写明辨认人的姓名、身份、被辨认的对象及辨认的必要性，即为什么要进行辨认，通过辨认解决什么问题。

（三）尾部

尾部应写明承办单位名称、承办人姓名及制作日期。

三、注意事项

《呈请辨认报告书》经主管部门或县级以上公安机关负责人批准后，即可据此进行辨认活动。本文书应归入诉讼卷(副卷)备查。

四、应用示例

领批 导示	同意。 王×× 200×年6月26日
审意 核见	请王副局长批示。 张×× 200×年6月26日

呈请辨认报告书

犯罪嫌疑人周××，男，23岁；犯罪嫌疑人程××，男，26岁；犯罪嫌疑人黄××，男，28岁；犯罪嫌疑人杨××，男，19岁。上述4名犯罪嫌疑人均系××市华丰家具厂工人，住在该厂职工集体宿舍。200×年6月24日因伤害罪被刑事拘留。

辨认的理由：

20××年6月23日晚11时许，犯罪嫌疑人周××等4个与同在该厂做工的黄×、黄××、李××等人，因争洗澡水发生争执，继而双方斗殴，造成黄×、黄××被刀捅伤至死，李××被刀捅伤的严重后果。为了确定犯罪嫌疑人和分清每个犯罪嫌疑人各自罪责，拟准备将该案4名犯罪嫌疑人的正面免冠照片与其他8名男性正面免冠照片混杂在一起，请被害人李××进行辨认。

妥否，请批示。

承办单位：刑侦科

承办人：叶××、赵××

20××年6月26日

辨 认 笔 录

一、概念

《辨认笔录》是侦查人员在辨认活动中，对辨认活动的经过和结果依法作出的文字记录。经过查证属实的《辨认笔录》，可以作为证据使用。

二、结构形式

《辨认笔录》包括首部、正文、尾部三部分。

(一) 首部

首部包括文书名称(《辨认笔录》)、辨认时间(辨认开始至结束的时间，填写时要具体到几时几分)、地点、辨认对象(对人、尸体、物或环境等)和目的(通过辨认所要解决的问题)等几项内容。

(二) 正文

正文是《辨认笔录》的核心部分。制作时应如实反映辨认活动的过程及结论。具体地说，应当写明以下几项内容：

(1) 辨认人进行辨认的具体情况和现实条件。

(2) 提供辨认对象的情况。

(3) 辨认的方法和辨认过程中辨认人的态度。

(4) 辨认结果及辨认人对辨认对象能够辨别、确认或者不能够辨别、确认的理由。有的还应该包括辨认人对辨认提出的疑义和要求等内容。

(三) 尾部

辨认结束后，参加辨认活动的侦查人员、辨认人、见证人和记录人应依次在结尾处签名，并由辨认人加盖本人私章或按指印。

三、注意事项

《辨认笔录》制作完毕后，应存入诉讼卷(主卷)。

四、应用示例

辨 认 笔 录

时间　　20××年6月27日10时45分至27日11时30分

地点　　××市公安局刑侦支队接待室

辨认对象　不同男性正面免冠照片 12 张

侦查人员姓名、单位　孙××，张××，王××，均为市公安局刑侦支队民警

辨认人姓名、住址、单位　李××，××市××区东风路 13 号，××市××公司职员

见证人姓名、住址、单位　杨××，××市××区胜利路 32 号，××市××街道居委会工作

辨认目的　让辨认人辨别、确认本组照片是否有本案犯罪嫌疑人及其具体行为。

辨认过程及结论

辨认人李××是 20×× 年 6 月 23 日发生在××市华丰家具厂的故意伤害案件中的被害人之一。他在陈述中指出，虽然叫不出案犯的名字，但能够指认哪些人参与了斗殴，是谁刺伤了他。为此，侦查员事先准备好不同的男性正面免冠照片 12 张(其中有本案 4 名犯罪嫌疑人照片各一张)，分别编为 01-12 号，无规则地排列在一张硬纸上。对辨认人说明要求后，在××市华丰家具厂厂长林××的见证下，将照片提供给李××辨认。

李××将全部照片认真仔细地审视了一遍，然后指出：2 号照片(犯罪嫌疑人黄××)，7 号照片(犯罪嫌疑人周××)，9 号照片(犯罪嫌疑人程××)和 12 号照片(犯罪嫌疑人杨××)上的人参与了当晚的斗殴，其中 12 号照片上的那个人就是刺伤他的人。至于其他两个被害人是被谁刺死的，他不清楚，因为当时现场混乱，没有留意。

至此，辨认结束。

侦查员：孙××　张××　王××

辨认人：李××(私章)

见证人：杨××

记录人：王××

4.9.8　通缉、协查文书

通　缉　令

一、概念

《通缉令》是公安机关为追捕应当逮捕而在逃的犯罪嫌疑人或者拘留、逮捕后脱逃的犯罪嫌疑人以及从监狱内逃跑的罪犯而制作的法律文书。

二、结构形式

《通缉令》属填充式文书，由存根和正页组成。存根部分按表格要求逐一填写，存档备查。正页部分是公安机关依法对犯罪嫌疑人通缉的依据，主要有以下几方面的内容。

(一) 发布范围

根据《刑事诉讼法》第 123 条的规定：各级公安机关在自己管辖的地区以内，可以直

接发布《通缉令》；超出自己管辖的地区，应当报请有权决定的上级机关发布。因此，发布范围要写明确。

（二）简要案情

简要叙述犯罪嫌疑人作案的时间、地点、手段、经过、结果等，如有需要保密的情节，则可有选择地叙述。

（三）犯罪嫌疑人的基本情况

犯罪嫌疑人的基本情况包括犯罪嫌疑人的姓名、曾用名、别名、绰号、性别、年龄、籍贯、出生地、户籍所在地、居住地、职业、工作单位、住址等；在逃人员网上编号、身份证件号码、体貌特征(主要指其身高、体态、肤色、五官有突出特征的、衣着、发型及颜色等)、携带物品、特长(主要指被通缉对象一时难以丢弃的物件和是否有专业技术、技能，如驾驶、射击、爆破、电子通讯特长等)。

（四）工作要求和注意事项

具体说明各地工作中应注意的事项，如加强边境口岸的查堵，对车站、码头、旅店的布控，对外来人口的发现和掌握等以及发现线索和追捕后的处理，联系方式、联系人。

（五）附件

有条件可公开的，可将被通缉对象的照片、指纹、社会关系等内容公布。

（六）抄送部门

写明《通缉令》需抄送的部门。

三、注意事项

(1) 《通缉令》发送范围，由签发《通缉令》的公安机关负责人决定。

(2) 《通缉令》发出后，如果发现新的重要情况可以补发通报。通报必须注明原《通缉令》的编号和日期。

(3) 为发现重大犯罪线索，追缴涉案财物、证据，查获犯罪嫌疑人，必要时，经县级以上公安机关负责人批准，可以发布《悬赏通告》。《悬赏通告》应写明悬赏对象的基本情况和赏金的具体数额。

(4) 《通缉令》、《悬赏通告》既可以通过广播、电视、报刊、计算机网络等媒体发布。也可以张贴于公共场所，向社会公开发布。

(5) 应注意对犯罪嫌疑人特征的描述与文学作品中对人物的描述之间的区别。

(6) 立卷时，《通缉令》应归入副卷。

四、应用示例

通 缉 令

×公(刑)缉字[201×]66号

犯罪嫌疑人的基本情况、在逃人员网上编号、身份证号码、体貌特征、行为特征、口音、携带物品、特长：罪犯嫌疑人程××，男，25岁，××市人，系××公司职员，身份证号：××××××××××××××××号，住址：××市××区××路××号，身高一米七，国字脸，留平头，单眼皮，地方口音，逃走时上穿白色衬衣、下穿浅色牛仔裤，携带一把自制手枪，皮肤较黑、体格健壮、白色旅游鞋，会驾驶汽车。

发布范围：各市、县区公安局(分局)

简要案情：201×年8月18日9时许，××市××区发生一起特大抢劫银行案。犯罪嫌疑人程××等闯入位于××市××区××路××号的工商银行××储蓄所，打伤一名保安和一名营业员，抢劫人民币20万，抢劫摩托车准备逃走时，吴××驾驶一辆××牌摩托车逃走，程××逃离现场。

注意事项：程××体态强壮、随身携带一把自制手枪，危险性很大，发现其立即请与公安机关联系，并注意保护自身安全，不要惊动犯罪嫌疑人。

联系人、联系电话：王××、林××、××××××××(××市刑警支队)

附：犯罪嫌疑人照片。

公安厅(印)

二O一×年八月十九日

(注：此联用于对外发布)

通 缉 令

×公(刑)缉字[201×]66号

犯罪嫌疑人的基本情况、在逃人员网上编号、身份证号码、体貌特征、行为特征、口音、携带物品、特长：罪犯嫌疑人程××，男，25岁，××市人，系××公司职员，在逃人员网上编号为×××××××××××，身份证号：××××××××××××××××号，住址：××市××区××路××号，身高一米七，地方口音，国字脸，单眼皮，皮肤较黑、留平头，逃走时上穿白色衬衣、下穿浅色牛仔裤，白色旅游鞋，携带一把自制手枪，该犯罪嫌疑人曾练过四年棒跤，会驾驶汽车。

发布范围：各市、县区公安局(分局)

简要案情：201×年8月18日9时许，××市××区持枪闯入位于××市××区××路××号的工商银行××储蓄所，打伤一名保安和一名营业员，抢劫人民币20万，随后驾驶一辆××牌摩托车逃走，吴××被接警后赶来的民警抓获，程××逃离现场。

工作要求和注意事项：望各单位接到此通缉令后，立即布置警力量，严密控制，注意缉查，如发现犯罪嫌疑人程××，立即拘捕，并速告市公安局刑警支队。

联系人、联系电话：王××、林××、××××××××(××市刑警支队)

附：1.犯罪嫌疑人照片、指纹。

2.犯罪嫌疑人社会关系。程××妻×××谢×××，女，身份证号：×××××××××××××××××号，住址：××市××区××路××号。

3.DNA编号。×××××××

抄送部门：×××、××市公安局

公安厅(印)

二O一×年八月十九日

(注：此联用于对内发布)

×××公安局

通 缉 令

(存根)

×公(刑)缉字[201×]66号

案件名称	吴××抢劫案
案件编号	×××××××××
被通缉人	程×× 男/女
出生日期	19×年×月×日
身份证号码	×××××××××××
住址	××市××区××路××号
单位及职业	××公司职员
通缉时间	201×年8月19日
批准人	张××
批准时间	201×年8月19日
办案人	王×××、林××
办案单位	××市公安局刑警大队
填发时间	201×年8月19日
填发人	王××

关于撤销____号通缉令的通知

一、概念

《关于撤销____号通缉令的通知》是指发布通缉令的公安机关在被通缉的犯罪嫌疑人自首、被击毙或被抓获后，知照原发布通缉令范围内的有关部门无需继续通缉时制作的法律文书。

二、结构形式

《关于撤销____号通缉令的通知》属填充式文书，由存根和正页组成。存根部分按表格要求逐一填写，存档备查。正页部分主要有以下几项内容。

（一）标题

在空白处填写原《通缉令》的发文字号。

（二）发布范围

《关于撤销____号通缉令的通知》与原《通缉令》的发布范围一致。

（三）内容

《关于撤销____号通缉令的通知》是用来说明《通缉令》中的犯罪嫌疑人已于某时某地有了某结果，请求撤销工作。

（四）抄送部门

《关于撤销____号通缉令的通知》与《通缉令》中抄送部门一致。

三、注意事项

(1) 被通缉的犯罪嫌疑人死亡或已经归案后，应立即制作《关于撤销____号通缉令的通知》，撤销通缉工作，避免警力的浪费。

(2) 立卷时，《关于撤销____号通缉令的通知》归入副卷。

四、应用示例

×××公安局

关于撤销×公(刑)缉字

[201×]66号

通缉令的通知

（存　根）

×公(刑)撤缉字[201×]38号

案件名称　<u>程××、吴××抢劫案</u>

案件编号　<u>×××××××</u>

被通缉人　<u>程××</u>　　　男/女

出生日期　<u>19××年×月×日</u>

身份证号码　<u>×××××××××</u>

住　　　址　<u>××市××区××路××号</u>

单位及职业　<u>××公司职员</u>

通缉时间　<u>201×年8月19日</u>

撤销原因　<u>犯罪嫌疑人程××被击毙</u>

批　准　人　<u>张××</u>

批准时间　<u>201×年8月25日</u>

办　案　人　<u>王××、林××</u>

办案单位　<u>××市公安局刑警大队</u>

填发时间　<u>201×年8月25日</u>

填　发　人　<u>林××</u>

×公(刑)撤缉字贰零壹×第叁拾捌号

关于撤销×公(刑)缉字[201×]66号

通缉令的通知

×公(刑)撤缉字[201×]38号

发布范围：　<u>各市、县区公安局(分局)</u>

内容：

　　<u>×公(刑)缉　字[201×]　66　号通缉令通缉的犯罪嫌疑人程××</u>，于<u>201×</u>年<u>8</u>月<u>24</u>日在<u>××省××市</u>已<u>被当地公安机关击毙</u>，请撤消通缉工作。

公安厅(印)

二〇一×年八月二十五日

抄送部门：<u>××、××市公安局</u>

办案协作函

一、概念

《办案协作函》是公安机关在办理刑事案件过程中，请求异地公安机关协助配合时制作的函件。异地执行传唤、拘传、拘留、逮捕，办理查询、扣押或者冻结与犯罪有关的财物、文件的，执行人员除应持有相关法律文书外，还需持有《办案协作函》和工作证件，与协作地县级以上公安机关联系，协作地公安机关应当派员或指定主管业务部门协助执行。

《办案协作函》是公安机关请求异地公安机关予以办案协作以及异地公安机关提供协作的依据和凭证。

二、结构形式

《办案协作函》属填充式文书，由存根和正页组成。存根部分按表格要求逐一填写，存档备查。正页部分按表格要求逐一填写。

三、注意事项

(1) 对到异地公安机关办案的人员，需持有《办案协作函》、本人工作证和有关的法律手续，与当地公安机关联系具体协作事宜，并将《办案协作函》交异地公安机关。

(2) 对需委托异地公安机关代为执行的，应将《办案协作函》及有关法律手续送达协作地公安机关。

(3) 对需要异地办理查询、扣押或者冻结与犯罪有关的财物、文件的，在紧急情况下，可以将《办案协作函》和相关的法律文书电传至协作地县级以上公安机关，协作地公安机关应当及时采取措施，委托公安机关应当立即派员携带法律文书前往协作地办理。

(4) 《办案协作函》一次使用有效，再次需要异地公安机关协助时，应制作新的《办案协作函》。

四、应用示例

×××公安局
办案协作函
(存　根)
×公刑协字〔20××〕66 号

案件名称　　　梁××盗窃案
案件编号　×××××××××××
犯罪嫌疑人 梁××男女　　28　　岁
住　　址　　××市××区××路××号
单位及职业　　××市××工厂工人
协作单位　　××市公安局
协作事项　　拘留犯罪嫌疑人梁××
批 准 人　　　魏××
批准时间　　20××年8月2日
办 案 人　　胡××、杨××
办案单位××市公安局刑警支队一大队
填发时间　　20××年8月2日
填 发 人　　　杨××

×公刑协字贰零××第陆拾陆号

×××公安局
办案协作函

×公刑协字〔20××〕66 号

　××市公安局　：
　　我局因办理　梁××盗窃　案，需要前往你辖区内/需要委托你局代为执行　拘留犯罪嫌疑人梁××的任务，请予以协助。
　　前往侦查人员姓名、单位、职务：　刘××，××市公安局刑警支队队长；李××，××市公安局刑警支队侦查员。

(公安局印)
二○××年八月二日

此联交协作地公安机关

第十节 结案文书

刑事结案有两个意思：一是指刑事案件在侦查阶段侦查终结，可以移送审查起诉或者撤销案件了；另一个意思是指刑事案件经法院审理判决结束了。一般刑事结案都是指侦查部门侦查终结了，而法院审理结束称审结。《刑事诉讼法》第129条规定：公安机关侦查终结的案件，应当做到犯罪事实清楚，证据确实、充分，并且写出起诉意见书，连同案卷材料、证据一并移送同级人民检察院审查决定。在刑事结案这一过程中，具体涉及的结案文书有破案、销案文书、侦查终结文书、补充侦查文书。

4.10.1 破案、销案文书

呈请破案报告书

一、概念

《呈请破案报告书》是指公安机关侦查部门对于查明了犯罪事实，取得了相关证据材料，抓获了犯罪嫌疑人或主要犯罪嫌疑人之后，报请领导批准破案的书面报告。它具有客观、全面地反映案件侦查情况，总结侦查工作经验，指导侦查办案工作的作用。

二、结构形式

《呈请破案报告书》属于呈请类文书，其结构由首部、正文、尾部三部分组成。

（一）首部

首部只需制作文书的名称，即《呈请＿＿＿＿破案报告书》。

（二）正文

正文应包括以下内容。

1. 报告导语

概括案件名称，首先写明经侦查已查明主要案情，抓获犯罪嫌疑人或主要犯罪嫌疑人，然后接程式句"现将有关情况报告如下"。

2. 案件简况

要写明案件来源、主要发案情况、现场勘查、访问所获取的材料等。

3. 案情分析

对现场勘查、调查访问所获取的材料进行的分析和总结。通过分析，要对案件性质、犯罪时间、犯罪嫌疑人的人数、体貌特征、犯罪动机、犯罪手段、犯罪嫌疑人在现场的活动情况、犯罪嫌疑人和被害人有无利害关系等进行初步的判断。

4. 侦查措施

要写明侦查机关根据案情分析的结果，围绕查获犯罪嫌疑人，证实犯罪事实，分别开展了哪些侦查活动。

5. 破案经过

要写明侦查机关实施侦查措施，查明犯罪嫌疑人，获取犯罪证据的具体侦查过程和结果。

6. 下一步工作计划

要写明破案后办案的工作重点，把工作计划简要叙述，一并报领导审阅。

7. 破案请求

综合上述情况，叙述主要犯罪事实已经查清，相关证据已经获取，犯罪嫌疑人或主要犯罪嫌疑人已经到案，拟请批准破案的意见。

有些案件的侦破工作没有多么复杂，也不具备以上全部要件，可以概括写。

（三）尾部

尾部包括结语和落款，如"妥否，请批示"和承办单位、侦查员姓名、制作文书日期，并加盖呈报单位印章。

三、注意事项

(1)《呈请破案报告书》制作完毕后，连同案卷材料一并报请县级以上公安机关负责人审批。

(2) 外国人犯罪的案件，由于涉及处理意见，需由地、市级公安机关负责人审批。

(3) 在案件侦查终结后，存入侦查卷(副卷)。

四、应用示例

领 批导 示	同意。 　　　　　　　　　　　　张×× 　　　　　　　　20××年7月6日
审 意核 见	拟同意。请张局长批示。 　　　　　　　　　　　　李×× 　　　　　　　　20××年7月6日

呈请孔××抢劫杀人案的破案报告书

发生于我市的孔××抢劫杀人案，经专案组全力侦查，已查明主要案情，抓获主要犯罪嫌疑人，达到破案条件。现将有关情况报告如下：

一、案件简况

20××年3月4日凌晨5时许，市西区建设银行被人翻墙入室。犯罪嫌疑人杀死两名值班员后，撬开金库及保险柜门，盗走人民币200万元、美元12万元后逃走。鉴于案情重大，我们迅速抽调有关业务部门的同志组成40人的专案组，负责侦破案件。

根据现场勘查，犯罪嫌疑人系用活动软梯搭在银行后围墙处翻墙进院，然后潜入值班室杀死值班员，在破坏了银行报警系统后，撬坏金库及保险柜门，用事先准备好的袋子把钱装走。

据尸体检验结果，值班员一人被铁锤之类的钝器击中太阳穴致死，一人被利器割断喉管致死。根据有关专家鉴定，银行金库及保险柜门系被有一定专业知识的人撬坏。根据现场访问所获材料，案发当日凌晨3时许，有人曾见两个25岁左右的年轻人在银行附近出现，凌晨5时许，有人见一辆白色桑塔纳轿车在银行附近停留，车号尾部两个数是88。

二、案情分析

根据现场勘查、尸体检验、物证检验及现场访问所获材料分析，此案是一起以盗窃金钱为目的的盗窃杀人案，罪犯有作案经验，具备相当程度的专业知识，特别是在银行报警系统、开保险柜锁等方面有专长，犯罪嫌疑人对现场内部情况比较熟悉，不排除内外勾结作案的可能。

三、侦查措施

根据以上分析，我们采用了以下侦查措施：

1. 通知各车管所、交通稽查部门查案发当日曾在现场附近停留过的末尾号为88的白色桑塔纳轿车；

2. 通知各派出所排查曾有过盗窃、抢劫、杀人前科的年龄25岁左右的有作案时间的青年人；

3. 对曾接触、安装过银行报警系统及具有相关知识的人员进行逐人排查；

4. 对本市各修锁行业人员，特别是修保险柜的人员进行逐人排查；

5. 将银行被盗的连号人民币号码通知各商场、饭店、娱乐场所，请他们在收款时注意发现银行被抢币；

6. 安排秘密力量控制非法倒卖点、交易所；

7. 向邻近市、县公安机关通报案情，请他们协助控制赃物，查缉犯罪嫌疑人；

8. 对近年来未破的银行持械抢劫案进行并案侦查。

四、破案经过

20××年6月8日—10日，市局刑侦队耳目江××在安国路顶顶影院附近的一非法倒汇点发现一20岁左右的女子多次倒卖大宗美元，并向江××透露自己手边还有一笔美元。市局刑侦队根据江××反映的情况，于20××年6月11日将这名女子抓获。经查，这名女子叫彭××，22岁，住安化路真理街23号，无业，曾因盗窃被判刑2年，有吸毒行为。彭××对出售的美元交代不清来源，嫌疑重大。

经审讯，彭××初步交代，美元是从其男友孔××处得来的，其男友住安化路中平街6号，28岁，无业，有吸毒行为。20××年6月15日市局刑侦队将正欲逃窜的孔××缉捕归案。20××年6月17日，经市局领导批准，对彭××及孔××的住处进行了搜查，从孔××的住处搜出了西区建设银行被盗的人民币80万元、美元8000元。在铁的证据面前，20××年6月28日，孔××交代了其抢劫、杀人的犯罪事实及经过：

3月4日，市西区建设银行抢劫、杀人案系孔××、王××、李××、郑××所为。王××，男，29岁，住本市朝阳路鼓楼街3号，曾因持械抢劫被判刑10年，无业，有吸毒行为；李××，男，47岁，大学文化，市工商银行营业部主任，住本市朝阳路定里街56号，有吸毒行为；郑××，男，43岁，大学文化，市××保险公司技术部工程师，系孔×

×表兄，有吸毒行为。孔等四人因吸毒花销太大，遂密谋抢劫银行金库，经三个月的密谋，20××年3月4日凌晨3时许，孔××开着一辆偷来的桑塔纳轿车来到现场，用事先准备好的活动软梯搭在银行后围墙上翻入室内，由李××、郑××望风，孔××、王××潜入值班室，孔××持匕首、王××用铁锤将两名值班人员杀死，后由李××破坏了银行报警系统，郑××撬开金库及保险柜门，将钱装入事先准备好的麻袋内逃跑。四人分赃后，将作案工具及桑塔纳轿车全部于当晚沉入××市附近的辽白河。20××年6月30日，市局刑侦队从辽白河中打捞出了作案用的桑塔纳轿车及匕首、铁锤等物。孔××所供作案过程，与现场勘查及所获赃物、证物情况基本一致，至此，全案真相大白。

五、处理意见

1. 孔××，男，28岁，本市人，住安化路中平街6号，无业，2000年3月4日，该孔潜入市西区建设银行，杀死一人，抢劫现金人民币200万元，美元12万元。现已缴获人民币80万元、美元8000元以及作案用轿车、匕首、铁锤等物。孔××作案手段残忍，影响恶劣，危害极大，证据确实，拟对其提请逮捕。

2. 报公安部发布通缉令，缉拿王××、李××、郑××三犯。

3. 彭××，女，22岁，住安化路真理街23号，无业，拟以销赃罪对其提请逮捕。

综上所述，孔××抢劫杀人案主要犯罪事实已经查清，相关证据已经获取，主要犯罪嫌疑人已经到案，根据《公安机关办理刑事案件程序规定》第××条之规定，拟请批准破案。

妥否，请批示。

孔××抢劫杀人案专案组
二○××年七月五日

呈请撤销案件报告书

一、概念

《呈请撤销案件报告书》是公安机关办案部门在侦查案件中，发现不应追究犯罪嫌疑人刑事责任，应当撤销案件时制作的报请县级以上公安机关负责人批准的文书。

二、结构形式

《呈请撤销案件报告书》属于呈请类文书，其结构形式可参照《呈请破案报告书》，包括首部、正文、尾部三部分。

（一）首部

首部只需制作文书的名称，即《呈请撤销案件报告书》。

（二）正文

正文包括以下内容：
(1) 报告导语。
(2) 犯罪嫌疑人的基本情况。有被害人的案件，还有被害人的基本情况。

(3) 立案的来源和根据。简要写明案件来源，报案、控告、举报或自首的时间，公安机关掌握的基本情况，批准立案的机关等。

(4) 案件侦查结果。

(5) 撤销案件的理由、根据和请求。

（三）尾部

尾部写明结语和落款。

三、注意事项

(1) 《呈请撤销案件报告书》制作好后，连同案卷材料一起送请县级以上公安机关负责人批准，作为制作《撤销案件决定书》的依据。

(2) 如果犯罪嫌疑人已被逮捕的，则作为制作《撤销案件通知书》的凭证。

(3) 最后《呈请撤销案件报告书》应存入侦查卷(副卷)。

四、应用示例

领导批示	同意。 张×× 20××年7月6日
审核意见	拟同意。请张局长批示。 李×× 20××年7月6日

呈请撤销案件报告书

我大队负责侦查钱××盗窃 VCD 机一案，经查证犯罪事实并不存在，应撤销案件。现将有关情况报告如下：

犯罪嫌疑人钱××，男，19××年×月×日出生，汉族，××省××市人，中专文化程度，××市×××学校实验员，现住×××学校单身宿舍2号楼。

简历：钱××自幼上学，19××年×月于××中专学校毕业，分配到×××学校实验室工作，200×年×月×日经××市人民检察院批准，以涉嫌盗窃罪被我局逮捕，现押于××分局看守所。

原立案根据和理由：

200×年×月×日×××学校保卫科报称，本校教师王××控告当天晚上钱××趁王上晚自习之机潜入王的单身宿舍，盗走步步高 VCD 一台，价值1800元，王××有书面陈述。经调查，王××的步步高 VCD 丢失属实，而当晚钱××无法说清去向，所以认为钱××涉嫌盗窃罪。200×年×月×日，根据《中华人民共和国刑法》第二百六十四条之规定，我局以盗窃罪立案侦查，并经××市人民检察院批准将钱××逮捕。

钱××被捕后，拒不承认犯有盗窃罪。经认真调查核实，发现：原控告人王××于200×年×月×日提供的材料称："我于×月×日晚9点40分下晚自习回宿舍时，正好碰到钱××匆忙从宿舍楼上下来，等我上楼后，发现我的宿舍门没有上锁，进门后发现放在电视机柜上的步步高 VCD 不见了，又想起前几天听钱××说他哥哥结婚就差一台 VCD 了，所以我就断定是钱××盗窃了我的 VCD，随即到保卫科报了案。"就此材料来看，单凭看见钱××从案发现场楼上下来，并没有进入王××宿舍的情节就认定他盗窃了 VCD，证据显然不足。×××学校保卫科后又报称，该校食堂工人吴××交代，案发当晚，钱××一直在他家打牌赌钱，第二天早上才离开，根本没有作案时间。后来钱××也交代，因为在一起赌博，怕连累别人，所以没有说真话。×月×日，王××来我局报称，步步高 VCD 机是他弟弟擅自取用，事先没有告诉他，并且当晚上由于匆忙，没有把门锁好。

综上所述，犯罪嫌疑人钱××盗窃 VCD 机的犯罪事实不存在，根据《中华人民共和国刑事诉讼法》第××条之规定，拟撤销钱××盗窃 VCD 机一案。

妥否，请批示。

刑侦大队二中队

李×× 张××

20××年×月×日

撤销案件决定书

《撤销案件决定书》是公安机关在侦查过程中，发现不应当追究犯罪嫌疑人刑事责任、不负刑事责任或已死亡的，需撤销案件时制作的文书。它属填充式文书，是三联单，由存根、副本、正本三部分组成。制作时，按表格要求逐一填写。

犯罪嫌疑人死亡或者其他原因不能直接送达犯罪嫌疑人的，应送达犯罪嫌疑人的家属。如果犯罪嫌疑人已被逮捕的，应当制作《撤销案件通知书》，通知原批准逮捕的人民检察院。

×××公安局
撤销案件决定书
（存 根）
×公刑撤字[201×]66 号

案件名称 ___江××盗窃案___
案件编号 ___××××××××___
原案犯罪嫌疑人 ___江××___ 男女 ___28 岁___
住 址 ___××市××路××号___
单位及职业 ___××市××公司职员___
撤消案件原因 ___不构成犯罪___
批 准 人 ___张××___
批准时间 ___201×年 8 月 18 日___
办 案 人 ___刘××、李××___
办案单位 ___××市公安局刑警大队___
填发时间 ___201×年 8 月 18 日___
填 发 人 ___黄××___

×公刑撤字贰零壹×第陆拾陆号

此联附卷

×××公安局
撤销案件决定书
×公刑撤字[201×]66 号

犯罪嫌疑人：江××，性别男，年龄 28 岁，住址××市××路××号，单位及职业××市××公司职员。

我局办理的江××盗窃案，因 __被指控事实不构成犯罪__，根据《中华人民共和国刑事诉讼法》第 __一百六十二__ 条之规定，决定撤消此案。

（公安局印）

二〇一×年八月十八日

本通知书副本已收到。
原案件犯罪嫌疑人或其家属 江××
201×年 8 月 18 日

×公刑撤字贰零壹×第陆拾陆号

×××公安局
撤销案件决定书
（副 本）
×公刑撤字[201×]66 号

犯罪嫌疑人：江××，性别男，年龄 28 岁，住址××市××路××号，单位及职业××市××公司职员。

我局办理的江××盗窃案，因 __被指控事实不构成犯罪__，根据《中华人民共和国刑事诉讼法》第 __一百六十二__ 条之规定，决定撤消此案。

（公安局印）

二〇一×年八月十八日

此联交原案件犯罪嫌疑人（原案件犯罪嫌疑人死亡的交其家属）

4.10.2　侦查终结文书

呈请侦查终结报告书

一、概念

《呈请侦查终结报告书》是指公安机关办案人员对所审理的案件，认定具备结案条件，向公安机关上级负责人报告情况，请求结案时制作的文书。

二、结构形式

侦查终结文书适用《呈请____报告书》的格式，一般由首部、正文、尾部三部分组成。

（一）首部

首部只需制作文书的名称。

（二）正文

正文包括以下内容。

1. 导语

简述案情，点明案件性质及立案、破案、结案时间，然后用"现将有关情况报告如下"转承。

2. 犯罪嫌疑人基本情况及违法犯罪经历

是否采取了强制措施及其理由。

3. 案件来源及破案经过

写明案件的发生发现经过、接案立案情况、侦查分析破获案件情况、查获犯罪嫌疑人的情况。

4. 涉嫌的犯罪事实

写明犯罪嫌疑人涉嫌犯罪的时间、地点、动机、目的、手段、经过、结果等七何要素及犯罪嫌疑人对其行为的态度。

5. 认定犯罪事实的主要证据

概括写出证据证明的相关犯罪情节。

6. 需要说明的问题

在有些案件中，原拘留、逮捕文书认得的犯罪事实，经过讯问发生了变化，不宜认定或不构成犯罪的，以及其他有必要向主管领导说明情况的，可在这一部分阐述。主要内容一般应该包括：第一，通过侦查，对原报捕罪行中部分犯罪事实的否定意见及否定根据；第二，通过侦查，对原报捕文书中犯罪事实个别情节的匡正；第三，对犯罪嫌疑人的某些犯罪事实和情节未能查清的理由;第四,对因故不能及时归案的犯罪嫌疑人的情况说明;第五,对证明本案事实的证据,那些由于客观原因未能收集的情况;第六,侦查中发现的新线索及处理情况;第七,对于案件被害人或其法定代理人提出附带民事诉讼的,也要将其诉讼请求写明;第八,证据间存在的矛盾使工作无法弥合的原因;第九,侦查办案中其他需向主管领导报告的情况。

7. 处理意见

主要对案件事实进行全面综合概括,依据刑法有关条款的规定,指出本案犯罪嫌疑人行为的性质、后果及涉嫌的罪名和应当从重或从轻、减轻处罚的条件,根据刑事诉讼法的有关规定,依法提出对案件的处理意见——决定移送起诉(《刑事诉讼法》160 条)、撤销案件(《刑事诉讼法》161 条)及对扣押、调取物品、文件的处理意见。

(三)尾部

尾部包括办案人员的姓名、制作日期。

三、注意事项

(1)《呈请侦查终结报告书》是制作《起诉意见书》或作其他处理的依据和基础。

(2)《呈请侦查终结报告书》是内部审批文书,立卷时归入副卷。

四、应用示例

领批导示	同意。 　　　　　　　　　张×× 　　　　　　20××年 7 月 6 日
审意核见	拟同意。请张局长批示。 　　　　　　　　　李×× 　　　　　　20××年 7 月 6 日

呈请侦查终结报告书

犯罪嫌疑人:次乃××,男,彝族,19××年 10 月 20 日生,小学文化程度,农民,家住××省××州××县××乡××村。20××年 3 月 11 日因涉嫌抢劫(致人死亡)罪被××县公安局刑事拘留,20××年 4 月 10 日经××县人民检察院批准被我局依法逮捕。

犯罪嫌疑人:白马××,男,彝族,19××年 9 月 12 日生,初中文化程度,农民,家住××省××州××县××乡××村。20××年 3 月 11 日因涉嫌抢劫(致人死亡)罪被××县公安局刑事拘留,20××年 4 月 10 日经××县人民检察院批准被我局依法逮捕。

犯罪嫌疑人:扎西,又名××,男,彝族,19××年 4 月 20 日生,初中文化程度,农民,家住××省××州××县××乡××村。20××年 3 月 11 日因涉嫌抢劫(致人死亡)罪被××县公安局刑事拘留,20××年 4 月 10 日经××县人民检察院批准被我局依法逮捕。

犯罪嫌疑人:松安,又名××,男,彝族,19××年 4 月 11 日生,初中文化程度,农民,家住××省××州××县××乡××村。20××年 3 月 11 日因涉嫌抢劫(致人死亡)罪被××县公安局刑事拘留，20××年4月10日经××县人民检察院批准被我局依法逮捕。

现呈请对犯罪嫌疑人次乃××、白马××、扎西、松安涉嫌抢劫一案予以结案，理由如下：

20××年3月4日下午，犯罪嫌疑人次乃××、白马××、扎西、松安四人在××县一个宾馆的房间里商量说要去抢一辆车子，商量时，白马××说："抢车的时候松安和次乃××走在前面去搭车，我和扎西走在后面，搭到车后松安坐在副驾驶位，次乃××开车，把驾驶员拉到后排座，我和扎西有刀，如果驾驶员喊了就把他杀掉。"这样商量好后四人就来到街上搭车，但当天四人没有搭到车和抢到东西，只好悻悻地回到宾馆睡觉并商量好3月5日让松安带三个女孩先搭车到××县等候，于是松安和三个女孩第二天就包了一辆车到了××县。白马××、次乃××、扎西三人就在××县街上找车，但当天三人没有找到合适的车。3月6日，白马××、次乃××、扎西三人吃过早饭，带上行李，来到街上，以500元包了一辆车牌号为云P-25××、驾驶员为鲍××的七人座新款长安白色面包车驶往××县。来到××县××镇和平村胡公小组老团结路距国道214线1.5公里的土路时，白马××叫驾驶员停车说其要解手，驾驶员就把车停下，一车人都下车去解手。次乃××来到小山包看路上有没有人，看到没人，次乃××就给白马××和扎西打了暗号，示意没人可以动手，次乃××也往车方向走来，走到车旁，次乃××用藏话和白马××与扎西说："今天机会来了，你俩个把他杀掉。"此时，次乃××接到松安打给他的电话，他边接电话边对白马××和扎西说："松安说了，你俩个有刀把他杀了。"这时驾驶员已上车坐在驾驶位上，扎西拔出刀，拉开副驾驶位的门上去往驾驶员的右腰部戳了一刀，驾驶员被戳了刀赶紧下车。此时，已守候在驾驶位门外的白马××也用刀往驾驶员身上砍，次乃××捡起石头打驾驶员，扎西又过来用刀戳，这样，三人合力把驾驶员打倒在地上，然后又把惨死在地的驾驶员拖拉到离公路30 m处的小山沟，搜出驾驶员的财物后逃离现场。他们来到××县城，和等候在此的松安等人赶到四川省××县，第二天又来到××县城躲避，至20××年3月11日，四人被我公安机关一举抓获归案。

认定上述犯罪事实的证据如下：报案记录、尸体勘验记录、法医鉴定、现场勘验检查笔录、现场图、现场照片、作案工具，犯罪嫌疑人次乃××、白马××、扎西、松安四人对犯罪事实亦供认不讳。

综上所述，犯罪嫌疑人次乃××、白马××、扎西、松安以非法占有为目的，使用暴力手段抢劫他人财物，其行为已触犯《中华人民共和国刑罚》第二百六十三条之规定，涉嫌抢劫（致人死亡）罪。该案犯罪事实已查清，犯罪嫌疑人已抓获归案，无继续侦查的需要。根据《中华人民共和国刑事诉讼法》第××条之规定，拟将此案移送××县人民检察院审查起诉。

当否，请批示。

××县公安局刑警大队

侦查员：和××、杨××

20××年5月8日

起诉意见书

一、概念

《起诉意见书》是指公安机关对侦查终结的案件，认定犯罪事实清楚，证据确凿、充分，犯罪性质和罪名认定正确，法律手续完备，依法应当追究刑事责任的案件，向人民检察机关建议提起公诉时制作的法律文书。

二、结构形式

《起诉意见书》是叙述型文书，其结构形式相对固定，主要包括以下内容。

（一）基本资料

(1) 按文书格式要求将公安机关名称、文书字号填出。

(2) 犯罪嫌疑人基本情况。这包括犯罪嫌疑人的姓名(别名、化名、曾用名、绰号等与案件有关的名字)、性别、出生年月日、出生地、身份证件号码、民族、文化程度、职业或工作单位及职务、住址、政治面貌。(如是人大代表、政协委员，需明确写出具体级、届代表、委员。)

(3) 违法犯罪经历及因本案采取强制措施的时间、地点、批准机关、羁押地。共同犯罪的，应按其在案件中的地位和作用，依主次顺序叙述其基本情况和犯罪经历。

（二）起诉的原因、理由

(1) 写明案由、案件来源、案件侦查中各法律程序开始的时间及犯罪嫌疑人的归案情况。

(2) 概括叙述侦查认定的犯罪事实，包括犯罪的时间、地点、动机、目的、手段、经过情节、结果及与定罪有关的事实。

(3) 列举证据。

(4) 列出案件有关情节。具体写明犯罪嫌疑人是否有累犯、立功、自首等影响量刑的从重、从轻、减轻等犯罪情节。

(5) 犯罪性质认定及移送审查依法起诉的法律依据。

（三）需要填写的其他内容

(1) 《起诉意见书》需填写接受移送案件的同级人民检察院名称，公安机关印章和公安局局长人名章及起诉时间。

(2) 附件中需填写案件卷宗份数，犯罪嫌疑人现羁押处所，随案移交物品情况，被害人是否提出附带民事诉讼。

三、注意事项

(1) 《起诉意见书》由县级以上公安机关负责人批准；重大、复杂、疑难的案件应当经过集体讨论决定。

(2) 被害人提出附带民事诉讼的，应当记录在案，移送审查起诉时，应当在《起诉意见书》末页注明。

(3) 《起诉意见书》制作完毕后，将全部案卷材料加以整理，按要求装订立卷。经县级以上公安机关负责人批准后，连同案卷材料、证据，一并移送同级人民检察院审查决定。

(4) 向人民检察院移送案件时，只移送诉讼卷，侦查卷由公安机关存档备查。

四、应用示例

示例一

×××公安局

起 诉 意 见 书

字 [ ] 号

犯罪嫌疑人姓名，性别，出生年月日，出生地，身份证件号码，民族，文化程度，职业或工作单位及职务，住址，政治面貌。

违法犯罪经历及因本案被采取强制措施的情况：

犯罪嫌疑人涉嫌×××(罪名)一案，由×××举报(控告、移送)至我局。……(案由和案件来源；各法律程序开始的时间；犯罪嫌疑人归案情况)。犯罪嫌疑人×××涉嫌×××案，现已侦查终结。

经依法侦查查明：……(犯罪嫌疑人的犯罪事实)。

认定上述事实的证据如下：

上述犯罪事实清楚，证据确实、充分，足以认定。

犯罪嫌疑人×××……(列出案件有关情节)

综上所述，犯罪嫌疑人×××……(犯罪性质认定)，其行为已触犯《中华人民共和国刑法》第××条之规定，涉嫌××罪。依照《中华人民共和国刑事诉讼法》第××条之规定，现将此案移送审查起诉。

此致

×××人民检察院

(公安局印)

年 月 日

附：1. 本案卷宗　　卷　　页。

　　2. 犯罪嫌疑人现在处所。

　　3. 罪案移交物品　　件。

　　4. 被害人　　已提出附带民事诉讼。

(所附项目根据需要填写)

示例二

××县公安局起诉意见书

×公刑诉字[200×]252号

犯罪嫌疑人刘××，男，汉族，1977年06月05日出生，云南省××县人，居民身份证号：×××××××××，汉族，小学文化，在家务农，捕前住××县××镇××村××号。

犯罪嫌疑人刘××，1996年06月11日曾因盗窃罪被××县人民法院判处有期徒刑两年零六个月，1998年07月07日刑满释放。2003年07月01日因涉嫌盗窃罪被我局刑事拘留，同年07月31日被依法逮捕。

经依法侦查查明：

(1) 经事先踩点，刘××于2003年07月01日凌晨02时许，乘××村王××家无人看马圈时，从王××家马圈上面的腰窗翻进马圈里，将王××家的一匹价值3850元的母马盗走。

(2) 经事先踩点，刘××于2003年05月14日凌晨1时许，乘××村赵××家无人看马圈时，用事先准备好的撬棍，将赵××家的一匹价值4000元的母马盗走，后销赃得币1000元。

(3) 经事先踩点，刘××于2003年03月16日凌晨，乘××村太××家无人看马圈时，用事先准备好的撬棍，将太××家的一匹价值3600元的母马盗走，后销赃得币800元。

(4) 经事先踩点，刘××于2003年05月底的一天凌晨3时许，乘××村许××家无人看马圈时，打开许××家马圈，将关在里面的一匹价值3500元的母马盗走，许××发现后追回。

有关证据如下：受害人陈述，涉案赃物现场勘查材料，现场指认材料，价值认证书，犯罪嫌疑人对犯罪事实的供述。

综上所述，犯罪嫌疑人刘××利用秘密窃取的方式，盗窃他人财物，其行为已触犯《中华人民共和国刑法》第二百六十四条之规定，涉嫌盗窃罪。依据《中华人民共和国刑事诉讼法》第××条之规定，现将本案移送审查起诉。

此致
××县人民检察院

××县公安局(印)
二○××年×月×日

附：1. 本案卷宗2卷82页。
　　2. 犯罪嫌疑人刘××现羁押在××县看守所。

补充侦查报告书

一、概念

《补充侦查报告书》是指公安机关根据人民检察院《补充侦查决定书》的要求，对退查的案件作补充侦查后，向人民检察院报告补充侦查结果时制作的文书。

二、结构形式

《补充侦查报告书》是叙述型文书，其结构形式相对固定，包括首部、正文、尾部三部分。

（一）首部

首部包括制作文书的公安机关名称、文书名称、发文字号、送达的人民检察院名称。

（二）正文

正文这部分是重点，主要包括以下内容：

(1) 按格式要求写出检察机关《补充侦查决定书》的日期、字号及案由。

(2) 补充侦查的结果。针对检察机关补充侦查决定的要求，分条分项列出，并加以说明。对于经补充侦查查清的事实，应当写清事实和证据；对于经补充侦查仍未查清或无法查清的，应当写明没有查清的原因；对于案卷材料中已有的证据，不需要补充的，应当写明证据材料所在卷宗具体页码。

(3) 按格式要求写出"现将该案卷宗×卷×页及补充查证材料×页附后，请审查"字样。

（三）尾部

尾部写明制作报告的机关名称及制作时间。

三、注意事项

(1) 《补充侦查报告书》是针对侦查终结的案件，移送人民检察院审查起诉后，人民检察院退查的。对于提请批准逮捕后，人民检察院不批准逮捕，并要求补充侦查的，公安机关经过补充侦查，认为符合逮捕条件的，应当制作《提请批准逮捕书》，重新提请批准逮捕，而不用制作《补充侦查报告书》。

(2) 补充侦查过程中，如发现新的同案犯或者新的罪行，需要追究刑事责任的，应当重新制作《起诉意见书》，移送人民检察院审查。

(3) 补充侦查过程中，如发现原认定的犯罪事实有重大变化，不应当追究刑事责任的，应当提出处理意见，并将处理结果通知退查的人民检察院。

(4) 补充侦查过程中，原认定的犯罪事实清楚，证据确实充分，人民检察院退回补充侦查不当的，应当说明理由，移送人民检察院审查。

(5)《补充侦查报告书》一式两份，一份交退查的人民检察院，一份由公安机关存入侦查卷。

四、应用示例

×××公安局

补充侦查报告书

×公刑补侦字[20××] ××号

××市　　　　　人民检察院：

你院于 20×× 年 6 月 18 日以 ×检×补侦查[20××] 20 号补充侦查决定书退回的 徐××盗窃 案，已经补充侦查完毕。结果如下：

一、关于犯罪嫌疑人徐××盗窃××大学学生宿舍25栋112号房间后离开的时间问题。经查证，犯罪嫌疑人徐××盗窃大学生宿舍楼 112 号房间后离开的时间是 201× 年 4 月 15 日 17 时 10 分左右。据该宿舍学生姚××、左××反映，二人4月15日17时下课后直接返回宿舍，从教学楼 2 栋回到宿舍 25 栋走廊时看见犯罪嫌疑人从 112 号房间走出来。详见证人姚××、左××的补充证明材料。

二、关于 201× 年 4 月 8 日××大学学生宿舍 25 栋 204 号房间被盗是否也是犯罪嫌疑人徐××所为的问题。经查证，××大学学生宿舍 25 栋 204 号房间被盗时间为 201× 年 4 月 8 日 15 时 30 分至 16 时 40 分。××公司的张×、××工厂的刘××、大兴便利店的周××证实 201× 年 4 月 8 日 13 时至 18 时一直和犯罪嫌疑人徐××在家打麻将，没有离开。被害人王××及宿舍同学也未见到犯罪嫌疑人徐××。详见证人张×、刘××、周××、被害人王××及其宿舍三名同学的补充证明材料。

现将该案卷宗 × 卷 × 页及补充查证材料 × 页附后，请审查。

公安局(印)

二○××年×月×日

本报告书一式两份，一份交检察院，一份附卷。

第十一节　羁押期限相关文书

4.11.1　提请批准延长侦查羁押期限意见书

《提请批准延长侦查羁押期限意见书》是公安机关对侦查羁押期限届满但不能侦查终结的案件，依法提请人民检察院延长侦查羁押期限时使用的文书。它属填充式文书，是三联单，由存根、副本、正本三部分组成。制作时，按表格要求逐一填写。本文书必须在侦查羁押期限届满前制作并送检察院，不能等到超期羁押后才提请延长羁押期限。

侦查羁押期限届满而人民检察院不批准延长的，必须立即释放被逮捕人，需要继续侦查的，可以采取取保候审或者监视居住。

×××公安局 提请批准延长侦查 羁押期限意见书 （存　根）	×××公安局 提请批准延长侦查 羁押期限意见书 （副　本）	×××公安局 提请批准延长侦查 羁押期限意见书
×公刑批延字[201×]66 号	×公刑批延字[201×]66 号	×公刑批延字[201×]66 号
案件名称　江××故意杀人案 案件编号　××××××× 犯罪嫌疑人江××　男女 出生日期　19××年×月×日 住　　址　××市××路×号 单位及职业　无业 逮捕时间　201×年 5 月 27 日 延长原因　流窜作案的重大复杂案件 延长期限　二个月 送往单位　××市人民检察院 批准人　张×× 批准时间　201×年 8 月 19 日 办案人　赵××、宁×× 办案单位　××市公安局刑警大队 填发时间　201×年 8 月 19 日 填发人　黄××	××市　人民检察院： 　你院于 201×年 5 月 26 日以×××[201×]48号决定书批准逮捕的犯罪嫌疑人江××已于 5 月 27 日被执行逮捕，因江××系流窜故意杀人作案的重大复杂案件的首要分子，实施流窜故意杀人犯罪十余起，大量犯罪证据需要收集、核实，羁押期限届满不能侦查终结，根据《中华人民共和国刑事诉讼法》第一百五十四条之规定，特提请批准对其延长羁押期限二个月。 　　　　　　（公安局印） 　　　二〇一×年八月十九日 本意见书已收到。 　检察院收件人　李×× 　201×年 8 月 20 日	××市　人民检察院： 　你院于 201×年 5 月 26 日以×××[201×]48 号决定书批准逮捕的犯罪嫌疑人江××已于 5 月 27 日被执行逮捕，因江××系流窜故意杀人作案的重大复杂案件的首要分子，实施流窜故意杀人犯罪十余起，大量犯罪证据需要收集、核实，羁押期限届满不能侦查终结，根据《中华人民共和国刑事诉讼法》第一百五十四条之规定，特提请批准对其延长羁押期限二个月。 　　　　　　（公安局印） 　　　二〇一×年八月十九日
×公刑批延字贰零壹×第陆拾陆号	×公刑批延字贰零壹×第陆拾陆号	
	此联附卷	此联交检察院

4.11.2　延长侦查羁押期限通知书

《延长侦查羁押期限通知书》是公安机关在检察机关批准对犯罪嫌疑人延长侦查羁押期限后告知看守所时使用的通知性文书。它是依据人民检察机关《批准延长羁押期限决定书》制作的。它属填充式文书，是三联单，由存根、副本、正本三部分组成。制作时，按表格要求逐一填写。

向犯罪嫌疑人宣布通知书后，让其在副本上签名，即"本通知书已向我宣布"。

×××公安局
延长侦查
羁押期限通知书
（存　根）
×公刑延押字[201×]66 号

案件名称　江××故意杀人案
案件编号　×××××××
犯罪嫌疑人江××　男女
出生日期　19××年×月×日
住　　址　××市××路×号
单位及职业　无业
逮捕时间　201×年5月27日
延长原因　流窜作案的重大复杂案件
延长期限　二个月
送往单位　××县看守所
办 案 人　赵××、宁××
办案单位　××市公安局刑警大队
填发时间　201×年5月26日
填 发 人　黄××

×公刑批延字贰零壹×第陆拾陆号

×××公安局
延长侦查
羁押期限通知书
（副　本）
×公刑延押字[201×]66 号

××县看守所：
　　我局于201×年5月27日对犯罪嫌疑人江××(性别男，出生日期 19××年×月×日)执行逮捕，因该案属流窜作案的重大复杂案件，根据《中华人民共和国刑事诉讼法》第一百五十四条之规定，经××省人民检察院 批准，决定延长侦查羁押期限二个月，自201×年7月27日至201×年9月27日。

　　　　　　　（公安局印）
　　　　　　二〇一×年五月二十六日

本通知书已向我宣布。
　　犯罪嫌疑人　江××
　　　201×年5月26日
本通知书已收到。
　　　　看守所(印)
　　　201×年5月26日

此联附卷

×公刑批延字贰零壹×第陆拾陆号

×××公安局
延长侦查
羁押期限通知书

×公刑延押字[201×]66 号

××县 看守所：
　　我局于201×年5月27日对犯罪嫌疑人江××(性别男，出生日期 19××年×月×日)执行逮捕，因该案属流窜作案的重大复杂案件，根据《中华人民共和国刑事诉讼法》第一百五十四条之规定，经××省人民检察院 批准，决定延长侦查羁押期限二个月，自201×年7月27日至201×年9月27日。

　　　　　　　（公安局印）
　　　　　　二〇一×年五月二十六日

此联交看守所

4.11.3　重新计算侦查羁押期限通知书

　　《重新计算侦查羁押期限通知书》是公安机关依法对犯罪嫌疑人重新计算侦查羁押期限而通知看守所和批准逮捕的人民检察院时使用的文书。它属填充式文书，是四联单，由存根、附卷联、交看守所联、交检察院联四部分组成。制作时按表格要求逐一填写。

　　在侦查期间，发现犯罪嫌疑人另有重要罪行的，应当自发现之日起 5 日内报县级以上公安机关负责人批准后，重新计算侦查羁押期限，制作《重新计算侦查羁押期限通知书》。

×××公安局

重新计算侦查羁押
期限通知书

（存　根）

×公刑重字[20××]66 号

案件名称　　　江××盗窃案　　　
案件编号　　　×××××××　　　
犯罪嫌疑人　　江××　男 女　28 岁
住　　址　　　××市大树弯76号　
单位及职业　　××市探矿厂工人　
逮捕时间　　　20××年7月17日　
重新计算原因　发现江××涉嫌故意杀人罪
重新计算时间　20××年8月19日　
送达单位　　　××市人民检察院、××市看守所
批　准　人　　　　　张××　　　　
批准时间　　　20××年8月20日　
办　案　人　　赵××、宁××　　
办案单位　　　××市公安局刑警大队
填发时间　　　20××年8月20日　
填　发　人　　　　　黄××　　　　

×公刑重字贰零××第陆拾陆号

×××公安局

重新计算侦查羁押期限通知书

×公刑重字[20××]66 号

××市人民检察院、××市看守所 ：

　　××市 人民检察院于 20××年 7 月 16 日以×××[200
×]98 号决定书批准逮捕的犯罪嫌疑人 江××(性别 男，年
龄28 岁)，于 20××年7月17日被执行逮捕，因在侦查期间发
现其另有 故意杀人罪 重要罪行，根据《中华人民共和国刑事
诉讼法》第一百五十八条第一款之规定，自 20××年 7 月 19
日起重新计算侦查羁押期限。

　　　　　　　　　　　　　　　（公安局印）
　　　　　　　　　　　　　　　二〇××年八月二十日

本通知书已收到。
（看守所印）　　　检察院收件人 王×
20××年 8 月 20 日　20××年 8 月 20 日
本通知书已向我宣布。
被羁押人 江××
20××年 8 月 20 日

此联附卷

×××公安局

重新计算侦查羁押期限通知书

×公刑重字[20××]66 号

××市 看守所：

　　××市 人民检察院于 20××年 7 月 16 日
以×××[20××]98 号决定书批准逮捕的犯
罪嫌疑人 江××(性别 男，年龄 28 岁)，于
20××年 7 月17日被执行逮捕，因在侦查期间
发现其另有 故意杀人罪 重要罪行，根据《中
华人民共和国刑事诉讼法》第一百五十八条第
一款之规定，自20××年 7 月 19 日起重新计算
侦查羁押期限。

　　　　　　　　　　　　（公安局印）
　　　　　　　　　　　　二〇××年八月二十日

此联交看守所

×公刑重字贰零××第陆拾陆号

×××公安局

重新计算侦查羁押期限通知书

×公刑重字[20××]66 号

××市 人民检察院：

　　你院于 20××年 7 月 16 日以×××[200
×]98 号决定书批准逮捕的犯罪嫌疑人 江××
(性别 男，年龄 28 岁)，于 20××年7月17日
被执行逮捕，因在侦查期间发现其另有 故意杀
人罪 重要罪行，根据《中华人民共和国刑事诉
讼法》第一百五十八条第一款之规定，自20××
年 7 月 19 日起重新计算侦查羁押期限。

　　　　　　　　　　　　（公安局印）
　　　　　　　　　　　　二〇××年八月二十日

此联交检察院

4.11.4　羁押期限届满通知书

　　《羁押期限届满通知书》是看守所在犯罪嫌疑人、被告人的羁押期限将要届满前告知案件主管单位时使用的文书。其目的在于将羁押期限即将届满的情况通知案件主管部门，防止发生超期羁押。《羁押期限届满通知书》属填充式文书，是三联单，由存根、副本、正本三部分组成。制作时，按表格要求逐一填写。

　　看守所应当在犯罪嫌疑人、被告人的羁押期限届满 7 日前制作该文书，通知案件主管机关。

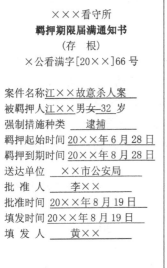

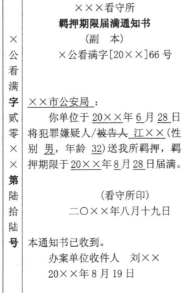

　　　　　　此联看守所留存　　　　　　　　此联交办案单位

思考与练习

　　1. 阅读下面这篇《呈请拘留报告书》，从格式、事实(详略、人称)、结构、法律依据和语言等方面分析其存在的问题，并加以改写。

呈请拘留报告书

　　马××，男，19××年生，山东人，耐火材料厂临时工，汉族，住黄桥新村 37 号507 室。

　　今天上午 9 点钟左右，群众周××将一名行凶杀人歹徒扭送到××派出所。据报告，歹徒是 9 时许到××路绿城小区 10 号楼 401 室高××家行凶抢劫逃跑时被过路群众抓获的，被害人高××已送医院。据被害人高××陈述：具体是几点钟说不清楚，高××(女，65 岁，××省××市人，年老无业)说，今天上午有一小青年拿了一封快递邮件到我们家中来讲是交给隔壁人家的，问我隔壁怎么没有人，我说没有，他就下楼走了。我到阳台上晒两件衣服，这个小青年又上楼来，并对我讲："我手机没电了，用你家里的座机打个电话。"他打电话时，我也站在他边上。一会儿他说没有接电话，刚撂下电话，突然他将我按倒在地上，卡住我的脖子，捂住我的嘴巴，逼着我把钱和银行卡给他。然后他拿起菜刀，朝我身上乱砍了好几刀，之后他想逃走，我捂住伤口追出去喊抓贼，在大家协助下抓住了凶手，接着我被送到××医院。

犯罪嫌疑人马××本人交代：今早上4时30分我骑车外出，准备去行窃。9点钟我转到××路×绿城小区，以送快递邮件为由到402室去敲门，没敲开。正好401室坐着一位老太太，我问老太太："402室有人吗？"老太太讲没人。这时我又问你家有人吗？老太太讲没有。于是我借口打电话到老太太家中，乘老太不备将她推倒在地上，用围单将老太太手绑扎起起来，拿了老太太的钱和银行卡，用毛巾塞住老太太的嘴巴，就跑了。

处理意见：

犯罪嫌疑人马××行凶杀人抢劫，造成被害人高××严重的伤势。经诊断：左耳形成皮下组织切割伤，伤口从左耳上部延续至下颌又下伸至颈部，全长约35厘米，呈休克状态，输血200 cc，伤口缝合40多针，另外手臂上也有二处切割伤。被害人高××老太太在被凶犯粗暴地捆扎和堵塞嘴巴后，昏厥多次，恶心呕吐，精神极差，后果严重。根据《公安机关办理刑事案件程序规定》第××条之规定，拟将行凶抢劫犯马××拘留审查。

当否，请批示。

办案单位：××市公安局刑侦大队

办案人：　××　××

201×年××月××日

2. 分析下面一段犯罪事实在语言上存在什么问题，并加以修改。

20××年11月23日晚上，犯罪嫌疑人付××与同院居民高××喝酒，酒后高××赖着不走，双方发生纠纷，付××很生气。付××出门溜达一会，返回家中，远远地就听到妻子高喊"救命"，付××一脚踹开门，看见高××把他妻子张××按在床上欲行不轨。付××当时血往上涌，气得怒发冲冠，新仇旧恨涌上心头，他不顾一切拿起菜刀朝高××头部连砍数刀，高××当时就没了呼吸。案发后付××逃离现场，于次日在××火车站抓获。

3. 根据下面所给材料制作一份《提请批准逮捕书》。要求格式正确完整，内容具体，语言简练。

201×年11月25日9时10分左右，××公安局刑警大队接到××市××路金水小区居民冯×报案，在小区后面铁路旁发现一具女尸。刑警队接报后立即赶赴现场。

经调查访问了解到，死者王××系××公司员工，28岁，最近和一个黑瘦高个男子来往。刑警大队在当地派出所协助下很快锁定有重大作案嫌疑的马××，但其已畏罪潜逃，遂将马××列为重大网上追逃对象。两周后犯罪嫌疑人在××市被当地公安局缉拿归案。同年12月5日被××公安分局刑事拘留。

经审讯查明，犯罪嫌疑人马××，19××年9月22日出生，汉族、小学文化、家住××省××市××县三王村十四组，19××年因抢劫被××人民法院判处有期徒刑8年。201×年马××刑满释放，不久认识了王××，两人确定了恋爱关系。在相处半年时间里，马××借口装修新房买装修材料，先后5次从王××处骗取30000元钱。201×年11月24日晚7点，王××来到马××居住的××小区15号楼101室索要欠款，并提出断绝来往。在争吵中马××将王××掐死，后抛尸潜逃。

4. 根据下面所给材料制作一份《起诉意见书》，缺少的部分可以根据案情合理增补。

(1) 201×年5月2日上午8时30分左右，××市公安局刑侦支队接到××市博物馆电话报称：28件国家珍贵文物被盗，本局随即派侦查人员赶赴现场。

(2) 201×年3月犯罪嫌疑人刘××多次找张××密谋盗窃××市博物馆文物，准备卖给×国文物贩子企图牟取暴利，他们事先多次踩点并准备好作案工具。201×年5月1日凌晨1时许，两人爬上××市博物馆东二楼北面的平台，用事先准备好的铁棍撬开博物馆二楼明清宫廷用品展厅北窗，张××在平台上观察动静，刘××钻窗入室盗窃。犯罪嫌疑人刘××用准备好的红平绒布将明清展厅内5个红外线报警器蒙住，导致报警器失灵。刘××移动展柜，并先后用撬棍撬开5个展柜的柜板，盗窃国家珍贵文物28件(经国家文物局鉴定：一级文物××件，二级文物××件，三级文物×件)，分别装入准备好的牛仔袋内，于凌晨4时许，刘××顺原路返回，同犯罪嫌疑人张××跳出博物馆南面的馆墙，带着盗窃的文物连夜潜逃抵达××市。犯罪嫌疑人刘××、张××入住××市××酒店，5月2日下午4点10分，两人在和×国文物贩子进行交易时被我局侦查人员抓获，××市博物馆被盗的28件珍贵文物也全部被追回。

(3) 证据：证人××笔录；证人××笔录；犯罪嫌疑人刘××供述笔录及辨认笔录；犯罪嫌疑人张××供述笔录及辨认笔录；作案的工具撬棍；××价鉴〔201×〕××号价格鉴定意见书；××市博物馆东二楼录像。

(4) 犯罪嫌疑人刘××，曾用名刘×，男，19××年×月×日生，出生地××省××县，居民身份证号码××××××××××××××××××，汉族，高中文化，无职业，户籍所在地××市××县××乡××号。

违法犯罪经历：犯罪嫌疑人刘××因犯盗窃罪于20××年×月×日被××人民法院判处有期徒刑五年；因涉嫌盗窃、走私罪，于201×年5月14日被我局刑事拘留，同年5月17日经××市人民检察院批准逮捕。

犯罪嫌疑人张××，绰号张×，男，19××年×月×日生，出生地××省××县，居民身份证号码××××××××××××××××××，汉族，初中文化，无职业，户籍所在地××市××县××乡××村××屯××号。

违法犯罪经历：犯罪嫌疑人张××因犯诈骗罪于20××年×月×日被××人民法院判处有期徒刑三年；因涉嫌盗窃、走私罪，于201×年5月14日被我局刑事拘留，同年5月17日经××市人民检察院批准逮捕。

第五章

公安行政法律文书

公安行政法律文书是指公安机关依据国家法律法规在从事行政管理活动中，查处行政案件、实施处罚时制作和使用的具有法律效力和法律意义的各类文书材料的总和，包括道路交通管理类、治安类、出入境管理类、消防行政管理类等。公安行政法律文书在公安实战中实用性强，了解公安行政法律文书的概念、特点、种类以及制作规范，对基层民警来说，具有重要的理论和现实意义。本章主要介绍公安行政法律文书的概念、特点、种类、制作要求以及部分常用文种，通过学习让学生掌握公安行政法律文书的书写规范。

第一节　公安行政法律文书概述

一、概念

公安行政法律文书是公安机关依据国家法律、法规在从事行政管理活动中，查处行政案件、实施处罚时制作和使用的具有法律效力和法律意义的各类文书材料的总和。它包括道路交通管理类、治安类、出入境管理类、消防行政管理类等在具体行政管理过程中制作和使用的文书材料。需要特别声明的是本书所称的公安行政法律文书是指与《公安机关办理行政案件程序规定》相配套使用的公安机关办理行政案件的文书，具体为《公安部关于印发(公安行政法律文书(式样)的通知)》中所规范的 41 种文书。

二、特点

公安行政法律文书与其他文书材料相比具有以下特点。

(一) 文书主题的合法性

公安行政法律文书主题的确定必须符合法律、法规的规定。这就要求我们在制作公安行政法律文书时要掌握违法事实，吃透法律的有关规定，在每一种具体文书的写作过程中，力求做到客观事实与法律法规精神的高度吻合。

(二) 文书材料的规定性

公安行政法律文书的材料有着明显的规定性，即为案件事实所规定。公安机关的办案原则是"以事实为根据，以法律为准绳"，公安行政法律文书选择每一事实材料都必须客观、准确地予以揭示，不可随意加工、扩大或缩小；对于关键的情节或细节，必须紧紧抓住，不可疏漏或省略；未知情节也不可主观猜测。案件事实是公安行政法律文书立论的基础，是公安机关定性处理的依据。因此，对违法案件事实的认定决不可掉以轻心。

（三）文书结构的程式化

程式化主要表现在：

(1) 文书表格化。这类文书形式是公安行政法律文书结构程式化最突出的表现形式，表格本身具有直观、醒目、简明、易写等特点。

(2) 用语规范化。公安行政法律文书有自己一整套的规范用语，这些规范用语经公安机关统一印制的文书格式下发，成为较为稳定的统一的公安行政法律文书语言。

(3) 格式固定化。公安行政法律文书各部分内容的结构形式较为固定，包括各部分的内容名称、排列次序等，这既是对内容的规定，也是对结构形式的规范。

（四）文书语体的特殊性

在文书写作中，不同的语体具有不同的语言运用特点。公安行政法律文书的语体特点是：记叙是特征，实用是目的，不追求语言文字的艺术化。它以规范性、准确性和平实性为特点。

三、种类

按照公安部《关于印发(公安行政法律文书(式样)的通知)》及《公安行政法律文书制作与使用说明》的有关精神，根据《公安机关办理行政案件程序规定》所规定的办案程序的顺序，公安行政法律文书大致可分为7类41种，具体为：

(1) 受案、移送类，受案登记表等(2 种)。

(2) 调查类文书：传唤听证笔录等(10 种)。

(3) 行政处罚决定、收缴类：公安行政处罚决定书等(5 种)。

(4) 收容教育、强制戒毒类：收容教育/延长收容教育决定书等(6 种)。

(5) 暂缓执行行政拘留及担保类：暂缓执行行政拘留决定书等(5 种)。

(6) 出入境管理案件查处专用类：出入境管理拘留审查/延长拘留审查决定书等(9 种)。

(7) 其他类：终止案件调查决定等(4 种)。

第二节　公安行政法律文书制作要求

公安行政法律文书是公安机关办理行政案件程序的重要组成部分。文书要体现法律程序的法定性、规定性。公安行政法律文书的制作和使用应符合以下基本要求。

一、坚持"以事实为依据、以法律为准绳"

与案件事实相关的行政法律、法规是制作公安行政法律文书的主要内容。在制作公安行政法律文书时必须以案件事实为基础，客观真实地反映案件情况。在有关事实的记载中，必须有相应的证据，没有证据证明的"事实"不能作为处罚的依据。在法律、法规的引用上，熟悉《公安机关办理行政案件程序规定》、《中华人民共和国行政处罚法》、《中华人民共和国治安管理处罚法》等几部法律、法规。真正做到办案程序、案件事实、法律、法规相互吻合。

二、符合文书制作规范

公安行政法律文书制作规范主要体现在：

(1) 格式规范。公安行政法律文书都有确定的栏目，制作时必须严格按照这些栏目的填写要求进行。为此，在公安部《关于印发〈公安行政法律文书(式样)的通知〉》及《公安行政法律文书制作与使用说明》中，对文书的用纸格式、书写格式、相关栏目填写作了明确的说明和规范(附后)，请参看。在此不赘述。

(2) 语言规范。公安行政法律文书制作在语言的应用上应当是规范的现代汉语。讲究用语朴实、庄重、准确、精练。在语言表达方式上以叙述、说明、议论为主，少用描写，不用夸张，在用词上做到一词一义，以易读、易识和易理解为目标，语言慎重，分寸适当，力求做到以最少的语言负载最大的信息量。恰当使用专业术语，如"受理"、"传唤"、"询问"等。力求做到定性准确，定量恰当，即选用最恰当的词语来表达概念，判断是非，准确表达出法与非法的界限，注意词义间的细微差别，准确表达出违法行为及其行为的主次、大小。

第三节　受案类文书

5.3.1　受案登记表

一、概念

《受案登记表》是公安机关在受理单位和个人报案或者违法嫌疑人投案，群众扭送以及其他行政主管部门、司法机关移送案件时，确定是否受案时制作和使用的记录与案件有关情况的内部审批文书。它是公安机关接受行政案件的原始凭证，同时也是公安机关办理行政案件的第一道工序。《受案登记表》制作的好坏，直接关系着案件调查工作能否顺利进行，公安机关的执法是否公正。

二、结构形式

《受案登记表》属填充类文书，制作时按表格要求逐一填写，做到案件事实与相关法律依据吻合。"简要案情"、"损失"和"受害情况"是填写本文书的关键内容，应围绕案件构成和受案标准展开。

三、注意事项

本文书一式两份，一份存入相应的行政案卷并随卷定期移送公安专业档案管理部门；

一份作为存根备查。

四、应用实例

受案登记表

(××县公安局印)　　　　　　　　×公(治)受案字 〔201×〕52 号

案件来源		□110 指令□工作中发现☑报案□投案□移送□扭送□其他					
报案人	姓名	刘×	性别	男	出生日期	196×年4月5日	
	身份证件种类	身份证	证件号码		33×××196×04052336		
	工作单位	××快递公司	联系方式		876×××23		
	现住址	××县××3组3—201					
移送单位			移送人		联系方式		
接报民警	章××	接报时间	201×年6月2日4时25分		接报地点	××公安局仙岩派出所	

简要案情或者报案记录(发案时间、地点、简要过程、涉案人基本情况、受害情况等)以及是否接受证据:
210×年6月3日4时许,××快递公司员工刘×在其租住房内休息,发现有两个人正在其房内行窃。刘×立刻控制住其中一人(另外一人趁机逃脱)并报警。随后,刘×与赶来的仙岩派出所民警一起把违法嫌疑人抓获。违法嫌疑人马××,男,22岁,住××乡××村。马××对入室盗窃的事实供认不讳,也接受了报案人刘×提供的证据,接受证据情况见所附《接受证据清单》。

受案意见	☑属本单位管辖的行政案件,建议及时调查处理 □属本单位管辖的刑事案件,建议及时立案侦查 □不属于本单位管辖,建议移送_____处理 □不属于公安机关职责范围,不予调查处理并当场书面告知当事人 □其他_____ 受案民警　程××　　　　　　　　　　　201×年6月3日
受案审批	同意。 　　受案部门负责人　朱××　　　　　　　　201×年6月3日

一式两份,一份留存,一份附卷。

5.3.2 移送案件通知书

一、概念

《移送案件通知书》是公安机关接到报案后,经审查将不属于自己管辖的案件移送有关单位或部门处理时制作的填充式文书。它是公安机关移送案件的凭证,亦是体现公安机关分工明确、依法办案的依据。

二、结构形式

《移送案件通知书》由存根、正页和回执三联组成。制作时，按表格要求项目逐一填写。

三、注意事项

移送案件应当平级移送，同一公安机关不同部门可以直接相互移送案件；不同隶属关系的派出所之间互相移送案件时应加盖所属公安机关印章。

四、应用实例

×××县公安局
移送案件通知书

×公(治)行移字〔201×〕××号

××市公安局：

我单位于 201× 年 6 月 3 日受理的 黄××盗窃 一案(受案登记表文号 ×公(治)受案字〔201×〕××号)。经审查，根据案件管辖分工，该案属于你单位管辖范围，根据《公安机关办理行政案件程序规定》第四十七条第一款第二项之规定，现移送你单位处理。

　　附：证据清单。

(××县公安局印)

二〇一×年六月三日

接收人员　姚××　　　　　　　　　　报案(控告、举报、投案、扭送)人
(××市公安局印)　　　　　　　　　　　　　　　王×
二〇一×年六月四日　　　　　　　　　　201×年6月4日

一式三份，一份交接收单位，一份交报案人、控告人、举报人、扭送人、投案人，一份附卷。

第四节　调查类文书

5.4.1　传唤证

一、概念

《传唤证》是公安机关对需要传唤的违法嫌疑人依法进行传唤时，责令其按指定时间

到达指定地点接受询问时制作的凭证式文书。其目的是为了获取证据、查明案情，便于及时、准确地处理案件。

二、结构形式

《传唤证》属填充式文书，一式两份，一份交被传唤人，一份由公安机关保存。制作时，按栏目要求填写。

三、注意事项

《传唤证》是传唤违法嫌疑人的执法凭证，因而填写必须规范准确。表中"涉嫌"一栏填写违法嫌疑人涉嫌的违法事实，必须用法律术语作简明概括；"根据"一栏填写法律依据，按相关法律、行政法规规定传唤的，填写该法律或行政法规的规定，如治安管理案件的传唤可引用《中华人民共和国治安管理处罚法》第82条；没有法律或者行政法规规定的，填写《公安机关办理行政案件程序规定》第45条。

应当严格掌握传唤时间，不得以连续传唤的方式变相拘禁违法嫌疑人。询问查证时间不得超过 8 小时；若情况复杂，可能适用行政拘留处罚的，询问查证时间不得超过 24 小时。

四、应用实例

××县公安局××派出所

传　唤　证

××所行传字〔2009〕第 8 号

付×令：

　　因你涉嫌_____殴打他人_____，根据《中华人民共和国管理处罚法》第八十二条第一款之规定，限你于__2009__年__5__月__13__日__12__时__30__分前到__××派出所__接受询问。

　　　　　　　　　　　　　　　　　　××县公安局××派出所(印章)

　　　　　　　　　　　　　　　　　　二○○九年五月十三日

被传唤人到达时间：2009 年 5 月 13 日 12 时 20 分

询问查证结束时间：2009 年 5 月 13 日 19 时 42 分

被传唤人(签名)：付×令(捺指印)

一式两份，一份交被传唤人，一份附卷。

5.4.2　询问笔录

一、概念

《询问笔录》是公安机关办案人员依法对违法嫌疑人、被侵害人及其他证人进行询问时，记载询问经过时制作的笔录类文书。《询问笔录》一经核实，即可成为公安机关裁决行政案件以及日后行政复议、行政诉讼的重要证据。这对于全面了解案情，扩大侦查线索，提高办案质量，保证依法行政具有重大意义。

二、结构形式

《询问笔录》是双方问答的实录，由首部、正文、尾部三部分组成。

（一）首部

首部包括文书名称、询问次数、页数、询问时间、地点等基本情况和注意事项，制作时按所列栏目内容逐一填写，无所列栏目内容的可用"/"划去、不可留白。

（二）正文

正文部分内容以问答形式进行。记录时，每段落以"问"、"答"为句首开始，回答的内容以第一人称"我"记录。

（三）尾部

尾部履行法律手续，由询问人在询问结束时，交被询问人核对，如其无阅读能力的，可向其宣读。如记录有误或者遗漏，应允许被询问人更正或补充，并在改正或补充的文字上捺指印，经其核对无误，由其在笔录的末尾写上"以上笔录我看过(或向我宣读过)，和我说的相符"字样，并签名或捺指印，注明时间。同时，被询问人在笔录除最后一页外的每一页右下角均应签名盖章或者捺指印，拒绝签名或者捺指印的，办案人员应当在笔录尾部注明。

三、注意事项

(1) 询问开始时，应严格按照首部注意事项(已印制好)进行。

(2) 询问对象不同，记录内容也应各有侧重。询问对象为违法嫌疑人时，在全面、准确地记录违法的经过和事实的同时，着重记录违法的时间、地点、情节、后果以及相关证据。在违法过程中有共同违法嫌疑人的，还应当证明共同违法嫌疑人的情况，以及各自在案件中所起的作用；询问对象为证人、受害人时，则应记录证人、被害人对案件有关情况的陈述，尤其是案件涉及到的人物、时间、地点、经过、结果的来源(是现场目睹或当场听到，还是听别人说的，是否有他人在场或了解情况等)。

(3) 询问内容若涉及到国家秘密、商业秘密以及个人隐私，办案人员应注意保密。

(4) 《询问笔录》要尽量忠实于被询问人原意，尽可能记录被询问人原话，在文字记录的同时，可根据需要录音、录像。

(5) 询问聋哑或不通晓当地通用语言文字的询问对象时，应当有通晓手语的人提供帮助或配备翻译人员，并在笔录上注明。

(6) 询问未成年的询问对象时，可以通知其监护人到场。

四、应用示例

询 问 笔 录

询问时间 2009 年 07 月 20 日 16 时 30 分至 2009 年 07 月 20 日 17 时 26 分

询问地点 ××派出所

询 问 人 林×川、张×勇(签名) 工作单位 ××派出所

记 录 人 林×川(签名) 工作单位 ××派出所

被询问人 张×飞(捺指印) 性别 男 出生日期 1994 年 10 月 16 日

户籍所在地 ××省××县××镇

现 住 址 ××省××县××镇××村××组 28 号

被询问人身份证件种类及号码 身份证×××××199410160336

联系方式 885××××

(口头传唤的被询问人 2009 年 7 月 20 日 16 时 25 分到达,2009 年 7 月 20 日 19 时 30 分离开,本人签名: 张×飞(捺指印))。

问: 我们是××县公安局的民警(出示警察证),你因涉嫌盗窃,现根据《中华人民共和国治安管理处罚法》第八十二条第一款,将你口头传唤到××派出所接受询问,如果有意作伪证和隐匿证据,要负法律责任。对于案件无关的问题,你有拒绝回答的权利。你听明白没有?

答: 听明白了。

问: 你是否需要办案民警回避?

答: 我不要求办案民警回避。

问: 根据《中华人民共和国治安管理处罚法》第八十三条第二款之规定,公安机关依法通知了你的家属,你的家属有没有和你一起来?

答: 来了,我的父亲张×祥和我一起来的。

问: 说说你的身份信息情况?

答: 我叫张×飞,男,汉族,1994 年 10 月 16 日,小学文化,户口所在地:××县××镇××村××组 28 号,身份证号为:×××××199410160336,职业: 粮农。

问: 交代你个人简历?

答: 6 岁～12 岁在××小学读书,后回家务农至今。

问: 现在你家有哪些主要家庭成员?

答: 父亲: 张×祥,47 岁,在家务农;

　　母亲: 杨×兰,45 岁,在家务农;

　　哥哥: 张×雄,20 岁,在家务农;

　　还有我共 4 口人。

张×飞 张×祥 (签名、捺指印)

问：你是否带有任何疾病？

答：经常咳嗽。

问：你以前是否被刑事、行政处罚或劳动教养过？

答：没有。

问：你是否知道我们为什么把你带到派出所？

答：知道的，因为刚才我去偷东西，被主人家发现了。

问：你具体偷着些什么？

答：你去偷过三次，第一次偷得一部手机(白色直板，什么牌子不清楚)和一包1元钱的袋装方便面，第二次偷得一包1元钱袋装的方便面，第三次刚进去就被发现了，没有偷到东西。

问：你是在什么地点？什么时间盗窃的？

答：第一次是2009年7月18日白天(具体时间不清楚)，第二次是2009年7月19日白天(具体时间不清楚)去盗窃，第三次是2009年7月20日15时左右去偷，三次都是在××县××镇××村××组的一个人家(刚才当场发现我的那个女的家)盗窃的。

问：你为什么要去偷东西？

答：就是想着去偷点东西吃。

问：请你把你去盗窃的违法事实交代清楚？

答：2009年7月18日的白天，我从家里出来，就发现刚才偷东西的那个人的家里，没有人在家，就想着去这个人家偷东西，我就翻她家的围墙进到这个人家里，看见电视房门没有关，就进去到电视房里，就看见摆放电视的一张桌子上有一部手机，我就把手机偷走，想着平时用来自己玩，后来我就到这个人家的堂屋里，就看见摆放着一箱方便面，我就从方便面箱里偷得一包，偷走后，我就从围墙上翻下回家了。2009年7月19日白天，我又想去偷点东西，就翻围墙进去到这个人家的堂屋里，偷得一包方便面后翻围墙出去就回家了。2009年7月20日15时左右，我从家里出来准备到以前偷过东西的那个人家里偷东西，刚翻围墙进去就被主人家发现了，后来派出所的人就到了，就把我带到了派出所。

问：你去偷东西是否使用什么工具？

答：没有。

问：是否有人和你一起偷？

答：没有，就我一个人去偷。

问：你是否还在其他地方偷过？

答：没有。

问：你把偷得的财物拿哪去了？

答：方便面被我吃了，手机也被派出所扣押了。

问：你是否还有什么要补充的？

张×飞   张×祥 (签名、捺指印)

答：没有了。

问：以上你讲的是不是事实，是不是你自愿讲的？

答：是事实，是我自愿讲的。

以上记录已读给我听过，和我说的相符。

张×飞(签名、捺指印)

2009 年 7 月 20 日

张×祥 (签名、捺指印)

5.4.3 检查证

一、概念

《检查证》是公安机关对与违法行为有关的场所、物品、人身进行检查时制作和使用的凭证式文书。

二、结构形式

《检查证》属填充式文书，由存根与正页两联组成。制作时，按所印制好的相关栏目逐一填写。

三、注意事项

检查是公安机关办案人员收集违法行为的证据，查获违法嫌疑人的重要手段。办案人员在实施检查时，应同时出示《检查证》与《人民警察工作证》。

情况紧急，对单位确有必要进行检查时，办案人员可以凭执法身份证件进行检查，检查结束后立即补办检查手续。检查时，应当有被检查人或者其家属或者其他见证人在场。

四、应用示例

(此处印制公安机关名称)

检 查 证

×公（治）行传字〔20××〕4 号

案　　由　赵××为卖淫、嫖娼提供条件

检查对象　××市××街××旅社

检查原因　收集赵××为卖淫、嫖娼提供条件的证据

检 查 人　杨××、崔××

批 准 人　吴××

批准时间　20××年 10 月 15 日

填 发 人　刘××

填发时间　20××年 10 月 15 日

存根

(此处印制公安机关名称)

检 查 证

×公（治）行传字〔20××〕4 号

根据　《公安机关办理行政案件程序规定》第六十一条，兹派我局 杨××、崔×× 对××市××街××旅社(××区××街××号)进行检查。

（公安机关印章）

二○××年四月十四日

被检查人确认（签名）：检查的两位民警已向我出示检查证和工作证件。

赵××

20××年 10 月 15 日

检查完毕附卷

5.4.4　勘验/检查笔录

一、概念

《勘验/检查笔录》是公安机关办案人员依法对违法嫌疑人及其随身携带的物品或者可能隐藏违法嫌疑人或者证据的场所进行检查或勘验时，对其过程和有关情况所作的文字记录。其目的是为了研究分析案情，收集违法证据，查获违法嫌疑人。笔录一经核实即可作为认定案情的重要证据之一。

二、结构形式

《勘验/检查笔录》由首部、正文、尾部三部分组成。

（一）首部

首部按所列栏目逐项填写。其中勘验地点是指现场勘验的具体地点，检查对象则要填写被检查人的姓名、性别、年龄或者被检查的物品、场所的名称。

（二）正文

正文是笔录的重点，主要写检查过程和结果。若对违法嫌疑人及其随身携带物品进行检查的，则应详细记录检查所用的方法及仪器情况。对于在检查过程中发现涉及案件的有关情况及结果，要做到不错不漏。若对场所进行检查的，则应按检查顺序写明检查范围和发现情况。对于在检查中发现和提取的与违法行为有关的物证，要根据物证的不同特点，分别写明物品的名称、品质、尺寸、数量及其所在的具体位置等，如需扣押，则应开具相应的扣押物品清单。检查中使用照相、录像和绘图的，也应将其内容和数量在笔录中注明。

（三）尾部

尾部要勘验/检查人、记录人、被检查人或见证人签名。如检查时被检查人在场，则不需见证人。如其不在场，应由其家属或其他与案情无关的人员作为见证人。被检查人不在场或拒绝签名的，应在笔录上注明。

本文书亦属《勘验笔录》与《检查笔录》合并而成，一般而言，行政案件与刑事案件相比，案情较为简单，社会危害程度相对较轻，因此公安机关处理行政案件时，并不一定要求办案人员对违法行为案发现场进行勘验，只有办案人员认为有必要时，才进行现场勘验。因此，在实际操作中，该文书更多的是以《检查笔录》出现。

三、注意事项

(1) 卖淫、嫖娼人员的性病检查应当由女医生进行，其他检查均应由公安机关人民警察进行。

(2) 本文书所说的检查，不同于日常巡逻、管理中的检查、盘问。检查应当有很强的目的性和针对性，不得滥用检查权。检查的对象是违法嫌疑人及其随身物品或者可能隐藏违法嫌疑人或者证据的场所，不包括受害人以及与案件无关的场所。

(3) 检查过程中是否文明执法，被检查人及其家属是否配合均应在笔录中有所反映。

(4) 勘验中制作的录像、照相、绘图应与笔录一致，互相印证。

四、应用示例

××县公安局

勘验/检查笔录

时间：2013 年 12 月 31 日 3 时 0 分至 2013 年 12 月 21 日 3 时 10 分

勘验地点/检查对象　××县××镇河滨路 46 号紫罗兰美容店

检查证或者工作证件号码　029×××、029×××

勘验/检查人员姓名、工作单位、职务(职称)　李×建，××县公安局××派出所民警；施×兴，××县公安局××派出所民警。

过程及情况：(检查笔录要首先表明是否当场检查) 2013 年 12 月 31 日凌晨 2 时 48 分，××县公安局××派出所民警李×建接××县公安局指挥中心电话指令：××县××镇河滨路 46 号美容店内发生纠纷，请出警处置。接报后，我所及时组织民警赶到现场处置，并于 2013 年 12 月 31 日 3 时 0 分至 2013 年 12 月 31 日 3 时 10 分，××派出所民警李×建、施×兴，在见证人徐文辉(男，38 岁，××县××镇东菜园 54 号人)参与下，对现场进行勘验。

　　现场位于××县××镇河滨路 46 号紫罗兰美容店，东邻心雨酒吧，南邻××县河滨路，西邻××县东行宿舍，北邻××县农行住宿楼。该美容美发室大厅东面摆设梳妆台及化妆品，西面摆设一张简易床，北面摆设一个沙发，北面东西连通包厢。中心现场位于该紫罗兰美容美发室的第 2 间包厢内，包厢内西侧摆设一张床，床边靠东面摆设一个矮柜。现场周围未发现其他痕迹物证。

　　勘验结束后，拍摄现场照片七张(其中两张方位照片及门牌照片，因勘验时光线不够，未能拍摄到方位，于 2013 年 12 月 31 日 7 时 56 分拍摄)，绘制现场图一份。

勘验/检查人：李×建（签名）

记录人：施×兴（签名）

被检查人或者见证人：徐×辉（签名）

5.4.5　抽样取证证据清单

一、概念

《抽样取证证据清单》是公安机关办案人员在办理行政案件过程中，对可作为证据的物品进行抽样取证时制作和使用的填充型文书。其主要作用是防止证据可能灭失和转移，影响公安机关对案件的侦破。

二、结构形式

本文书一式两份，一份交抽样物品持有人，一份作为附卷。制作时，按表内所列栏目逐一填写。

三、注意事项

为保证证据效力，抽样取证时，应当有被抽样物品持有人或其他见证人到场，当场开具《抽样取证证据清单》。

清单中"编号"栏一律采用阿拉伯数字，按物品排列顺序从"1"开始逐次填写。"名称"栏填写物品的名称。"规格"栏填写物品的品牌型号。"数量"栏填写每种物品的数量，应使用大写。"特征"栏填写物品的颜色、新旧等特点。一项一格，不留空白，未填满的可用对角线划去，不够的可附页，附页可复印，但要加盖公安机关印章并由办案人员和被抽样持有人或见证人签名。

四、应用示例

（此处印制公安机关名称）

抽样取证证据清单

（此处加盖公安机关印章）

案由	廖××非法持有爆炸物品			办案单位	××市公安局治安支队
被抽样物品持有人	廖××	性别	男	出生日期	19××年×月×日
现住址	××市××厂宿舍3幢401号				
工作单位	××市××厂工人		联系电话		×××××××

抽样时间：20×× 年 3 月 18 日 14 时

抽样地点：　 ××爆破公司仓库

根据《中华人民共和国行政处罚法》第三十七条第二款规定，现对以下样品依法进行抽样取证。

编号	名称	规格	数量	特征	备注
1	雷管		拾枚		
2	导火索		拾米		

持有人或者见证人（签名）	承办人（签名）
廖××	岳××、李××
20××年3月18日	20××年3月18日

一式两份，一份交被抽样物品持有人，一份附卷。

5.4.6　先行登记保存证据清单

一、概念

《先行登记保存证据清单》是公安机关办案人员在办案过程中，对可能灭失或者以后难以取得的证据，进行先行登记保存时制作和使用的清单类文书。该文书是法定证据保全措施的一种，对于查明案情、保护证据具有重要作用。

二、结构形式

本文书一式两份，一份交证据持有人，一份附卷。制作时，按表格所列栏目内容要求逐一填写。

三、注意事项

《先行登记保存证据清单》适用于证据可能灭失或者以后难以取得的情况，应当经公安机关办案部门负责人批准。

四、应用示例

（此处印制公安机关名称）

先行登记保存证据清单

（此处加盖公安机关印章）

案由	李××为赌博提供条件			办案单位	××市 公安局治安支队
证据持有人	任××	性别	男	出生日期	19××年×月×日
现住址	××区××路××号				
工作单位	××网吧		联系电话		××××××

根据《中华人民共和国行政处罚法》第三十七条第二款规定，决定自 <u>20××</u> 年 <u>7</u> 月 <u>8</u> 日到 <u>20××</u> 年 <u>7</u> 月 <u>13</u> 日对下列物品予以先行登记保存，保存地点 <u>××区××路××网吧</u>。在保存期间内未经本机关批准，不得销毁或者转移证据。

编号	名称	规格	数量	特征	备注
1	游戏机	××牌×型	叁台	红色	
2	电脑	××牌	伍台	蓝色 液晶显示屏	

证据持有人（签名）	承办人（签名）
任××	邓××、谢××
20××年7月8日	20××年7月8日

一式两份，一份交被抽样物品持有人，一份附卷。

5.4.7　公安行政处罚告知笔录

一、概念

《公安行政处罚告知笔录》是公安机关采用一般程序办理行政案件时，在作出行政处罚决定前，按照告知程序的要求告知被处罚人时制作和使用的法律文书。《公安行政处罚告知笔录》具有告知书和笔录的双重属性，包括三个方面功能：告知被处罚人拟作出行政处罚决定的事实、理由和法律依据；告知被处罚人所享有的听证权利；告知被处罚人所享有的陈述权和申辩权并记录其陈述和申辩的内容。

二、结构形式

本文书属填充式文书，由首部、正文、尾部三个部分组成。

（一）首部

首部包括办案单位所属公安机关名称、发文字号、告知单位名称等内容。制作时，按所列栏目逐一填写。

（二）正文

正文主要由处罚告知、听证告知、是否提出陈述和申辩三部分内容组成。

第一栏"处罚告知"是必填内容，应明确写出对违法嫌疑人拟作出行政处罚决定的事实、理由及依据，但不要求写明拟作出处罚的种类和幅度。

第二栏"听证告知"、"拟作出的行政处罚"部分不属于必填内容，仅在公安机关拟作出符合听证范围的行政处罚决定之前，向当事人告知有要求听证的权利时填写。凡属《公安机关办理行政案件程序规定》第89条规定的4种情况之一的均属填写范围。

以问答形式告知违法嫌疑人依法享有的陈述权和申辩权其提出陈述和申辩的，告知人应当如实记录。违法嫌疑人提出书面陈述、申诉材料的，应当将书面材料附上并在告知笔录上注明。

（三）尾部

尾部由被告知人签名并注明具体日期。

三、注意事项

(1) 本文书仅适用公安机关采用一般程序办理行政案件的情况。公安机关适用简易程序作出行政处罚决定的，不要求采用书面笔录形式履行告知义务。

(2) 凡属于听证范围的案件，公安机关应当告知违法嫌疑人拟作出行政处罚的种类和幅度。

(3) 使用本文书时要有程序和证据意识。本文书具有程序和实体两方面的价值：一方面，它是公安机关履行告知义务的证明；另一方面，文书中当事人的陈述、申辩记录又是认定案情的证据之一。被告知人签名后，本文书由公安机关保存。

四、应用示例

（此处印制公安机关名称）

公安行政处罚告知笔录

告知单位： ××区公安分局治安大队　　告知人： 吴××

被告知人： 和××

被告知单位名称：

法定代表人：

告知内容：

1. (处罚告知)根据《中华人民共和国行政处罚法》第三十一条规定，现将拟作出行政处罚决定的事实、理由、依据告知如下：

公安机关查明你于20××年1月15日19时在××路××茶楼与王××、刘××、黄××用麻将赌博。以上事实有现场查获的赌资人民币3500元、赌博所用的麻将1副、用来计算赌资的扑克牌1副等证据证明。有对王××、刘××、黄××的询问笔录和你本人的供述等证据为证。你的行为已构成赌博，公安机关将根据《中华人民共和国治安处罚法》第七十条的规定，对你进行处罚。

对上述告知事项，你（单位）有权进行陈述和申辩。

2. （听证告知）拟作出的行政处罚： ___贰仟伍佰元___

对公安机关拟作出的上述行政处罚，根据《中华人民共和国行政处罚法》第四十二条规定，你（单位）有权要求听证。如果要求听证，你（单位）应在被告知后三日内向___××区公安分局___提出，逾期视为放弃听证。

问：对以上告知内容你听清楚了吗？

答：听清楚了。

问：对上述告知事项，你是否提出陈述和申辩？（听证告知的，无须填写此问答。）

答：（应可另纸记录，笔录末尾由被告知人签名并注明日期。被告知人也可以提供书面陈述、申诉材料。）

被告知人（签名）：和××

20××年4月16日

第五节　听证类文书

5.5.1　不予受理听证通知书

一、概念

《不予受理听证通知书》是公安机关对违法嫌疑人提交的听证申请，认为不符合听证条件，决定不予受理时制作和使用的告知性文书。该文书是公安机关针对违法嫌疑人提出的听证申请，依法作出不予受理的凭证，亦是公安机关严格执法的具体体现。

二、结构形式

本文书亦属填充式文书，一式两份，一份交申请人，一份作为附卷。其结构由首部、正文、尾部组成。制作时，按所列栏目一一填写。

三、注意事项

本文书正文送达对象(单位名称或个人名称)填写时应视具体情况而定。凡属单位提出听证申请的填单位全称；个人提出听证申请的则填个人姓名；案由则是申请听证的案件类别；不予受理的理由则包括"申请听证的案件不符合法定听证范围"和"听证申请已超过申请时效"两种。

四、应用示例

(此处印制公安机关名称)

不予受理听证通知书

×公(法)听不受字〔201×〕第 3 号

于××：

　　你（单位）因　盗窃××小区电缆　一案，提出举行听证要求，本机关经审查认为：　该案不属于《中华人民共和国行政处罚法》所规定的听证范围。

　　根据《中华人民共和国行政处罚法》第四十二条规定，决定不予受理。

　　特此通知。

（公安机关印章）

二〇××年六月十四日

申请人（签名）：于××

20××年 6 月 14 日

　　一式两份，一份交申请人，一份附卷。

5.5.2　举行听证通知书

一、概念

《举行听证通知书》是公安机关决定受理对听证申请人提出的听证申请，经审查，通知其及有关人员听证会举行时间、地点的告知性文书。该文书的制作有利于听证会的顺利进行，更好地保障当事人的合法权益。

二、结构形式

本文书属填充式文书，一式两份，一份交被通知人，一份作为附卷。制作时，按所设栏目填写。

三、注意事项

公安机关在受理听证后，应在举行听证七日前将听证通知书送达听证申请人，制作本文书应注意不要违反送达期限规定。对于其他听证参与人，包括办案人员、证人、翻译等，组织部门也应通知其举行听证的时间、地点，但不必采取书面通知形式，可采用电话通知等便利、快捷的方式。

四、应用示例

（此处印制公安机关名称）

举行听证通知书

×公(法)听字〔2012〕第 6 号

文××：

本机关定于 <u>2012</u> 年 <u>4</u> 月 <u>15</u> 日 <u>2</u> 时 <u>30</u> 分在 <u>××市公安局会议室（办公楼 503 房间）</u> 就文××、李××利用互联网上网服务营业场所赌球一案举行听证，请按时出席。听证申请人无正当理由拒不出席的，终止听证。

公安局印章
二○一二年四月八日

5.5.3　听证笔录

一、概念

《听证笔录》是公安机关在举行听证会时制作的对听证全过程和内容做客观记录所形成的法律文书。听证是公安机关和其他行政机关作出较重行政处罚时规定的重要程序。《听证笔录》经核实后是公安机关或其他行政机关作出最终处理决定的重要依据。

二、结构形式

本文书属叙述式文书，由首部、正文、尾部组成。

（一）首部

首部由举行听证机关名称、文书名称、案由、参与听证的人员等组成。其中"本案其他利害关系人"栏填写该利害关系人的姓名、性别、年龄、现住址或工作单位，并注明是何种利害关系。利害关系人有代理人的，在"本案其他利害关系人的代理人"栏填写代理人的姓名、性别、年龄、现住址单位，其他按照所设栏目逐一填写即可。

（二）正文

正文记录听证内容。记录员应按照听证进行的程序记明以下内容：办案人员陈述的事实、证据和法律依据及行政处罚意见；违法嫌疑人或者其代理人的陈述和申辩、第三人陈述的事实和理由；办案人员、违法嫌疑人或者其代理人、第三人质证、辩论的内容；证人陈述的事实；违法嫌疑人、第三人、办案人员的最后陈述意见；如听证参加人提出回避、中止听证的情况等，也应当在笔录中注明。

（三）尾部

尾部由违法嫌疑人或者代理人、其他利害关系人或者代理人、证人、听证员、听证主持人、记录员分别签名并注明日期。《听证笔录》应交违法嫌疑人阅读或者向其宣读。《听证笔录》中的证人陈述部分，应当交证人阅读或者向其宣读。违法嫌疑人或者证人认为《听证笔录》有误的，可以请求补充或者改正。违法嫌疑人审核无误后签名或者捺指印。拒绝签名或者捺指印的，由记录员在笔录上记明情况。

《听证笔录》经听证主持人审阅后，由听证主持人、听证员和记录员签名并注明日期。在文书右上角相应位置标明《听证笔录》的页数。

三、注意事项

(1) 听证主持人和记录人不应在笔录上作任何带有主观色彩的结论性判断。
(2) 条理清楚、准确无误。《听证笔录》应存入案卷。

四、应用示例

（此处印制公安机关名称）

听 证 笔 录

案由　王××赌博案

时间　2013 年 4 月 25 日 8 时 30 分至 2013 年 4 月 25 日 11 时 0　分

地点　××公安局会议室　举行方式　公开举行

听证主持人　龙××、××区公安分局治安大队大队长

听证员　何××、晋××，××区公安局法制科民警

记录员　何××，××区公安分局法制科民警

违法嫌疑人　王××，男，40 岁，现住××市××区××路××号，个体经营者(工商户)

法定代表人

委托代理人

本案其他利害关系人

本案其他利害关系人的代理人

　　本案办案人民警察　李××、周××，××区公安分局治安大队民警

　　听证内容记录　听证主持人核对听证参加人数；宣布案由；宣布听证员、记录员名单；告知当事人权利和义务；询问当事人是否提出回避申请。

　　办案人员李××：2013年4月15日，我们接到群众举报，称××路××茶楼(为本案嫌疑人王××所营)有人聚赌，我和民警周××随即赶到现场，发现王××与王×、刘××、黄××正在用麻将赌博，当场查获赌局麻将1副，赌资3000元整，用于计算兑换赌资的扑克牌1副。于是将王××等4人带回治安大队调查。以上事实有麻将牌1副、赌资、扑克牌1副作为证据。私人的询问笔录和邻居孙×证言一份为证。考虑到王××不仅自己参与赌博，且为他人提供赌博条件，根据《中华人民共和国治安管理处罚法》第70条的规定，拟对其处以2500元罚款。(宣读孙×证言，出示王××、王×、刘××、黄××询问笔录)

　　违法嫌疑人王××：我参与赌博和在我家打麻将都是事实，对其他人只罚1000元，对我却罚2500元，我不服，而且是他们非要在我这里打，我不好意思拒绝；另外，对民警说的赌资3500元，我不同意，因为在台面上只有600元，其他钱是我们带在身上的，不应该算赌资。

　　办案人员李××：据王×等三人交代，是你打电话叫他们到你那里玩麻将的，赌博的数额较大，和一次牌一般都能赢1000元左右，最多的达3000元，而参与赌博的钱一般不在台面上，以扑克牌的张数作为兑换现金的凭证。

　　违法嫌疑人王××：我知道赌博不对，我一定吸取教训，再也不赌了。

　　办案人员李××：我们认为对该案的处理事实清楚，证据确凿，程序合法，适用法律适当，建议将此作出的处罚决定报局领导审批。(听证主持人宣布：听证会结束)

　　违法嫌疑人或者代理人(签名)：　　王××

　　其他利害关系人或者代理人(签名)：

　　证人(签名)：

　　听证员(签名)：　　何××、晋××

　　听证主持人(签名)：　　龙　××

　　记录员(签名)：　　何××

第六节　公安行政处罚类文书

5.6.1　公安行政处罚决定书

一、概念

　　《公安行政处罚决定书》是公安机关按照行政处罚的一般程序对当事人予以行政处罚时制作使用的法律文书。它是公安机关作出行政处罚决定所具备的法律效力的表现形式，

同时也是判断公安机关是否依法履行职责的重要标志。当事人对行政处罚决定不服，可以依法提起行政诉讼，因此，该文书在行政诉讼过程中是复议机关或者人民法院重点审查的法律文书之一。

二、结构形式

本文书属填充式文书，一式三份，被处罚人和执行单位各一份，一份附卷。治安案件有被侵害人的，复印一份送被侵害人。关于本文书的填写，样本已做较为详细的说明(已印制好)，填写时只需参照说明，按所设栏目逐一填写。

三、注意事项

(1) 作出没收违法所得、非法财物的行政处罚决定时，还应附没收违法所得、非法财物清单。

(2) 被处罚人或者被处罚单位的法定代表人或者负责人应当在附卷联上签名，拒绝签名的，由办案人员在附卷联上注明。结案后，《公安行政处罚决定书》应存入行政案件案卷。

四、应用示例

××公安局
公安行政处罚决定书
×公(治)决字〔2013〕第7号
案　　由　李××盗窃电缆线
被处罚人 李×× 性别 男 出生日期
1986.5.15
身份证件种类及号码居民身份证号：
现　住　址　××市××区××号
工作单位　　无业
法定代表人
行政处罚决定　行政拘留十日
办案单位××市××区公安局
承　办　人　魏××、张××
批　准　人　杨××
填　发　人　刘××
填发日期　2013年×月×日

存根

××公安局
公安行政处罚决定书
×公(治)决字〔2013〕第7号
被处罚人李××，男 1986年5月15日生，无业，现住××市××区××号

现查明 2013年×月×日上午×时，李××潜入××小区用胶把钳夹断了××电信公司铺设的电缆，盗得电缆线1卷，在其逃离现场时被巡逻的保安现场抓获，并从其身上搜出胶把钳1把，电缆线1卷，重约5千克，

以上事实有 作案工具胶把钳1把，电缆线1卷，××小区保安李××、王××证言　　等证据证实。

根据《中华人民共和国治安管理处罚法》第三十三条第一款，现决定给予李××行政拘留十日，收缴作案工具，胶把钳1把，电缆线1卷。

履行方式：于2013年×月×日—2013年×月×日执行拘留

被处罚人如果不服本决定，可以在收到本决定之日起六十日内向上级公安机关申请行政复议或者在三个月内依法向××区人民法院提起行政诉讼。

附：收缴/追缴物品清单共一份。
(公安局印)
二〇一三年×月×日

被处罚人(签名)：李××
2013年×月×日

一式三份，被处罚人和执行单位各一份，一份附卷。治安案件有被侵害人的，复印送被侵害人一份。

5.6.2　当场处罚决定书

一、概念

《当场处罚决定书》是公安机关及其办案人员依照简易程序对违法事实确凿并有法定依据，对公民处以50元以下、对单位处以1000元以下罚款或者警告的行政处罚时所出具的法律文书，是公安机关作出行政处罚的凭证。其目的在于将公安机关行政处罚决定告知当事人，同时告知当事人不服处罚决定的法律救济途径。

二、结构形式

《当场处罚决定书》属填充型文书，一式两份，一份交被处罚人，一份交所属公安机关备案。治安案件有被侵害人的，应在二日内将处罚决定书复印件送被侵害人。本文书在结构内容上与公安行政处罚文书基本相同，按栏目要求一一填写，违法事实部分只需写明种类，无须详细叙述。

三、注意事项

(1) 适用当场处罚程序必须严格依照法律、法规和规章规定的范围进行，不得越权行使。对卖淫、嫖娼以及引诱、介绍、容留卖淫、嫖娼以及涉外违反治安管理的行为，不适用当场处罚，也不能出具《当场处罚决定书》。

(2) 《当场处罚决定书》填写完毕，应当由被处罚人或者被处罚单位的法定代表人或者负责人在《当场处罚决定书》备案联上签名，并当场交付被处罚人。拒绝签名的，办案人员应当在备案联上注明。如被处罚人对违法事实、证据等与执法人员认为有分歧的，办案人员不应继续实施当场处罚，而应当将该案件转为一般程序处理。

(3) 对依法可以当场收缴罚款的，办案人员除开具《当场处罚决定书》外，还要同时填写罚款收据交付被处罚人。不能当场收缴罚款的，应当告知被处罚人在规定期限内到指定的银行缴纳。

(4) 办案人员实施当场处罚时，应向违法行为人出示执法身份证件，口头告知其拟作出行政处罚的事实、理由、依据及其依法享有的权利。否则，不能开具《当场处罚决定书》。

(5) 本文书不适用公安交通管理当场处罚。

(6) 办案人员当场作出的行政处罚决定，应当从作出决定之日起二日内将《当场处罚决定书》(备案联)报所属公安机关备案。

(7) 该文书可用复写纸复制，一式两份，但在交所属公安机关备案联上应由被处罚人或者单位的法定代表人或者负责人签名。

(8) 铁路、交通民航和森林公安实施当场处罚时，继续使用《财政部、公安部关于使用治安管理《当场处罚决定书》(代收据)有关问题的补充通知》(财预[2001]260号)所规定的《治安管理当场处罚决定书(代收据)》，并将其中的法律依据修改为《中华人民共和国治安管理处罚法》。

四、应用示例

××公安局
当场处罚决定书

编号： 005

被处罚人　韦××
性别　男　出生日期　1981 年 5 月 13 日　法定代表人
身份证件种类及号码　居民身份证号：×××××××××××××××××××
现住址　××市××小区 1 幢 305 号
工作单位　××市××机修厂工人
　　因　阻碍××区物价局工作人员执行公务，根据《中华人民共和国治安管理处罚法》第五十条第二、款第二、项规定，决定给予罚款五十元的处罚。
　　履行方式：　于 2014 年×月×日前到工商银行交纳罚款。
　　被处罚人如果不服本决定，可以在收到本决定之日起六十日内向上级公安机关申请行政复议或者在三个月内依法向同级人民法院提起行政诉讼。
　　处罚地点　××市××小区农贸市场
　　办案人民警察(签名或盖章)　江××

　　　　　　　　　　　　　　　　　　(处罚机关印章)
　　　　　　　　　　　　　　　　　　二○一四年×月×日

被处罚人(签名)：韦××
2014 年×月×日

　　一式两份，一份交被处罚人，一份交所属公安机关备案。治安案件有被侵害人的，两日内将处罚决定书复印件送被侵害人。

5.6.3　没收违法所得、非法财物清单

一、概念

　　《没收违法所得、非法财物清单》是公安机关对违法行为人作出没收违法所得、非法财物处罚时与《公安行政处罚决定书》配套使用的法律文书。该文书是公安机关办理行政案件的重要凭证，对于规范公安机关执法活动，保护当事人合法利益具有重要意义。

二、结构形式

　　本文书属填充型文书，一式两份，一份交被处罚人，一份附卷。填写时，按所设栏目逐一填写。

三、注意事项

　　本文书应当和没收违法所得或者非法所得的《公安行政处罚决定书》一同使用。

四、应用示例

（此处加盖公安机关印章）

（此处印制公安机关名称）

没收违法所得、非法财物清单

根据×公（治）决字〔2012〕第 2 号（公安行政处罚决定书文号）的决定，对被处罚人吴×
×的下列物品予以没收。

编号	名称	规格	数量	特征	备注
1	录像机	松下牌 SP5050型	壹台	××产地，黑色，八成新	
2	DVD		拾张	新盘无封面	
3	彩色电视机	直角平面 29寸××牌	壹台	××产地，灰色，八成新	
被处罚人（签名）：吴×× 2012 年×月×日			承办人：刘×× 2012 年×月×日		

一式两份，一份交被处罚人，一份附卷。

5.6.4　扣押物品清单

一、概念

《扣押物品清单》是公安机关在办理行政案件过程中对采取先行登记保存不足以防止当事人销毁或者转移证据，对涉案物品进行扣押时所使用的凭证性文书。公安机关在扣押物品时，应清楚完整地记载扣押物品情况，依法保护当事人合法权益。

二、结构形式

本文书属填充型文书，一式两份，一份交物品持有人，一份附卷。制作时，按栏目逐项填写。

三、注意事项

(1) 对可以做证据使用的录音带、录像带、电子数据库等，在扣押时应检查能否正常打开或播放，证明案由、对象、内容以及录制时间、地点等，并妥善保管。

(2) 对扣押的物品，公安机关应在十五日内根据案件具体情况作出相应的处理决定，逾期不作出处理决定的，当事人有权要求退还。

四、应用示例

```
(此处加盖公安机关印章)
                    (此处印制公安机关名称)
                      扣押物品清单

    物品持有人 黄×× (性别 男　年龄 23　单位法定代表人_____ 现住址及联系
方式 ××市××路××号，电话：×××××××)持有的下列物品与盗窃案件有关，需要
作为证据，依法予以扣押。
```

编号	名称	规格	数量	特征	发还情况 (接受人签收)
1	自行车	××牌28型	壹辆	黑色，八成新	
2	胶把钳	××牌，中号	壹把	红色，六成新	

物品持有人、见证人(签名)：黄×× 2013 年×月×日	承办人(签名)：李×× 2013 年×月×日

　　一式两份，一份交物品持有人，一份附卷。

5.6.5　收缴/追缴物品清单

一、概念

　　《收缴/追缴物品清单》是公安机关依法作出收缴或追缴涉案物品决定时制作的有关收缴或追缴物品具体情况的凭证性文书。它既可以与《公安行政处罚决定书》同时使用，也可以作为单独的收缴或者追缴决定书使用。若既有收缴又有追缴的，应当分别制作清单。

二、结构形式

　　本文书属填充型清单类文书，一式两份，一份交物品持有人，一份附卷。制作时，按栏目所设具体内容和要求逐项填写。

三、注意事项

　　"持有人"后面横线填写个人情况，包括身份证种类及号码、现住址或者单位名称、地址和法定代表人。有关内容如果在《公安行政处罚决定书》中已经体现，可以只填物品持有人姓名或物品持有单位名称。

四、应用示例

（此处加盖公安机关印章）

（此处印制公安机关名称）

收缴/追缴物品清单

根据《中华人民共和国办理行政案件程序规定》第一百五十三条的规定对物品持有人刘××持有淫秽 DVD 光盘十张、磁带陆盒的下列物品予以收缴/追缴。如不服本决定，可以在收到本清单之日起向上级公安机关申请行政复议或者在三个月内向同级人民法院提起行政诉讼。

编号	名称	规格	数量	特征	发还情况（接收人签收）
1	DVD 光盘		十张	无封面	
2	磁带	SONY 牌	陆盒	灰色封面	

物品持有人、见证人(签名)：刘××	承办人(签名)：李××
2014 年×月×日	2014 年×月×日

一式两份，一份交被处罚人，一份附卷

第七节 收容教育文书

5.7.1 收容教育/延长收容教育决定书

一、概念

《收容教育/延长收容教育决定书》是公安机关依法对卖淫、嫖娼人员决定收容教育或者延长收容期限时制作和使用的文书。正确使用收容教育或者延长收容教育，通过强制措施集中进行法律、道德教育和生产劳动，有利于对被收容人员进行教育、感化和挽救，促使其改掉恶习。

二、结构形式

本文书属填充型文书，由存根和正页两部分组成。正页部分，一式三份，被收容教育人和收容教育所各一份，一份附卷。

三、注意事项

本文书由《收容教育决定书》与《延长收容教育决定书》合并而成。在制作时可根据实际情况选用。

四、应用示例

(此处印制公安机关名称)
收容教育/ 延长收容教育决定书
×公(治)收教决字〔2013〕第 2 号
被收容教育人王××性别<u>女</u>
出生日期 <u>1983 年 1 月 25 日</u>
身份证件种类及号码<u>居民身份</u>
证号：××××××××
现住址<u>××市××小区 1 幢 3</u>
<u>单元 305</u>
工作单位 <u>无业</u>
收容教育/延长收容教育原因
<u>卖淫</u>
收容教育期限 <u>2013 年×月×日</u>
<u>至 2013 年×月×日</u>
收容教育地点<u>××市公安局×</u>
<u>×收容教育所</u>
承办人 <u>吴××、赵××</u>
批准人 <u>张××</u>
填发人 <u>崔××</u>
填发日期 <u>2013 年×月×日</u>

存根

(此处印制公安机关名称)
收容教育/延长收容教育决定书
×公(治)收教决字〔2013〕第 2 号
被收容教育人王××性别<u>女</u>出生日期 <u>1983 年 1</u>
<u>月 25 日</u>身份证件种类及号码<u>居民身份证号：×××</u>
<u>××××××</u>现住址<u>××市××小区 1 幢 3 单元</u>
<u>305</u>
现查明<u>王××于 2013 年×月×日晚在本市洗浴</u>
<u>中心卖淫，被公安机关当场抓获</u>，根据《卖淫嫖娼管
理办法》第<u>七</u>条第<u>一</u>款第<u>一</u>项规定，我局决定对其收
容教育/延长收容教育<u>六个月</u>(自 <u>2013 年×月×日</u>至
<u>2013 年×月×日</u>止)。
如不服本决定，可以在收到本决定书之日起六十
日内向<u>上一级公安机关</u>申请行政复议。
收容教育所名称 <u>××市公安局××收容教育所</u>
地址 ＿＿＿＿＿＿＿＿＿＿＿＿＿＿
 (公安局印) 二〇一三年×月×日
被收容教育人(签名)：王××
2013 年×月×日

一式三份，被收容教育人和收容教育所各一份，一份附卷

5.7.2　提前解除收容教育决定书

一、概念

《提前解除收容教育决定书》是公安机关认为被收容教育人员在收容教育期间确有悔改或者有立功表现以及其他特殊情况，依法决定对其解除收容教育时所使用的法律文书，由原决定收容教育的公安机关作出。

二、结构形式

本文书属填充型文书，由存根和正页两部分组成，与前面所讲的《收容教育/延长收容教育决定书》结构大同小异。制作时，按具体栏目内容填写即可。

三、注意事项

(1) 需要提前解除收容教育的，应由收容所根据被收容教育人在收容教育期间的表现提出意见，报原决定对其实行收容教育的公安机关批准，由原决定公安机关作出。收容教

育所无权自行决定提前解除收容教育。

(2) 提前解除收容教育的，实际执行的收容期限不得小于原决定收容教育期限的二分之一。

四、应用示例

<table>
<tr><td>

(此处印制公安机关名称)
提前解除收容教育决定书
×公(治)解教决字〔2013〕第1号

被收容教育人 孙×× 性别 男
出生日期 1980 年 2 月 18 日
现住址 ××市××小区 9 幢 2 单元 204
工作单位 ××市××公司职员
收容教育决定文号 ×公(治)收教决字
〔2013〕第 2 号
提前解除收容教育原因 有重大立功表现
提前解除收容教育日期 2013 年×月×日
承办人 金××、刘××
批准人 张××
填发人 李××
填发日期 2013 年×月×日

</td><td>

(此处印制公安机关名称)
提前解除收容教育决定书
　　×公(治)解教决字〔2013〕第1号

　　被收容教育人 孙×× 性别 男 出生日期 1980 年 2 月 18 日 现住址 ××市××小区 9 幢 2 单元 204
　　因孙××于2013年×月×日晚在本市××娱乐城嫖娟，我局决定对其收容教育 六个月 (自 2013 年×月×日至 2013 年×月×日止) (决定书文号×公(治)收教决字〔2013〕第 8 号)。
　　现因 在收容教育期间有重大立功表现，根据《卖淫嫖娟人员收容管理办法》第十七条规定，我局决定自 2013 年×月×日起提前解除对其收容教育。

　　　　　　(公安机关印章)
　　　　　　二〇一三年×月×日

被收容教育人(签名)：王××
2013 年×月×日

</td></tr>
<tr><td>存根</td><td>一式三份，本人和收容教育所各一份，一份附卷。</td></tr>
</table>

5.7.3　解除收容教育证明书

一、概念

《解除收容教育证明书》是收容教育所对收容教育期满人员作出的解除收容证明。

二、结构形式

本文书亦属填充式文书，由存根和正页两部分组成。制作时，按栏目逐项填写。

三、注意事项

本文书相关栏目的填写应当与原《收容教育/延长收容教育决定书》一致，它适用于因收容教育期满而被依法解除收容教育的人员。对于提前解除收容教育的，应由原决定的公安机关开具《提前解除收容教育决定书》，而不能使用《解除收容教育证明书》。

四、应用示例

<table>
<tr>
<td>

(此处印制公安机关名称)

解除收容教育证明书

×公(治)解教决字〔2012〕第 2 号

被收容教育人<u>王××</u>性别<u>女</u>

出生日期 <u>1983 年 1 月 25 日</u>

现住址<u>××市××小区 1 幢 3 单元 305</u>

工作单位 <u>无</u>

收容教育决定书文号<u>×公(治)收教决字〔2012〕第 2 号</u>

收容教育期限 <u>2012 年×月×日至 2012 年×月×日</u>

收容教育地点<u>××市公安局××收容教育所</u>

通知家属或者单位情况<u>已通知其家属</u>

承办人 <u>金××、刘××</u>

批准人 <u>张××</u>

填发人 <u>李××</u>

填发日期 <u>2012 年×月×日</u>

存根

</td>
<td>

(此处印制公安机关名称)

解除收容教育证明书

×公(治)解教决字〔2012〕第 2 号

　　被收容教育人<u>王××</u>性别<u>女</u>出生日期 <u>1983 年 1 月 25 日</u>现住址<u>××市××小区 1 幢 3 单元 305</u>

　　因<u>王××于 2012 年×月×日晚在本市洗浴中心卖淫</u>，被<u>××市公安局</u>决定对其收容教育<u>六个月</u>(自 <u>2012 年×月×日至 2012 年×月×日止</u>)(决定书文号<u>×公(治)收教决字〔2012〕第 2 号</u>)。

　　现期限届满，予以解除。

(收容教育所印章)

二〇一二年×月×日

被收容教育人(签名)：王××

2012 年×月×日

一式两份，本人一份，一份附卷。

</td>
</tr>
</table>

第八节　强制戒毒文书

强制戒毒文书制作部分，由于本书的篇幅有限，只列举相关文书种类供读者了解。

(1) 强制戒毒/延长强制戒毒决定书。

(2) 解除强制戒毒证明书。

(3) 限期戒毒通知书。

(4) 暂缓执行行政拘留决定书。

(5) 收取保证金通知书。

(6) 担保人保证书。

(7) 退还保证金通知书。

(8) 没收保证金决定书。

第九节　出入境管理文书

出入境管理文书制作部分，由于本书的篇幅有限，只列举相关文书种类供读者了解。

(1) 出入境管理拘留审查/延长拘留审查决定书。

(2) 出入境管理解除拘留审查决定书。

(3) 出入境管理监视居住/延长监视居住决定书。

(4) 出入境管理解除监视居住决定书。

(5) 遣送出境决定书。

(6) 缩短停留期限决定书。

(7) 取消居留资格决定书。

(8) 限期离境决定书。

(9) 扣留/收缴护照、证件决定书。

(10) 终止案件调查决定书。

第十节　通用文书

5.10.1 _____回执

一、概念

《_____回执》是指公安机关依照法定时间和方式将公安行政法律文书送交被执行人，用以证明被执行人收到该法律文书的书面凭证。《_____回执》适用于在送达公安行政法律文书时，该法律文书没有当事人签收栏或者采用委托送达、留置送达等方式送达的情况。

二、结构形式

《_____回执》属于填充型文书，由首部和正文两部分组成。首部包括送达回执文书的名称和文书文号。正文主要记录送达有关情况。制作时，按表格要求逐项填写。

三、注意事项

(1) 公安机关办理行政案件中所使用的法律文书设有专联记载送达情况，送达时在该法律文书专联上记载送达情况，可不使用送达回执。

(2) 需要送达的法律文书，必须严格遵循送达时间和方式，并由被送达人或代收人在送达回执上签名，被送达人或代收人拒绝接收或者拒绝签名或者拒绝盖章的，应由送达人在送达回执上注明情况并由见证人签名。

四、应用示例

(此处印制公安机关名称)

行政拘留执行回执

××县公安(分)局

　　根据你局×公(治)决字〔200×〕第×号决定书，王××已于200×年×月×日入所。执行期限为七日(自2013年×月×日至2013年×月×日止)。

投送人：李××
经办人：杨××

(执行单位印章)
2013年×月×日

此文书交办案单位附卷

5.10.2　责令限期_____通知书

一、概念

《责令限期_____通知书》是公安机关要求当事人在一定期限内通过整改、拆除或者清除有关设施等措施，纠正违法行为时所使用的文书。

二、结构形式

《责令限期_____通知书》属于多联式填充型文书，包括存根和正本两部分。第一联为存根，存档备查；正本为一式两份，一份交被检查单位，一份附卷。制作时，按表格要求逐项填写。

三、注意事项

(1) 该文书是通用文书，使用该文书及文书中有关内容的填写应当严格依照所依据的法律规定进行。实际执行时，不得在没有法律依据的情况下使用此文书。

(2) 公安机关在实施行政处罚时，应当遵守《中华人民共和国行政处罚法》的规定，责令当事人纠正违法行为。但在执行方式上，由于违法行为的性质、情形及后果的严重性不同，有些情况下通过口头方式实施即可，有些情况下则要通过书面形式进行。

(3) 限期处理措施的具体期限，根据所针对的不同违法行为的情形确定。

(4) 使用该文书的限期处理措施，包括限期改正、恢复原状、拆除或清除等。

(5) 公安机关在使用此文书时，应当监督当事人在期限内尽快纠正违法行为，在期限届满时，应采取必要的复查措施。逾期未按照要求采取纠正措施的，依照法律规定采取相应处罚或者强制执行措施。

四、应用示例

×××公安局
责令限期改正通知书
×公(消)限字〔2013〕第 2 号
检查时间 2013 年×月×日
检查地点 ××市××区××饭店
被检查单位名称 ××饭店
被检查单位地址 ××市××区××路
违法行为 未保障消防疏散通道、安全出口通畅
限期改正时间 2013 年×月×日至 2013 年×月×日
办案单位 ××市公安局消防支队
承办人 李××、杨××
批准人 张××
填发人 杨××
填发日期 2013 年×月×日

存根

×××公安局
责令限期改正通知书
×公(消)限字〔2013〕第 2 号
××饭店：
　　根据《中华人民共和国消防法》和《消防监督检查规定》，我单位工作人员李××、杨××于 2013 年×月×日对你单位进行检查，发现存在下述违法行为：
　　××饭店三楼两侧堆放的杂物堵塞消防疏散通道和安全出口，无法保障疏散通道和安全出口通畅。
　　根据《中华人民共和国消防法》第四十二条第二款之规定，现责令你单位在 2013 年×月×日前改正完毕。并将结果函告我单位。在期限届满之前，你单位必须对上述杂物予以清除，使消防疏散通道和安全出口畅通，同时，落实防火措施，防止火灾发生。

　　　　　　　　(公安机关印章)
　　　　　　　　二○一三年×月×日

被检查单位：××饭店，王××
　　　　　　2013 年×月×日

一式两份，一份交被检查单位，一份附卷。

5.10.3 责令停止_____通知书

一、概念

《责令停止_____通知书》是公安机关依法责令当事人停止违法行为时使用的文书。

《中华人民共和国行政处罚法》第 23 条规定："行政机关实施行政处罚时，应当责令当事人改正或者限期改正违法行为。"

二、结构形式

《责令停止_____通知书》属于多联式填充型文书，分为存根和正本两部分。存根为一联，正本为两联(一式两份)，一联交被通知人，一联附卷。制作时，按表格要求逐项填写。

三、注意事项

对法律、法规及规章中未作规定的，不得使用本文书。

四、应用示例

×××公安局
责令停止举办通知书
×公(消)停字〔2014〕第 6 号
被通知人××公司
违法行为擅自举办焰火晚会，具有火灾危险
被停止事项停止举办焰火晚会
检查时间2014 年×月×日
办案单位××市公安局消防大队
承办人 张××
批准人 王××
填发人 林××
填发日期 2014 年×月×日

存根

×××公安局
责令停止举办通知书
×公(消)停字〔2014〕第 6 号
××公司：

经检查，你单位存在下述违法行为：

你单位于 2014 年×月×日在广场举行的焰火晚会，未事先向公安消防机构申报。根据《中华人民共和国消防法》第四十一条规定，现责令你单位立即停止举办焰火晚会。

如不服本决定，可以在收到本通知书之日起六十日内向××市公安局或者××县人民政府申请行政复议或者在三个月内依法向××县人民法院提起行政诉讼。

(公安机关印章)
二〇一四年×月×日

被通知人(签名)：李××
2014 年×月×日

一式两份，一份交被检查单位，一份附卷。

思考与练习

1. 公安行政法律文书的特点有哪些？
2. 公安行政法律文书的制作要求有哪些？
3. 《受案登记表》要填写清哪些方面的内容？
4. 制作《询问笔录》有哪些注意事项？
5. 《听证笔录》的尾部部分有哪些内容？

第六章

检察院法律文书

第一节　检察院法律文书概述

一、检察院法律文书的概念和特征

人民检察院的法律文书是人民检察院在行使刑事检察职能时，对各类诉讼案件实行法律监督所制作的法律文书。人民检察院的法律文书是办理案件的客观记录，是行使检察权的重要文字凭证，是保证法律实施的重要工具。准确制作人民检察院的法律文书对于依法保护人民、打击敌人、惩治犯罪具有重要的意义。

二、检察院法律文书的种类

现行的《人民检察院法律文书格式(样本)》所规定的文书共159种，分为三类。

（一）刑事法律文书

(1) 立案法律文书，如立案决定书、不立案通知书等。
(2) 侦查法律文书，如传唤通知书、逮捕决定书、起诉意见书等。
(3) 公诉法律文书，如起诉书、公诉意见书、刑事抗诉书等。
(4) 执行法律文书，如停止执行死刑意见书、纠正不当假释裁定意见书等。
(5) 刑事申诉法律文书，如刑事申诉复查通知书、纠正案件错误通知书等。
(6) 刑事赔偿法律文书，如刑事赔偿申请通知书、重新确认通知书等。
(7) 其他形式法律文书，如复议决定书、纠正案件决定错误通知书等。

（二）民事、行政法律文书

民事、行政法律文书共有15种，分别为民事、行政案件申诉书、民事行政检察立案决定书、民事行政检察不立案决定书等。

（三）通用法律文书

通用法律文书共有5种，分别为调(借)阅案卷通知书、纠正违法通知书、检察意见书、检察建议书、送达回证。

此外，检察院的文书也包括对内的工作文书。

本章只讲检察院法律文书。主要讲述检察院常用法律文书的制作，包括起诉书、不起诉决定书、公诉意见书以及抗诉书。

第二节 公诉文书

公诉文书是指人民检察院在依法履行审查起诉和出庭支持公诉职责的过程中所制作的各种法律文书。公诉文书分为审查起诉文书、提起公诉文书、不起诉文书、适用简易程序文书、出席法庭文书等。本章重点介绍几种常用的文书，包括起诉书、不起诉决定书、公诉意见书及抗诉书。

6.2.1 起诉书

一、概念

起诉书是人民检察院对公安机关移送审查起诉或自行侦查的案件，认为被告人的犯罪事实已查清，证据确实充分，依法追究刑事责任时而制作的向人民法院提起公诉的法律文书。它是人民检察院行使公诉权重要的法律凭证，同时表明人民检察院审理案件的终结，也是人民法院受理公诉案件的依据。因此起诉书是一种重要的法律文书。

此外要注意起诉书与起诉状的区别，虽然一字之差，却大不相同，其差别表现在以下几个方面。

（一）制作主体不同

起诉书是人民检察院制作的；起诉状是公民、法人和其他组织制作的。

（二）目的不同

起诉书是为了揭露犯罪、指控犯罪，是交付人民法院审判的依据；起诉状是为了维护公民、法人和其他组织的合法权益。

（三）使用范围不同

起诉书限于刑事案件；起诉状限于民事案件、行政案件和刑事自诉案件。

二、结构形式

基于案件类型、适用程序的不同，起诉书的格式分为四种，分别适用于普通程序案件、单位犯罪案件、简易程序案件和刑事附带民事诉讼案件，各种格式在内容上均有所侧重。

起诉书同样由首部、正文、尾部构成，各部分的写法表述如下。

（一）首部

1. 标题和编号

(1) 标题。标题包括制作机关名称和文书名称，人民检察院的名称应与院印上的名称一致；文书名称，即"起诉书"，分两行居中书写。

(2) 编号。编号由人民检察院的简称、案件性质(即刑诉)、起诉年度、案件顺序号组成，如"×检刑诉(年度)×号"，位于标题的右下方。

2．被告人(被告单位)的基本情况

(1) 身份情况。

第一，姓名的书写。

第二，年龄的书写。

第三，文化程度。

第四，职业或工作单位。

第五，地址。

(2) 是否受过刑事处罚。主要写明被告人曾经受过的行政处罚、刑事处罚、劳动教养处分，或者又在以上限制自由的期间内逃跑过的，可能构成累犯或者是法定从重、加重的情节。写明何时何因被判处何种处罚及劳改释放或逃跑的时间。

(3) 因本案被采取强制措施的情况。写明采取强制措施的原因、种类、批准或决定的机关和时间、执行的机关和时间。

3．案由与案件来源

(1) 写明侦查机关、案由和移送审查起诉的时间。

(2) 依法告知的情况(这是新增加的内容)。

(3) 其他有关情况，如退回补充侦查的情况，即写明退回补充侦查的时间和重新移送审查起诉的时间；延长审查起诉期限的情况等。这些内容一般要根据实际情况叙写。

(二) 正文

正文包括案件事实、证据、起诉理由与法律依据。

1．案件事实

它是起诉书的核心部分，是阐明起诉理由和法律依据的基础。

(1) 事实材料选择得当。

(2) 要素齐全。

(3) 写清符合刑法所规定的犯罪构成要件的具体情况。

(4) 结合不同的叙述方法灵活运用。

(5) 叙述注意保守秘密和被害人的隐私。

2．证据

提起公诉要有足够的证据，因此起诉书不仅应当有指控的犯罪事实，还应当列举认定事实所依据的证据。

3．起诉理由与法律依据

(三) 尾部

尾部包括送达的人民法院名称、检察长(或检察员)署名、制作文书的年月日及附项。

附项一般有以下事项：

    (1) 被告人羁押、监视居住或取保候审的住所。

    (2) 附送的案卷材料名称、册数、页数和赃证物清单。

    (3) 共同犯罪案件被告人中，检察院已作出起诉或不起诉决定的文书副本。

    (4) 被害人(或其家属)提出的附带民事诉讼诉状一份。

三、功能用途

    起诉书是人民检察院代表国家按照审判管辖的规定，向同级人民法院对依法应当追究刑事责任的被告人提起公诉时所制作的文书。其作用是：

    (1) 对侦查机关来讲，起诉书是确认侦查终结的案件犯罪事实、情节清楚，证据确实、充分，侦查活动合法的凭证。

    (2) 对检察院来讲，起诉书既是代表国家对被告人追究刑事责任交付审判的文件，又是出庭支持公诉，发表公诉意见，参加法庭调查和辩论的基础。

    (3) 对审判机关来讲，起诉书引起第一审程序的刑事审判活动，它既是人民法院对公诉案件进行审判的凭据，又是法庭审理的基本内容。

    (4) 对被告人及其辩护人来讲，起诉书既是告知被告人已被交付审判的通知，又是公开指控其犯罪行为的法定文件。

四、应用示例

××市人民检察院

起　诉　书

穗检公一诉〔2×××〕147 号

    被告人乔燕琴，又名乔艳清，男，21 岁，汉族，山西省离石市人，文化程度初中，住山西省离石市吴城镇陈家塔村。捕前系广州市收容人员救治站护工。2013 年 5 月 12 日被刑事拘留，2013 年 5 月 12 日经广州市白云区人民检察院批准逮捕，同年 5 月 13 日被逮捕。

    被告人李海婴，又名李海英，男，26 岁，汉族，湖南省双牌县人，文化程度初中，住湖南省双牌县塘底乡麻滩村委会 103 号。2013 年 5 月 10 日被刑事拘留，2013 年 5 月 10 日经广州市白云区人民检察院批准逮捕，同年 5 月 11 日被逮捕。

    被告人钟辽国，又名钟条国，化名洪权才，男，31 岁，汉族，湖南省平江县人，文化程度初中，住湖南省平江县冬塔乡江洲村 256 号。2004 年 8 月 4 日因盗窃被江苏省吴县人民法院判处有期徒刑一年零六个月，2005 年 8 月 6 日刑满释放。2013 年 4 月 23 日因抢夺被广州市劳动教养管理委员会送劳动教养一年。2013 年 5 月 13 日被刑事拘留，2013 年 5 月 13 日经广州市白云区人民检察院批准逮捕，同年 5 月 14 日被逮捕。

    被告人周利伟，化名黄开平，男，20 岁，汉族，湖北省麻城市人，文化程度初中，住湖北省麻城市铁门岗乡下屋周村四组上屋周坑 24 号。2013 年 5 月 4 日被刑事拘留，2013 年 5 月 8 日经广州市白云区人民检察院批准逮捕，同年 5 月 9 日被逮捕。

    被告人张明君，男，24 岁，汉族，四川省南部县人，文化程度小学，住四川省南部县太华乡宋家庙村 8 组。2013 年 5 月 9 日被刑事拘留，2013 年 5 月 10 日经广州市白云区人民检察院批准逮捕,同年 5 月 12 日被逮捕。

被告人吕二鹏,曾用名吕鹏、吕鹏鹏,男,18 岁,汉族,山西省垣曲县人,文化程度初中,住山西省垣曲县长直乡古垛村虎拔组 02 号。捕前系广州市收容人员救治站护工。2013 年 5 月 3 日被刑事拘留,2013 年 5 月 8 日经广州市白云区人民检察院批准逮捕,同年 5 月 9 日被逮捕。

被告人李龙生,绰号"长毛",男,23 岁,汉族,江苏省铜山县人,文化程度高中,住江苏省铜山县太山乡西桃园村 4 组 161 号。2013 年 5 月 10 日被刑事拘留,2013 年 5 月 10 日经广州市白云区人民检察院批准逮捕,同年 5 月 11 日被逮捕。

被告人李文星,男,17 岁(1995 年 6 月 12 日出生),汉族,河南省许昌县人,文化程度小学,住河南省许昌县榆林乡司庄村四组。2013 年 1 月 17 日因抢夺被广州铁路运输法院判处拘役五个月,2013 年 2 月 22 日刑满释放。2013 年 4 月 30 日被刑事拘留,2013 年 5 月 8 日经广州市白云区人民检察院批准逮捕,同年 5 月 9 日被逮捕。

被告人韦延良,化名徐华彬,男,22 岁,汉族,贵州省正安县人,文化程度初中,住贵州省正安县梓(木焉)乡马安村石堡组。2013 年 5 月 12 日被刑事拘留,2013 年 5 月 13 日经广州市白云区人民检察院批准逮捕,同年 5 月 15 日被逮捕。

被告人何家红,又名何加洪,男,29 岁,汉族,四川省古蔺县人,文化程度小学,住四川省古蔺县双沙镇寨坪村二社 26 号。 2007 年 6 月因抢劫被广州市劳动教养管理委员会送劳动教养两年,2009 年 1 月 18 日解除劳动教养。2013 年 5 月 3 日被刑事拘留,2013 年 5 月 8 日经广州市白云区人民检察院批准逮捕,同年 5 月 9 日被逮捕。

被告人乔志军,男,24 岁,汉族,山西省离石市人,文化程度中专,住山西省离石市城关镇永宁中路 34 号。捕前系广州市收容人员救治站护工。2013 年 5 月 3 日被刑事拘留,2013 年 5 月 8 日经广州市白云区人民检察院批准逮捕,同年 5 月 9 日被逮捕。

被告人胡金艳,女,20 岁,汉族,河南省柘城县人,文化程度初中,住河南省柘城县李原乡大胡村委会大胡六组 50 号。捕前系广州市收容人员救治站护工。2013 年 5 月 3 日被刑事拘留,2013 年 5 月 8 日经广州市白云区人民检察院批准逮捕,同年 5 月 9 日被逮捕。

李龙生、李文星、韦延良、何家红、乔志军、胡金艳故意伤害一案,经广州市公安局侦查终结,于 2013 年 5 月 20 日依法移送本院审查起诉。现查明:

2013 年 3 月 18 日晚 10 时许,被害人孙志刚被收容后因自报有心脏病被送至广州市收容人员救治站 201 室治疗。3 月 19 日晚,被害人孙志刚因向其他收容救治人员的亲属喊叫求助,遭致被告人乔燕琴的忌恨,被告人乔燕琴遂与被告人乔志军商量,决定将被害人孙志刚调至该站 206 室,让室内的收容救治人员对其进行殴打,之后被告人乔燕琴到 206 室窗边向室内的被告人李海婴等人直接授意。

至翌日 0 时 30 分左右,被告人乔燕琴再次向被告人乔志军及接班的被告人吕二鹏、胡金艳提出将被害人孙志刚从 201 室调至 206 室殴打,并得到被告人乔志军、吕二鹏、胡金艳的认同。随后,被告人乔燕琴、乔志军、吕二鹏、胡金艳共同将被害人孙志刚从 201 室调至 206 室,被告人乔燕琴、吕二鹏又分别向室内的被告人李海婴等人授意对被害人孙志刚进行殴打。当日 1 时许,206 房的收容救治人员有被告人李海婴、钟辽国、周利伟、张明君、李龙生、李文星、韦延良等人,他们以拳打、肘击、脚踩、脚跟砸等方法对被害人孙志刚的背部等处进行殴打,被告人何家红则在旁边望风。被告人胡金艳发现后,对其进行了口头制止。但被告人李海婴、钟辽国、周利伟、张明君等人后来在被告人乔燕琴的唆使下，不顾被害人孙志刚跪地求饶，继续用肘击、膝顶、跳到背上踩等方法反复殴打，被告人何家红亦参与对其拳打脚踢。当值护士曾伟林 (另案处理)发现后遂与被告人胡金艳将被害人孙志刚调至 205 室，后被害人孙志刚向被告人吕二鹏反映情况，被告人吕二鹏使用塑胶警棍向其胸腹部连捅数下。

当天上午 10 时许，被害人孙志刚被发现伤势严重，经抢救无效死亡(经法医鉴定，被害人孙志刚因背部遭受钝性暴力反复打击，造成背部大面积软组织损伤致创伤性休克死亡)。

上述犯罪事实，经查证属实，证据确实充分，足以认定。

本院认为，被告人乔燕琴、李海婴、钟辽国、周利伟、张明君、吕二鹏、李龙生、李文星、韦延良、何家红、乔志军、胡金艳无视国家法律，故意伤害他人身体，致人死亡，其行为共同触犯了《中华人民共和国刑法》第×××条第二款的规定，均已构成故意伤害罪。其中被告人乔燕琴、李海婴、钟辽国、周利伟、张明君、吕二鹏在共同犯罪中起主要作用，是主犯；被告人李龙生、李文星、韦延良、何家红、乔志军、胡金艳在共同犯罪中起次要或者辅助作用，是从犯。

上述十二名被告人故意伤害他人身体，手段特别残忍，情节特别恶劣，在社会上造成极坏影响，危害结果极为严重。为严肃国家法律，保护公民的人身权利不受侵犯，维护社会治安秩序，保障社会主义建设事业的顺利进行，依照《中华人民共和国刑事诉讼法》第一百四十一条的规定，特提起公诉，请依法从严判处。

此致
广东省广州市中级人民法院

检察员：×××
二○一×年五月二十三日

附：1. 被告人现押于广州市第一看守所。
    2. 主要证据复印件 4 册。
    3. 证据目录 1 份、证人名单 1 份。
    4. 本案 A 卷材料共 12 册。

6.2.2 不起诉决定书

一、概念

不起诉决定书是指人民检察院对公安机关、国家安全机关移送审查起诉的案件以及本院直接受理侦查移送起诉的案件，经过审查，认为案件不符合刑事诉讼法所规定的提起公诉的法定条件或者没有追诉的必要，决定不将案件移送人民法院审判而终止刑事诉讼时所制作的法律文书。新的刑事诉讼法修改和完善了我国的不起诉制度，扩大了不起诉案件的范围，不起诉决定书是反映不起诉制度的重要法律文书，同时也体现出人民检察院监督的重要职能。

二、结构形式

不起诉决定书由首部、正文、尾部三部分组成。

(一) 首部

首部包括以下内容:
(1) 标题。
(2) 编号。
(3) 被不起诉人的基本情况。
(4) 辩护人的基本情况,其中包括辩护人的姓名、单位及通信地址。
(5) 案由和案件来源。

(二) 正文

正文由以下三部分组成。

1. 案件事实

针对不同案情,突出不同特点,采取不同的写法。
(1) 法定不起诉。
(2) 酌定不起诉。
(3) 存疑不起诉。
(4) 无罪不起诉。

2. 不起诉决定书的证据

不起诉决定书也要把证据写得确实充分,绝不能因为不起诉了就不写证据或写得不确实、不充分。如果不起诉决定是以被不起诉人无罪为前提的,那么就应在叙述被不起诉人无罪事实的同时,列举证明被不起诉人无罪的证据。

3. 不起诉决定书的理由及法律适用

应当通过对被不起诉人行为事实的高度概括,说明其行为的性质、后果及在法律上的意义,再引用刑法或刑事诉讼法条款,作为不追究刑事责任的法律根据,最后引用《中华人民共和国刑事诉讼法》第 142 条作为检察院作出不起诉决定的法律依据。

(三) 尾部

尾部包括以下内容:
(1) 告知事项。
(2) 人民检察院院名、签发日期和院印。

三、功能用途

《刑事诉讼法》第 142 条第 2 款规定的"对于犯罪情节轻微,依照刑法规定不需要判处刑罚或者免除刑罚的,人民检察院可以作出不起诉决定。"

不起诉决定书的作用表现在以下三个方面:第一,划清罪与非罪,体现法律的公正。

第二，体现了惩办与宽大相结合的刑事政策在诉讼制度上的应用。第三，结案迅速，实现诉讼经济的原则。

四、应用示例

云南省昆明市人民检察院

不起诉决定书

(2×××)昆检不诉字第 33 号

被不起诉人薛兴纯，男，生于一九七六年十一月十四日，身份证号：532231197611141754，汉族，初中文化，农民，家住云南省寻甸县六哨乡板桥村公所西拉龙村。二×××年七月六日因本案被昆明市公安局盘龙分局刑事拘留，同年七月二十五日经昆明市盘龙区人民检察院批准被逮捕。

辩护人：龚列钢，云南袁野律师事务所律师。

本案经昆明市公安局盘龙分局侦查终结，以被不起诉人薛兴纯涉嫌运输毒品罪于二×××年八月二十六日移送盘龙区人民检察院审查起诉。盘龙区人民检察院于二×××年九月二十二日转至本院审查起诉。本院受理后，已告知被告人有权委托辩护人，依法讯问了被告人，审查了全部案件材料，并依法退回公安机关补充侦查二次。

昆明市公安局盘龙分局移送审查认定：二×××年六月4日，被不起诉人薛兴纯受马兴宝和王兴伟安排前往大理市凤仪乡接了一批毒品海洛因运往昆明。二×××年六月二十日中午，王兴伟前往官渡区廖家庙薛兴纯租住的房间，将薛兴纯运到昆明的毒品海洛因背到了金实小区茂实园677幢602号房间。经本院审查发现案件事实不清，证据不足，并于2×××年×月×日退回公安机关补充侦查。公安机关于2×××年×月×日将补充侦查后的文书材料送至我院，本院经审查仍然认为昆明市公安局盘龙分局指控的犯罪事实不清、证据不足，不符合起诉条件。依照《中华人民共和国刑事诉讼法》第×××条第四款之规定，决定对薛兴纯不起诉。

云南省昆明市人民检察院(章)

二×××年四月十六日

6.2.3　公诉意见书

一、概念

公诉意见书是公诉人在法庭辩论阶段，为支持公诉，以起诉书为基础，结合法庭调查情况而进一步揭露、指控、论证被告人实施的犯罪行为的综合性发言。人民检察院通过发表公诉意见书，一是揭露被告人所犯罪行的社会危害性，通过惩戒、教育犯罪分子本人，从而达到特殊预防的目的；二是帮助法庭查清犯罪事实，准确认定犯罪性质，为法庭正确实施法律，定罪量刑提供参考意见；三是对广大群众进行法制宣传教育。

二、结构形式

公诉意见书由首部、正文、尾部三部分构成。

(一) 首部

首部包括以下两方面内容:

(1) 标题应写明"××人民检察院公诉词",也有的写为"关于×××(被告人姓名)××一案(案由)的公诉词",两种写法都可以。

(2) 公诉词还有一段前言。

(二) 正文

正文包括以下四方面内容:

(1) 概括法庭调查的情况。

(2) 分析被告人犯罪目的、情节以及危害后果。

(3) 从本案中应当汲取的经验教训。

(4) 论述被告人触犯的法律条款及其应承担的法律责任。

(三) 尾部

尾部写明公诉人的姓名以及发表公诉书的时间。

三、应用示例

吉首市人民检察院公诉意见书

被告人: 田清树

案　由: 强迫卖淫

起诉书文号: 吉检刑诉字(2013)第 133 号

审判长、审判员:

在我国妇女地位不断提高,人权保护不断加强的今天,一起由我院提起公诉的被告人田清树强迫妇女卖淫案在这里开庭审理。根据《中华人民共和国刑事诉讼法》第×××条、第×××条和第×××条的规定,我以国家公诉人的身份出席法庭支持公诉,同时依法履行审判监督职责。

刚才,法庭就我院起诉书所指控的被告人田清树的犯罪事实进行了庭审调查。庭审调查的结果表明: 本案的事实清楚,证据确实充分,足以认定。

为了弘扬法制,揭露和打击犯罪,为了有利于法庭的判决和促使被告人田清树认罪伏法,特就本案的犯罪性质、情节、社会危害性、被告人的犯罪根源及应负的法律责任等问题发表以下的公诉意见。

一、贪图享乐,逼良为娼,被告人田清树的行为已构成强迫卖淫罪。卖淫、嫖娼是我国法律明确规定严厉取缔、打击的社会丑恶现象。强迫他人卖淫更是法律所禁止的行为。在新中国成立之初,在党和政府的领导下,封闭了妓院,惩办了老鸨,使卖淫、嫖娼这种丑恶现象很快在我国基本绝迹了。但改革开放以来，卖淫、嫖娼等丑恶现象又有抬头，组织、强迫他人卖淫的犯罪活动也在滋生。这不仅严重损害和威胁着人们的身心健康，而且败坏了社会风气，破坏了社会主义精神文明建设，严重危害社会治安管理秩序。因此，强迫卖淫罪成为我国新刑法惩办逼良为娼的犯罪分子的有力武器。我国《刑法》关于强迫卖淫是这样规定的："所谓强迫他人卖淫是指行为人通过暴力、胁迫、虐待或其他非法手段，使卖淫者违背自己的意志而实施卖淫行为。"这种犯罪行为侵害的客体是社会治安管理秩序和他人的人身权利和性的自由权利。被告人田清树采用限制他人人身自由、暴力殴打、威胁等手段，逼迫被害妇女卖淫，从中获取非法利益已构成强迫卖淫罪。请看下面的犯罪事实。

1. 蓄谋已久，挟持人质。被告人田清树早在二〇一三年八月中旬，就曾在吉首市商业城附近一饮料店，看到被害人程某和其湖北老乡"小田"在一起玩，就曾以程是"小田"的女朋友为由，要求程替"小田"还 200 元钱，后因程借故逃脱，被告人索债未果。之后，被告人几次到程某打工的美容厅寻找均未果。八月二十七日晚，被告人田清树又邀集向军（已劳教）一起到美容厅找程某。待找到程某后，被告人田清树、向军及另一名男子强行将被害人拖上一台面的车，将程某挟持到宏运招待所 203 号房并不准程某离开。

2. 拳脚相加，逼良为娼。被告人田清树将被害人程某挟持到 203 号房后，二话不说就对被害人拳打脚踢，要求程替其老乡"小田"还钱，但程某提出回美容厅找钱还他时，被告人田清树却又不同意，明确提出要程在招待所内卖淫还钱。之后，被告人还来到招待所大厅嘱咐坐在大厅内的几名男女："若有人要小姐，就去 203 号房找他"。当晚凌晨，一男子到 203 号房通知被告人，称招待所有客人要小姐。被告人便要程某上楼卖淫，程某因害怕挨打只得屈从。被告人则守在大厅防止程某逃跑。十余分钟后，被害人将卖淫所得 60 元钱全部交给了被告人田清树，田便将程带回 203 房睡觉。

3. 奸淫未遂，再次殴打。八月二十八日中午，被告人田清树趁向军外出买盒饭之机，田便向程某提出要与其发生性关系，程不肯，田便强行将程的裤子拉链扯坏且用皮带抽打程某逼其屈从，后因向军回房，被告人田清树只好作罢。

4. 二次卖淫，寻机报警。二十九日凌晨，又有一名妇女到 203 号房通知被告人田清树有客人要小姐。田又叫程某上楼卖淫，程上楼后趁田未跟随之机，借一旅客手机报警，110 干警火速赶到才将被告人田清树抓获，解救出程某。

综观整个案件过程，我们不难看出被告人田清树的行为完全符合强迫卖淫罪的特征及构成要件。从犯罪主体看，本罪主体属一般主体，即年满 16 周岁并具有刑事责任能力的自然人，被告人田清树完全符合本罪的主体要件。从主观方面看，被告人田清树对强迫他人卖淫有非常明显的主观故意，并且主观上是以牟利为目的。从客观方面看，被告人采取了挟持人质、限制人身自由、暴力殴打等多种手段，在卖淫者违背自己意志的情况下，实施了卖淫行为。从侵犯的客体看，本案被害人被限制人身自由达一天两夜，多次遭暴力殴打，被迫卖淫，其人身权利和性的自由权利受到了侵害，人格尊严受到了侮辱。同时，社会管理秩序遭到了破坏。因此，对被告人田清树应当以强迫卖淫罪定罪量刑。

二、被告人田清树应负的刑事责任。

依照刑法第×××条第一款的规定，犯强迫卖淫罪的，分三个量刑幅度：一是情节一般的，处 5 年以上 10 年以下有期徒刑，并处罚金。二是情节严重的，如强迫不满 14 周岁的幼女卖淫的，强迫多人卖淫或多次强迫他人卖淫的；强奸后，迫使卖淫的或造成被害重伤、死亡或其他严重后果的，处 10 年以上有期徒刑或者无期徒刑。三是情节特别严重的，可以处以死刑并处没收财产。从本案来看，被告人虽两次强迫他人卖淫且有强奸未遂情节，但均未达到情节严重或特别严重的标准，属于强迫他人卖淫的一般情节，应当在 5 年以上 10 年以下的刑档内处罚。请合议庭在对被告人田清树量刑时，结合本案的性质、情节等因素，给予被告人适当的刑罚处罚。

三、被告人田清树走上犯罪道路的原因及本案给我们的启示。

"冰冻三尺非一日之寒"，被告人田清树走上犯罪道路不是一朝一夕的事情，而是他长期不学法、不守法、无视国家法律、好逸恶劳的必然结果。被告人田清树出生在生活条件艰苦的农村家庭，但他没有继承其父辈勤劳、节俭、肯吃苦的生活作风，而是贪图享乐、好逸恶劳。初中未毕业就辍学，来到城里"混社会"，染上了许多不良习气以至于今天走上犯罪道路。更为可悲的是，时至今日，被告人田清树仍未认识到自己已触犯刑律，还自认为他的行为是合理合法的讨债行为，其法律知识的欠缺可见一斑。作为公诉人，我们一方面要对被害人的犯罪事实进行无情的指控和揭露，另一方面，我们又要为被告人年纪轻轻就走上犯罪道路感到惋惜。从本案的发生，我们得出两点启示：

启示之一，每一个年轻人，必须树立正确的人生观、世界观，要学法、知法、懂法，坚决抵制不良社会现象的侵蚀。

启示之二，在改革开放的大潮中，我们党和政府必须始终坚持物质文明与精神文明两手抓。相关职能部门也应该积极行动起来，严厉打击卖淫嫖娼等社会丑恶现象，不让卖淫、嫖娼等违法犯罪活动有生存的土壤。

审判长、审判员：请根据本院的指控和法庭核实的犯罪事实、情节及被告人的认罪态度，依法对被告人田清树作出公正判决。

公诉人：张亮

第三节　抗 诉 文 书

抗诉文书是指人民检察院发现人民法院的判决或者裁定确有错误，依照法定程序提出抗诉所制作的文书。按照案件的性质，抗诉文书分为刑事抗诉书、民事抗诉书和行政抗诉书。按照程序分为二审程序的抗诉书和审判监督程序的抗诉书。抗诉书是检察院代表国家对法院审判活动实行监督的一种表现形式，可以促使上级法院及时纠正下级法院审判活动中出现的错误。由于本书篇幅有限，这里仅介绍刑事抗诉书。

一、概念

刑事抗诉书是人民检察院认为人民法院的刑事判决、裁定确有错误时，按照法定的抗诉程序或审判监督程序向人民法院提出抗诉，要求重新审理，纠正错误时制作的司法文书。这是人民检察院监督职能的主要体现，同时也是人民检察院提起抗诉案件必须依照的法定程序。

二、结构形式

刑事抗诉书由首部、正文、尾部三部分组成。

（一）首部

首部包括以下三部分内容：

(1) 标题、编号。

(2) 原审被告人基本情况。

(3) 诉讼过程、生效判决或裁定情况。

（二）正文

抗诉书的正文包括审查意见、抗诉理由、法律依据等内容，这是抗诉书的核心部分，要精心书写。正文写得好坏与否、理由充分与否决定抗诉书的质量高低，也是抗诉的目的能否达到的关键。因此，抗诉书的正文部分要作为重点，认真详写，且主要写清以下几个部分：

(1) 审查意见。

(2) 抗诉理由。抗诉理由的论述要有针对性，即针对原审法院的判决和裁定中的错误进行论证。

第一，针对原审法院的判决、裁定对认定事实的错误提出抗诉理由。

第二，针对原审法院判决、裁定中适用法律的错误而提出抗诉理由。

第三，针对原判决、裁定量刑不当提出抗诉理由。

第四，针对原判决、裁定严重违反诉讼程序方面的错误提出抗诉理由。

(3) 结论性意见、法律根据、决定和请求事项。

（三）尾部

尾部包括以下三方面：

(1) 文书发送的对象，即上一级人民法院或同级人民法院。

(2) 制发文书的人民检察院的名称及院印。

(3) 附项。附项包括被告人现羁押或者居住处所、新的证人名单或者证据目录。对于未被羁押的原审被告人，附项应将其住所或者居所写清楚。如果证人名单和证据目录与起诉书相同则不必再附。

三、应用示例

×××县人民检察院

抗　诉　书

××检刑抗(20××)×号

本院于 20××年 7 月 24 日收到的××县人民法院 20××年×月×日(20××)×法刑

字第 14 号刑事附带民事判决书中，认定被告人李广×、李宝×犯故意伤害罪，判处李广×有期徒刑 3 年，缓刑 4 年，判处李宝×拘役 6 个月，缓刑 1 年，赔偿被害人解××医疗费用 542 元。本院审查认为：该判决认定二被告人犯罪有从轻情节，认罪态度较好，是没有事实和法律根据的，造成量刑不当。理由如下：

一、判决书认定"二被告人犯罪有义愤情节"，但未说明义愤的表现所在，其含义不清。根据案情而言，所谓"义愤情节"也是不存在的。被告人李广×与被害人解××系夫妻关系，解××于 20×× 年因与被告人争吵而离家出走，并提出离婚。经判决，不准离婚，解××仍不归。20×× 年 5 月 7 日，其子放学后去姨家，二被告人寻找不见，便以为被解××哄骗出走，几经预谋后，将解从其娘家捆绑拖回家中，用剪刀剪掉解××两耳轮、鼻尖和头发，次日又用铁丝烙烫面部后，才为解××松绑。从整个案情看，二被告人的"义愤"所出无正当原因。所谓义愤，应是在被害一方有不道德或不法行为的情况下，被告人一方出于正义而产生的愤恨。但本案的被害人并无不道德行为，更无不法行为，因而不构成被告人一方的义愤情节。

二、判决书认定"二被告人认罪态度较好"，与被告人所作所为不符。(一) 二被告人施加伤害致解××住院以后，其医疗费用，分文未予付给，到庭审时仍不愿承担应付的医疗费；(二) 二被告人在庭审中对某些情节采取了避重就轻的态度，如二被告人原交代对解××捆绑后拳打脚踢，而且有在场人证言、被害人陈述及伤势诊断证明，情况经查属实，但在庭审时二被告人又拒不供认。据此不能说二被告人认罪态度好。

三、判决书引用法律条款不完善。二被告人有明显的主犯、从犯之分，这在判决书中也作了认定。但却只引用《刑法》第×××条(从犯从轻、减轻、免除处罚)，而不引用《刑法》第×××条(主犯从重处罚)。这说明判决不是在全面正确地使用法律的情况下进行的。

四、判决书在认定事实上不够全面准确。经查实二被告人实施伤害过程中，被害人解××先后多次要求悔过求饶，判决书未作认定，这不利于反映被告人作案的主观恶性程度；另外，判决书认定"被害人解××住院 70 余天"，对案件的危害结果反映不全面，事实上，被害人解××左耳轮外伤并发软骨膜炎，现仍在治疗中。

五、判决书中由于上述四条原因，得出了"应从轻处罚"的错误指导思想，使得量刑明显偏轻。二被告人在被害人多次求饶的情况下，非法捆绑，毁人容貌，致其重伤，手段毒辣，情节恶劣，后果严重，影响极坏。被害人解××被害以后，不仅肉体上受到极大的痛苦，而且在精神上遭到了莫大的折磨，感到年仅 30 几岁，面容被毁，丑不堪目，无地自容，痛不欲生。被害人之父得知其女遭此摧残以后，悬梁自尽。被告人的行为引起社会的公愤，如不从重从严处罚二被告人，则不足以严厉打击严重的刑事犯罪，不足以平息民愤和社会舆论。根据被告人的行为，依照《中华人民共和国刑法》第×××条第×款和第×××条之规定，已构成故意伤害罪。根据全国人大常委会《关于严惩严重危害社会治安的犯罪分子的决定》："故意伤害他人身体，致人重伤或者死亡，情节恶劣的，可在刑法规定的最高刑以上处刑，直到判处死刑。"但是，原判决书却将主犯李广×判处有期徒刑 3 年，将从犯李宝×减轻处罚为拘役 6 个月，皆适用缓刑，是与刑法有关规定和人大常委会决定精神相违背的，是非常错误的。

综上所述，本院以为，对被告人李广×、李宝×应以《中华人民共和国刑法》第×××条第××款的量刑幅度和全国人大常务委员会决定科处较重的刑罚。为此，根据《中华人民共和国刑事诉讼法》第×××条之规定，特向你院提起抗诉。

    此致
××市中级人民法院   ×××人民检察院(章)

                                    二×××年×月××日

思考与练习

    1．人民检察院起诉意见书的制作格式及方法？

    2．如何理解起诉书、公诉意见书在制作方面的异同？

    3．抗诉书在制作中应突出的重点部分是什么？

    4．如何理解检察文书的重要职能？

第七章

法院法律文书

第一节　法院法律文书概述

法院法律文书分为刑事裁判文书、民事裁判文书和行政裁判文书三种。

刑事裁判文书，是指人民法院对人民检察提起公诉或者自诉人提起自诉的刑事案件，在审理终结后或者在审理过程中，依照法律及有关司法解释的规定，对案件的实体问题和程序所作的处理决定，包括刑事判决书和刑事裁定书。常见的刑事判决书有一审公诉案件刑事判决书、二审公诉案件刑事判决书、最高人民法院复核死刑改判刑事判决书、一审公诉案件刑事附带民事判决书等。常见的刑事裁定书有维持原判刑事裁定书、发回重审刑事裁定书、准许撤诉或按撤诉处理刑事裁定书、减刑刑事裁定书等。

民事裁判文书，是人民法院代表国家行使审判权，依照民事、经济法律规范审判民事案件和经济纠纷案件，对案件实体或诉讼程序问题作出处理决定时制作的具有法律效力的司法文书。民事裁判文书可分为民事判决书、民事裁定书和民事调解书。按照审理程序的不同，可分为第一审程序、第二审程序、特别程序和审判监督程序的民事判决书。

行政裁判文书，人民法院行政裁判文书，是指人民法院根据《行政诉讼法》的规定，在审理行政诉讼案件中就案件实体问题和程序问题依法制作的具有法律效力的各种书面法律文书。行政裁判文书的种类，按照裁判案件的方式，可分为行政裁定书、行政判决书和行政赔偿调解书。按照审理的程序，可分为第一审行政判决书、第二审行政判决书、再审行政判决书、第一审行政裁定书、第二审行政裁定书、再审行政裁定书，以及其他有关程序性的行政裁定书。我国《行政诉讼法》第五十条规定："人民法院审理行政案件，不适用调解。"第六十七条第三款规定："赔偿诉讼可以适用调解。"行政赔偿调解书在司法实践中使用较少。

由于法院法律文书种类较多，不能一一涉及。本书主要讲解四种文书，即第一审刑事判决书、第一审民事判决书、第一审行政判决书和裁定书。

第二节　第一审刑事判决书

一、概念

第一审刑事判决书是第一审人民法院对由同级人民检察院提起公诉的刑事案件或自诉人提起自诉的刑事案件在审理终结后，根据已经查明的事实、证据和有关法律的规定，就案件涉及的实体问题或程序问题作出处理意见时制作的文书。

二、结构形式

第一审刑事判决书分为首部、正文和尾部三部分。

（一）首部

首部包括以下几部分内容：

(1) 制作机关。法院名称与院印一致。基层法院冠以省、自治区、直辖市名称；涉外案件应冠以国名。法院名称和文书种类分行居中排列。

(2) 案号。案号由立案年度、制作法院、案件性质、审判程序代字和案件顺序号组成，如昆明市五华区人民法院 2010 年立案的第 25 号刑事案件，应表述为"(2010)五刑初字第 25号"。案号写于标题下一行右端，与正文内容右对齐。

(3) "公诉机关"后接写"××人民检察院"，不用空格，不用标点。

(4) 被告人项基本情况按要求顺序书写，应根据不同情况增减。被告人如果有与案情有关的别名、化名或绰号的，应在其姓名后面用括号加以注明。被告人的职业，按具体情况书写，如有工作单位的，则应写明其工作单位和职务。被告人曾经受过刑事处罚、劳动教养处分，或者在限制自由期间内逃跑过的，可能构成累犯或者是法定从重、加重情节，应写明其事由和时间。被告人的住址应写住所所在地，如住所所在地和经常居住地不一致的，写经常居住地。被告人是机关、团体、企业或事业单位的，应在本项内写明其全称和所在地址；其下续列"法定代表人或代表人"项，法定代表人或代表人是其他责任人员构成犯罪的，应续项书写他们为"被告人"项。同案被告人有二人以上的，按主犯、从犯的顺序列项书写。

(5) 辩护人是律师的，不写性别，其工作单位和职务应写为"××律师事务所律师"。辩护人如系被告人的亲属，应写明其与被告人关系。同案被告人有二人以上并各有辩护人的，其辩护人分别在各被告人项的下一行列项书写。

(6) 案由、审判组织、审判方式和审判经过。我国《刑事诉讼法》规定，对出庭人员应写明被告人、辩护人(被告人、辩护人有多人的可以概写为"上列被告人及辩护人")及其证人等，以反映依法保障了诉讼参与人的诉讼权利。

（二）正文

正文包括事实部分、理由部分、判决结果三部分内容。

1. 事实部分

在判决书上写明公诉机关指控被告人犯罪的事实、控辩双方意见、自我辩护意见、辩护人意见和经法庭审理查明的事实。在归纳双方意见时，要言简意赅。法院认定的事实与证据，必须实事求是，经过法庭查证属实的才能写入判决书。

(1) 叙述案情时应写明案件发生的时间、地点、目的、动机、手段、情节、结果和被告人事后态度以及涉及的人和事等要素。

(2) 叙述事实层次清楚，重点突出，选择适当的叙事方法。

(3) 证据应当综合分析，去伪存真，还要与被证明的事实有必然联系。

(4) 举证时应注意不能诲淫诲盗，传授犯罪方法；注意保守国家机密，保护检举人安全和受害人名誉。

2. 理由部分

叙述理由要针对案情特点，运用法律规定、政策精神与犯罪构成要件，分析被告人是否构成犯罪；要说理透彻、逻辑严密；运用法律术语时，要力求语言精练。按样式书写理由时，还应做到：

(1) 分析案件性质，确定具体罪名。以《刑法》分则各条规定的罪状特征为依据，以被侵犯的直接客体为基础。一人犯数罪的，一般先定重罪，后定轻罪；一般共同犯罪和集团犯罪案件，应分清各被告人的地位、作用和刑事责任，依次确定主犯、从犯罪名。

(2) 指出被告人具有从重、加重或从轻、减轻、免除处罚等的理由。

(3) 对检察院指控的罪名，正确的肯定，不构成犯罪或者罪名不当的，应当有理有据地分析评定；对于辩解、辩护的主要理由，应当表明予以采纳或者据理批驳。

(4) 引述法律条文，必须周密思考，注意顺序。

首先要准确、完整、具体。准确就是要适合判决结果；完整就是要把据以定性处理的法律规定全部列举；具体就是要引出《刑法》分则条文和相关决定的最小规定。

其次要有条理和先后次序。先引有关定罪与量刑幅度的条文，后引从重、加重、从轻、减轻和免除处罚的条文；先引主刑条文，后引附加刑条文；适用以他罪论处条文时，先引本条条文，再按本条规定，引用他罪条文；一人犯数罪的，应逐罪引用法律条文；一般共同犯罪，可集中引用有关法律条文，必要时应逐人逐罪引用法律条文；集团犯罪案件，应结合分项判处，逐人逐罪引用法律条文。全国人大常委会的"决定"、"补充规定"和单行刑事法规，是对《刑法》的补充和修改，在适用上与《刑法》具有同等效力，仍应按上述原则顺序引述。既引实体法又引程序法的，一般应先引程序法，后引实体法。

3. 判决结果

判决结果是人民法院依照有关法律条文规定，对被告人作出的定性结论。书写判决结果时，应当注意：

(1) 按法律规定对判处的各种刑罚写明全称。

(2) 判处罚金的，应当写明缴纳罚金指定期限。

(3) 追缴、退赔和没收的财物，应写明名称和数额。

(4) 数罪并罚的应当分别定罪量刑。

（三）尾部

尾部包括以下几部分内容：

（1）审判人员署名。如果合议庭的一般成员是陪审员，署名"人民陪审员×××"；如果合议庭的一般成员是助理审判员，署名"代理审判员×××"；助理审判员担任合议庭审判长的，署名"审判长×××"；院长或庭长参加合议庭的，应担任审判长，也署名为"审判长×××"；独任审判案件，主审人是审判员的，署名"审判员×××"；主审人如果是助理审判员，署名"×代理审判员×××"。

（2）判决日期。

（3）交代上诉权、上诉期限和上诉法院。

（4）盖"本件与原本核对无异"条戳，由书记员将正本与原本核对无异后，加盖在正本末页日期左下方、书记员署名左上方。

（5）加盖院印。

三、注意事项

（1）援引和分析辩护意见，保护被告人的合法权益。

（2）证据和理由的表述应该有针对性。

（3）注意公诉案件与自诉案件的区别。

四、应用示例

一审刑事判决书

公诉机关河南省辉县市人民检察院。

被告人范某佳，男，1990年2月21日出生于河南省辉县市。

河南省辉县市人民检察院以辉检刑诉[2011]342号起诉书指控被告人范某佳犯盗窃罪，于2011年10月27日向本院提起公诉。本院依法组成合议庭，公开开庭审理了本案。辉县市人民检察院指派检察员武振军出庭支持公诉，被告人范某佳到庭参加诉讼。现已审理终结。

辉县市人民检察院指控：1. 2011年2月4日中午，被告人范某佳与李某雄(1995年12月31日出生)翻墙进入辉县市吴村镇山阳村的郭××家，盗走"神舟"笔记本电脑1台和222元现金，后经王某(另案处理)介绍将电脑销售，该电脑价值1386元。案发后，电脑追退失主。2. 2011年2月7日凌晨，被告人范某佳与李某雄(1995年12月31日出生)到辉县市吴村镇三街村，将闫某开的联想电脑店门撬开，盗走"联想"牌笔记本电脑3台、"冠捷"牌液晶显示器3台、9部MP3和5部MP5，后经王某(另案处理)介绍，将3台"冠捷"牌电脑液晶显示器、一台"联想"牌笔记本电脑共以2900元的价格卖给郭某强(另案处理)。王某将另一台"联想"牌笔记本电脑以700元的价格卖给乔某双(另案处理)。经价格鉴定，被盗物品共价值17005元。案发后，2台"联想"牌笔记本电脑和3台"冠捷"牌液晶显示器追退失主。被告人范某佳以非法占有为目的，盗窃他人财物数额巨大，其行为构成盗窃罪，请依法惩处。

被告人范某佳对公诉机关指控不持异议。

经审理查明，2011 年 2 月 4 日中午，被告人范某佳与李某雄(1995 年 12 月 31 日出生)翻墙进入辉县市吴村镇山阳村的郭××家，盗走"神舟"笔记本电脑 1 台和 222 元现金，后经王某(另案处理)介绍将电脑销售，该电脑价值 1386 元。案发后，电脑追退失主。

2011 年 2 月 7 日凌晨，被告人范某佳与李某雄(1995 年 12 月 31 日出生)到辉县市吴村镇三街村，将闫某开的联想电脑店门撬开，盗走"联想"牌笔记本电脑 3 台、"冠捷"牌液晶显示器 3 台、9 部 MP3 和 5 部 MP5，后经王某(另案处理)介绍，将 3 台"冠捷"牌电脑液晶显示器、一台"联想"牌笔记本电脑共以 2900 元的价格卖给郭某强(另案处理)。王某将另一台"联想"牌笔记本电脑以 700 元的价格卖给乔某双(另案处理)。经价格鉴定，被盗物品共价值 17005 元。案发后，2 台"联想"牌笔记本电脑和 3 台"冠捷"牌液晶显示器追退失主。

上述事实，有经庭审举证、质证的下列证据证实：

1. 辉县市公安局吴村派出所户籍证明，范某佳出生于 1990 年 2 月 21 日。

2. 辉县市公安局扣押、发还物品文件清单、领到条，证明赃物已追退失主。

3. 辉县市价格认证中心辉价证字(2011)109 号，关于被盗物品的价格鉴定结论书，标的在鉴定基准日鉴定价值为 18391 元。

4. 证人王某证言，证明其从被告人手中购买一台联想笔记本电脑、三台液晶显示器。笔记本电脑和显示器都没有包装盒，也没有电源线，八成新，显示器都是冠捷牌的。一台显示器卖给新桥的刘某杰了，大概卖了五、六百元钱，一台自己用了，还有一台借给朋友了。笔记本电脑卖到峪河了。

5. 证人齐某杰证言，证明王某将神舟笔记本电脑给齐某杰，齐某杰又以 225 元卖给赵某奇。

6. 证人赵某奇证言，证明从齐某杰手中购买一台神舟笔记本电脑。

7. 证人郭某强证言，证明通过朋友齐某杰介绍，买了一个人一台联想笔记本电脑，三台液晶显示器。

8. 证人李某雄证言，证明 2011 年 2 月份，和范某佳去吴村镇山阳村，在一家门口，范某佳翻墙入院，范某佳偷出个电脑，后来范某佳把电脑处理了。2011 年春节前，和范某佳到吴村街十字南边的联想电脑店前，范某佳让我把门弄开，我就拽着卷闸门使劲往上一拉，就拽开了，然后范某佳让我去偷东西，他在外面，我进到店内将柜台内放的三台液晶显示器搬到外面，又从柜台内搬了三台笔记本电脑，还有五六个 MP3，将这些东西偷出后，我们就抱着东西直接回鲁庄范某佳家了。

9. 证人乔某双证言，2011 年二三月份，以 700 元价格从网友手中购买一台黑色联想G455 笔记本电脑。

10. 被害人郭某某陈述，证明家中被盗一台神舟笔记本电脑和 1500 元现金。

11. 被害人闫某陈述，2011 年 2 月 7 日凌晨 1 时左右，我在吴村的电脑店被盗了，被盗了三台笔记本电脑、三台液晶显示器、9 部 MP3、5 部 MP5，当时我的卷闸门被撬开。

12. 被告人范某佳对公诉机关指控如实供述，与其他证据相互印证。

上述事实，相互关联，相互印证，辩方不持异议，本院予以确认。

本院认为，被告人范某佳以非法占有为目的，采取秘密手段，窃取他人财物，数额巨大，其行为构成盗窃罪，应予惩处，公诉机关指控罪名成立。案发后，被告人范某佳如实供述犯罪事实，可以从轻处罚；被告人范某佳亲属积极退赃，可酌情从轻处罚。依照《中华人民共和国刑法》第二百六十四条，第六十七条第三款之规定，判决如下：

被告人范某佳犯盗窃罪，判处有期徒刑三年，并处罚金人民币六千元。

(刑期从判决执行之日起计算。判决执行以前先行羁押的，羁押一日折抵刑期一日，即自 2011 年 6 月 21 日起至 2014 年 6 月 20 日止。)

如不服本判决，可在接到判决书的第二日起十日内，通过本院或者直接向河南省新乡市中级人民法院提出上诉，书面上诉的，应当提交上诉状正本一份，副本两份。

审　判　长　郭翔升

审　判　员　王顺亮

人民陪审员　王道宾

二〇一一年十一月二十五日

本件与原本核对无异

书　记　员　汪　娜

第三节　第一审民事判决书

一、概念

第一审民事判决书是第一审人民法院通过审判方式，依照《中华人民共和国民事诉讼法》的第一审程序，为解决各类具体民事纠纷，就案件实体问题作出的书面决定。

二、结构形式

第一审民事判决书由首部、事实、理由、判决结果和尾部组成。

(一) 首部

首部写明标题、案号、诉讼参与人及其基本情况，还有案件由来、审判组织和审理过程等。

(1) 标题。法院名称应与院印一致，基层法院应冠以省、直辖市、自治区名称。分两行在正中写明"××人民法院民事判决书"，文书种类应写在法院名称下一行。专门法院制作的民事裁判文书，应写法院类别，海事法院名称应冠以所在地名称，涉外裁判文书冠以国名。

(2) 案件编号。案件编号由年度和制作法院、案件性质、审判程序代字以及案件顺序号组成，如昆明市五华区人民法院 2012 年受理的第 5 号民事案件，就写为"(2012)五民初字第 5 号"。

(3) 当事人身份事项。当事人是自然人的，写明其姓名、性别、出生年月日、民族、籍贯、职业或者工作单位和职务、住址。住址应写明其住所所在地；住所所在地与经常居住地不一致的，写经常居住地。当事人是法人的，第一项写法人的名称和所在地址，第二项写法定代表人的姓名和职务。当事人是不具备法人条件的组织或者起字号的个人合伙的，写明其名称或者字号和所在地址，并另起一行写明代表人及其姓名、性别和职务。

(4) 诉讼代理人身份事项。按照《民事诉讼法》的规定，诉讼代理人分为法定代理人和委托代理人两种。在诉讼代理人栏内，写明法定代理人、委托代理人的姓名、性别、职业或者工作单位和职务、住址。如果是法定代理人，在姓名之后应用括号注明其与当事人的关系；如果是当事人的近亲属作为委托代理人，也应在姓名之后，用括号注明其与当事人的关系；如果诉讼代理人是律师的，只需写明姓名和所在律师事务所的名称即可；如果法定代表人委托代理人的，应先列单位名称，后列法定代表人，再列委托代理人。

(5) 案由、审判组织、审判方式和审理过程。

(二) 事实

事实能够确认当事人之间民事法律关系是否存在，是进行正确判决的根据。

1. 事实的内容

《民事诉讼法》第一百五十二条规定，判决书事实部分应当写明案由、诉讼请求、争议的事实和理由以及判决认定的事实。根据上述规定和审判实践，第一审民事判决书事实部分包括两个方面：

(1) 原告诉讼请求、双方争议事实和各自理由以及第三人主要意见。这些争议事实是由当事人双方提供的，有真有假，有夸大有缩小，请求和意见也不一定完全合理合法，但都应该客观如实地写进判决书。按照《民事诉讼法》规定，在诉讼过程中，被告人有权提起反诉。因此，如果是被告人反诉的，还应将反诉的事实写在判决书上，并明确标明"反诉"二字。

(2) 人民法院认定的事实和证据。这是人民法院经过查证确认的，一般包括当事人之间的法律关系，纠纷发生的时间、地点、原因、经过、情节，双方争议焦点，认定事实的证据等。

2. 事实的叙述

第一审民事判决书事实的叙述包括三个方面：

(1) 简要叙述原告诉讼请求、事实和被告答辩意见。根据法庭查明的事实，客观叙述纠纷的前因后果。

(2) 对当事人诉讼请求和理由的叙述，一般采用综合归纳或直接引用当事人原话。

(3) 注意保守国家秘密。

(三) 理由

理由是根据事实和法律对当事人之间的争议是非进行公正合理的评定，是判决的灵魂。理由分判决理由和判决所适用的法律。

1. 判决理由

人民法院根据判决认定的事实、证据，依照有关法律规定，指出纠纷性质，提出解决纠纷的看法，分清是非责任。对当事人正当的请求和理由予以支持，不正当的请求和理由予以驳斥，进行严肃教育。

根据审判实践，书写判决理由，应当注意：

(1) 坚持"以事实为根据，以法律为准绳"。

(2) 突出针对性。民事案件的情况复杂，要针对每起案件的特点和双方争议的焦点，具体阐明理由。

(3) 说理要严密。根据案件事实，进行合乎事理的分析。必须实事求是，以理服人，说服力强。

2. 判决所适用的法律

判决所适用的法律指人民法院为解决民事案件所依据的民事法律条文，如《中华人民共和国民法通则》(以下简称《民法通则》)、《中华人民共和国婚姻法》(以下简称《婚姻法》)、《中华人民共和国继承法》、《中华人民共和国经济合同法》、《中华人民共和国涉外经济合同法》、《中华人民共和国商标法》、《中华人民共和国专利法》、《中华人民共和国著作权法》、《中华人民共和国海商法》等和其他民事、经济法规。根据政策精神判决的，可写"据此，判决如下"。

(四) 判决结果

判决结果是人民法院根据认定的事实、证据和法律对审理终结的案件所作的决定。书写判决结果要明确、具体、完整，以便履行和执行。

(五) 尾部

尾部写明案件受理费负担情况、上诉事项、审判人员署名、日期和书记员署名。

三、注意事项

(1) 事实要准确，证据要确凿。

(2) 认真制作，确保文书质量。

(3) 掌握好一审案件审结的期限。

四、应用示例

××市××区人民法院

民事判决书

(199×)建初字第 256 号

原告：××市××××开发公司(以下称开发公司)，地址在本市铁花里 10 号。

法定代表人：刘××，开发公司总经理。

委托代理人：冯××，××市××律师事务所律师。

被告：张×，男，1950 年 3 月 4 日生，汉族，××市××研究所工人，住本市胜棋路 20 号。

　　原告开发公司与被告张×房屋迁址一案，本院受理后，依法组成合议庭，公开开庭进行了审理。原告开发公司的委托代理人冯××和被告张×到庭参加诉讼。本案现已审理终结。

　　原告开发公司诉称，1991 年对被告原住本市西街 10 号拆迁时，因被告无房过渡，遂将本市小园第 1、2 号过渡房安排给被告过渡，现被告早已搬入新居，故诉请被告立即腾让过渡房并赔偿损失费 15 万元。

　　被告张×辩称，现虽住进了安置房，但因安置房的产权证书和拆迁遗留问题未解决，故未腾让过渡房，原告将上述问题解决并赔偿损失 3 万元后，立即腾让过渡房。

　　经审理查明，1991 年原告下属×××指挥部对被告原住本市西街 20 号住房进行拆迁并于 1992 年 5 月 4 日与被告订立拆迁补偿协议。嗣后，因被告无房过渡，该指挥部于 1992 年 5 月 10 日将本市小园第 1、2 号过渡房提供给被告过渡。1994 年被告的安置房交付使用后，但因安置房的产权问题及被告其他一些补偿问题未能解决，被告未能腾让过渡房。原告经催要未果，遂诉请被告立即迁让过渡房并赔偿损失 15 万元。被告应诉后，要求原告先解决安置房的产权证及拆迁遗留问题并赔偿损失 3 万元。原、被告各执己见，不能达成一致意见。

　　上述事实，有双方当事人陈述及补偿安置协议书等书证证实。

　　本院认为，被告住进安置房后理应腾让过渡房，故原告要求被告腾让过渡房的请求应予支持。被告以未办理安置房的产权证等为由，不腾让过渡房的主张，不予支持。被告未腾让过渡房引起纠纷，应负主要责任，故其要求原告赔偿损失的请求不予支持；原告未及时解决与拆迁相关的问题，亦有一定的责任，故对其要求被告赔偿损失的请求亦不予支持。为此，依照《中华人民共和国民法通则》第××条之规定，判决如下：

　　被告张×应于本判决生效后 5 日内腾让本市小园第 1、2 号过渡房，交原告开发公司。

　　本案受理费 50 元，其他诉讼费用 100 元，由张×负担。

　　如不服本判决，可在判决书送达之日起 15 日内向本院递交上诉状，并按对方当事人的人数提出副本，上诉于××省××市中级人民法院。

审判长：刘××

审判员：李××

审判员：管××

199×年×月×日

本件与原本核对无异

书记员：万××

第四节　第一审行政判决书

一、概念

　　第一审行政判决书是人民法院在受理行政诉讼案件后，依照《中华人民共和国行政诉讼法》规定的第一审程序，对审理终结的第一审行政案件，依据相关法律规定就实体问题作出的书面决定。

二、结构形式

第一审行政判决书分为首部、事实、理由、判决结果和尾部五部分。

(一) 首部

首部包括以下几方面内容:

(1) 法院名称、文书名称和案号。

(2) 当事人及诉讼代理人的称谓和身份事项。

(3) 案件由来、审判组织、审判方式和审判经过。

(二) 事实

事实部分应写明当事人行政争议的内容,以及法院认定的事实和证据。

1. 当事人行政争议的内容

概括写明被告作出的具体行政行为的主要内容、证据和所依据的法律和法规;简要叙述原告不服行政机关复议或者处罚、处理决定的主要理由和诉讼请求,以及被告答辩;如果有第三人参加诉讼,再简述第三人意见。

2. 法院认定的事实和证据

要把行政争议发生的时间、地点、内容、情节和因果关系等交代清楚。《行政诉讼法》第三十二条明确规定:"被告对作出的具体行政行为负有举证责任,应当提供作出该具体行政行为的证据和所依据的规范性文件。"因此,判决书应该强调被告的举证责任。

(三) 理由

理由部分应写明判决的理由,以及判决所依据的法律、法规条款。

1. 判决的理由

针对查明的事实和有关法律法规,就行政机关所作的具体行政行为是否合法以及原告的诉讼请求是否有理进行分析论证,阐明人民法院的观点。

2. 判决所依据的法律、法规条款

根据《行政诉讼法》规定,审理行政案件应以法律和行政法规、地方性法规为依据。地方性法规适用于本行政区域内发生的行政案件,同时应参照国务院各部委根据法律和国务院的行政法规、决定、命令制定、发布的规章和省、自治区、直辖市以及省、自治区人民政府所在地的市和经国务院批准的较大的市的人民政府根据法律和国务院的行政法规制定、发布的规章。引用法律、法规要写明所适用的具体条、款、项或者目。

(四) 判决结果

判决结果是人民法院对当事人之间的行政诉讼争议作出的处理结论,依照《行政诉讼法》第五十四条的规定,人民法院经过审理,根据不同情况,可分别作出判决:

(1) 维持判决行政机关具体行政行为。

(2) 撤销或者部分撤销具体行政行为。

(3) 判决被告在一定期限内履行法定职责。

(4) 判决变更具体行政行为。

(五)尾部

《行政诉讼法》第四十六条规定："法院审理行政案件，一律实行合议制。判决书应由审理该案的合议庭组成人员署名。"

其他各项，如诉讼费用负担、交代上诉权等，与第一审民事判决书相同。

三、注意事项

(1) 交代清楚当事人基本情况。

(2) 抓住争讼焦点，认真进行事实认定。

(3) 深入分析，关注原告诉求。

四、应用示例

××省××市人民法院

行政判决书

(199×) ×法行初字第×号

原告：吕××，男，73 岁，汉族，住××市××镇××村××组。

被告：××市××镇人民政府。

法定代表人：×××，该镇镇长。

委托代理人：×××，男，47 岁，××市××镇人民政府司法助理员。

原告吕××诉被告××市××镇人民政府不履行法定职责一案，本院受理后，依法组成合议庭公开开庭审理了本案。原告吕××及被告委托代理人×××、×××到庭参加诉讼，本案现已审理终结。

原告诉称：我与胡××为土地使用权发生纠纷，多次要求被告作出明确处理，被告一直未能履行法定职责。要求人民法院判决被告执行 1994 年 8 月 31 日《调解协议》和 1995 年 4 月 30 日《界限划分规定》。

被告辩称：原告吕××与相邻胡××争议的土地使用权属集体所有，并未明确划分给个人使用，原告无权要求政府履行法定职责。

经审理查明：原告吕××(住××村××组)与胡××(住××村××组)为左右邻居，两户住房之间留有一块 24384 平方米的空地，双方曾为该地的使用权多次发生纠纷。1994 年 8 月 31 日，××村村民委员会组织原告与胡××达成了《调解协议》，协议规定："双方相邻地基，以××组与××组沟心为界，南北一条线，线东归甲方(原告)使用，线西归乙方(胡××)使用；界东乙方临时利用的猪舍，乙方在春节前拆除，其地基转让给甲方，其中草堆地在 10 月底让给甲方。"后原告又要求以路心为界重新作出界限划分。1995 年 4 月 30 日，××村村民委员会又召集该村××组和××组共同磋商，作出了《关于××组与××组庄台之间界限划分的规定》。该规定明确了"两组之间的界限以沟心为界，两侧的土地为集体所有，不得划为个人承包面积和旱地，已划入的由各组划出核减。界限中心两侧各留 30cm 不准搞建筑物(除胡××原有的猪舍，草堆能让出外，厕所限在冬至拆除)。"后××镇××村村民委员会出面拆除了胡××的猪舍，但是厕所未拆除，草堆未搬出。原告吕××多次要求被告履行协议。

本院认为：本案争议的土地系集体所有，未明确划分给个人使用，故原告要求被告履行法定职责，作出相邻之间土地使用权界限划分规定，无事实与法律依据，依法不予采纳，且原告所诉要求执行《调解协议》和《界限划分规定》又不属被告职责范围，其诉讼请求本院不予支持。根据《中华人民共和国行政诉讼法》第×××条第×款的规定，判决如下：

驳回原告吕xx要求被告xx镇人民政府执行 1994 年 8 月 31 日《调解协议》和 1995 年 4 月 30 日关于《界限划分规定》的诉讼请求。案件受理费 200 元，由原告吕××承担。

如不服本判决，可在判决书送达之日起 15 日内向本院递交上诉状，并按双方当事人人数提供副本，上诉于江苏省xx市中级人民法院。

审判长：×××

审判员：×××

代理审判员：×××

199×年×月×日(院印)

本件与原本核对无异

书记员：×××

第五节　裁　定　书

一、概念

裁定书是人民法院在审理或判决执行过程中，对诉讼程序问题和某些实体问题作出的书面处理决定。裁定书种类较多，使用比较灵活。裁定可以贯穿于审判和执行的全过程。

二、结构形式

裁定书种类不同，结构内容就不太相同，如解决程序的裁定书由以下六个方面组成：

(1) 名称与案号。

(2) 被告人基本情况。

(3) 案由及法律依据。

(4) 裁定的具体内容。

(5) 署名。

(6) 时间。

三、注意事项

根据裁定书种类的不同，裁定书的格式有相应的区别，内容也各有侧重点，制作时要加以注意。

四、应用示例

××省××市××区人民法院

民事裁定书

〔2000〕港经初字第××号

原告：梁××，女，52 岁，汉族，原×××市新雅楼酒家承包人(总经理)，住×××市建筑设计院宿舍。

委托代理人：王×，×××市新浦区律师事务所律师。

委托代理人：王××，×××市新浦区律师事务所律师。

被告：×××市新雅楼酒家董事会，地址在本市连云区墟沟镇海棠路 54 号。

法定代表人：罗××，董事长。

本院在审理原告梁××与被告×××市新雅楼酒家董事会承包合同纠纷，愿意通过内部协调解决，要求撤诉，依据《中华人民共和国民事诉讼法》第××条和第××条之规定裁定如下：

准许原告梁××撤回起诉。

案件受理费 2200 元及其他诉讼费 2200 元，共计 4400 元由原告承担。

审判员：×××

20××年×月×日

书记员：×××

思考与练习

1. 论述刑事裁判文书概念的内涵与外延。

2. 第一审刑事判决书的事实部分应当包括哪些内容？

3. 制作第一审民事判决书的理由部分，应当遵循哪些原则？

4. 制作裁定书应该注意哪些问题？

5. 第一审行政判决书的事实部分与第一审民事判决书相比有什么特点？

6. 根据以下材料，制作第一审民事裁定书。

何××(男，36 岁)与白××(女，34 岁)经人介绍于 1990 年 8 月相识恋爱，并于 1991年 8 月登记结婚，婚后无子女。1994 年 10 月，何××以夫妻感情不和为由，向×区人民法院提起诉讼，要求和白××离婚。后经人民法院调解，何××撤回起诉。1996 年 4 月，何××以原起诉理由为由，再次向人民法院提起诉讼。人民法院受理案件后，发现何××的起诉不符合受理的条件，人民法院决定不予受理。

何××，男，36岁，×商业中心保安，住×区×条×号。

白××，女，34岁，无业，住×区×胡同×号。

《中华人民共和国民事诉讼法》第一百一十一条第七项规定："判决不准离婚和调解和好的离婚案件，判决、调解维持收养关系的案件，若没有新情况、新理由，原告在6个月内又起诉的，不予受理。"最高人民法院《关于适用<中华人民共和国民事诉讼法>若干问题的意见》第一百三十九条规定："起诉不符合受理条件的，人民法院应当裁定不予受理。立案后发现起诉不符合受理条件的，裁定驳回起诉。"

7．根据下面材料写一份一审刑事判决书。

20××年×月××日，××市人民检察院以×检×诉［20××］××号起诉书，指控被告人张某飞犯故意杀人罪，向××市中级人民法院提起公诉。人民法院受理案件后，依法组成合议庭，由李艳丽担任审判长，审判员为张玉忠、王澜，书记员为赵海涛，于20××年×月××日对案件进行了公开审理。××市人民检察院指派检察员王利兵、许建国出庭支持公诉。××市××律师事务所律师李涛、王建花作为张某飞的辩护人出庭参加诉讼。案件审理终结后，××市中级人民法院依照《中华人民共和国刑法》第二百三十二条、第五十七条第一款、第六十七条第一款的规定，以(20××)×刑初字第××号判决书作出如下判决：一、被告人张某飞犯故意杀人罪，判处死刑，剥夺政治权利终身。二、作案刀具予以没收。

人民法院经审理查明的案件事实如下：20××年×月××日22时许，被告人张某飞驾驶×B302NO号黑色雪佛兰轿车从××大学返回××市，当行至××市××街时，将前方在非机动车道上骑电动车同方向行驶的被害人赵某撞倒。张某飞下车查看，见赵某倒地呻吟，因担心赵某看到其车牌号后找麻烦，遂拿出背包中的一把尖刀，向赵某胸、腹、背等处猛刺数刀，致赵某主动脉、上腔静脉破裂大出血当场死亡。杀人后，张某飞驾车逃离现场。四天以后，张某飞在其父母陪同下到公安机关投案，如实供述了杀人的经过。

认定张某飞犯罪事实的主要证据有：报案材料、现场勘查笔录、尸体检验鉴定报告和证人证言等。被告人张某飞对庭审中指控的犯罪事实亦供认不讳。

××市人民检察院指控：20××年×月××日22时许，被告人张某飞驾驶×B302NO号黑色雪佛兰轿车从××大学返回××市，当行驶至××市××街时，撞倒前方同方向骑电动车的赵某，张某飞下车查看，发现赵某正倒地呻吟，因怕赵某看到其车牌号后找麻烦，遂产生杀人灭口的恶念，于是从随身携带的背包中取出一把尖刀，对倒地的赵某连捅数刀，致赵某当场死亡。杀人后，被告人张某飞驾车逃离现场。四日后，张某飞在其父母陪同下到公安机关投案。经法医鉴定：死者赵某系胸部锐器刺创致主动脉、上腔静脉破裂大出血而死亡。公诉机关认为：被告人张某飞开车撞人后，又持刀故意非法剥夺他人生命，手段残忍，情节恶劣，后果严重，其行为触犯了《中华人民共和国刑法》第××××条之规定，应以故意杀人罪追究其刑事责任。

在庭审中，辩护人李涛、王建花律师提出：张某飞具有自首情节，系初犯、偶犯，认罪态度好，真诚悔罪。建议对张某飞从轻处罚。

人民法院审理后认为：被告人张某飞在发生交通事故后，因担心被害人赵某看见其车牌号以后找麻烦，遂产生杀人灭口之恶念，并用随身携带的尖刀在被害人胸、腹、背等部位连刺数刀，致赵某当场死亡，其行为已构成故意杀人罪。××市人民检察院指控被告人张某飞故意杀人的犯罪事实清楚，罪名及适用法律正确，应予支持。张某飞虽系初犯、偶犯，但如此恶劣、残忍的故意杀人犯罪，显然不能从轻处罚。因此，辩护律师的辩护理由不能成立。被告人张某飞作案后到公安机关投案，依法认定为自首。但是，张某飞在开车将被害人赵某撞伤后，不但不施救，反而因怕被害人看见其车牌号而杀人灭口，犯罪动机卑鄙，手段残忍，情节特别恶劣，后果极其严重。被告人张某飞仅因一般的交通事故就杀人灭口，丧失人性，人身危险性极大，依法应予严惩。

被告人张某飞，20××年×月××日因涉嫌故意杀人罪被刑事拘留，同年×月××日被逮捕，现羁押于××市看守所。19××年×月××日张某飞出生于××省××市，男，汉族，××大学学生，住××市××区××街×号。

8. 请根据下面材料写一份第一审民事判决书。

孙×杰(男，1940年8月21日出生于××省××县，系××公司退休干部，住××公司宿舍楼×栋×单元×号)与孙×林(男，1979年5月3日出生于××省××县，系××制药厂工人，住××市××街×楼×号)原系叔侄关系，1996年8月，孙×杰经孙×林的父母请求，在办理了相关手续后，收孙×林为养子。同年9月1日，孙×杰将孙×林的户口由原籍××省××县××乡××村转至××市，并为孙×林找了工作。孙×林先后在××公司和××制药厂当工人。

孙×杰与孙×林的养父子关系确定后，在其后的日常生活中，孙×林将自己每月1000余元的工资全部交给孙×杰，孙×杰则每月给孙×林200元零花钱，还给孙×林购买衣服、鞋子等物。他们相互照顾，关系一直较好。1990年5月以后，由于孙×杰与孙×林在孙×林的婚姻问题上存在分歧，双方产生了一些矛盾。1999年8月，孙×林在其制药厂分得一间房子后便搬出了孙×杰家，自此孙×林不再将工资交给孙×杰，只是在节假日去看看孙×杰，通常还买些食品。孙×杰也不再给孙×林零花钱。

2001年3月，孙×杰因病住院。由于孙×杰正与其妻闹离婚，无人照顾，孙×林虽与孙×杰有了矛盾，但还是在单位请了假到医院照顾孙×杰，其间还买了食品和生活用品。

2001年10月上旬，孙×杰与孙×林因孙×林的婚姻问题发生了激烈争吵，孙×杰声称孙×林结婚时将不给孙×林任何资助。孙×林非常生气，便于2001年10月23日晚与其生母一道趁孙×杰出去散步的机会将孙×杰买来仅两个月价值4000余元的松下牌彩电一台搬走，想以此作为孙×杰对自己结婚不予资助的一点补偿。孙×杰发现后大为不满，在要孙×林归还电视机未果的情况下，于2001年11月2日向××市人民法院起诉，要求判令与孙×林脱离养父子关系，并让孙×林归还电视机。

法院受理后，组成了由审判长张××和人民陪审员朱××、王××组成的合议庭，公开开庭进行了审理。在诉讼过程中，孙×林提出，自己工作以后共向孙×杰交了近3万余元的工资，只从孙×杰处得到不满1万元的零花钱和物品，要求法院判令孙×杰退回孙×林所交工资的剩余部分2万元，并资助自己部分结婚所需费用。

法院审理后认为：双方在形成养父子关系后曾和睦相处了3年，其间，孙×林将工资交给孙×杰是尽人子之情，而孙×杰负责全家生活开支，还给孙×林零花钱，为孙×林购买衣物，也尽了为父之责，再断无向孙×林返还所交工资之理。后因双方在被告婚姻问题上发生分歧而出现矛盾，但被告采取搬走原告电视机的行动激化了矛盾，以致引起诉讼，显属孙×林的错误。但念及原被告曾为养父子，被告在原告住院期间还请假照顾，尽了一定义务,原告在被告结婚时给予一定的资助亦在情理之中。故此,考虑到整个案件情况,法院于 2001 年 12 月 3 日以第 25 号判决书作出判决:孙×杰与孙×林解除养父子关系;孙×林将电视机退还给孙×杰;孙×杰付给孙×林 3000 元钱作为对孙×林结婚成家的资助。法院同时决定,案件诉讼费用 600 元由原、被告各负担一半。

9. 请根据下列材料写一份第一审行政判决书。

刘×于 1996 年 5 月 31 日下午 3 时左右在××镇××街城门洞遇见正前往医院检查伤情的堂姐刘××及第三人杨××,与杨××发生争吵,并将杨××打伤,将其眼镜打掉。6月 2 日被害人杨××住进×县医院,于 6 月 25 日出院。×县人民医院病情证明单记录为:"1. 右眼外伤性角膜斑翳;2. 右眼外伤性虹膜粘连;3. 右眼外伤性失明。"××省法医学会于 1996 年 8 月 28 日出具鉴定意见:"1. 杨××右眼上下眼睑皮下淤血和右眼球结膜下出血的损伤属轻微伤;2. 杨××右眼角膜、虹膜及晶体病变属 1996 年 5 月 31 日前已有陈旧病变,与 1996 年 5 月 31 日的外伤无关。"杨××花费医药费 1588.8 元,鉴定费 500 元。

1997 年 8 月 8 日×县公安局对刘×作出(1997)第 57 号治安管理处罚裁决,认定违反治安管理人刘×,因殴打他人,致人轻微伤害,根据《中华人民共和国治安管理处罚条例》第 22 条,决定给以治安拘留 10 日处罚。同时又作出(1997)第 4 号赔偿损失负担医疗费用裁决,认定违反治安管理人刘×,因殴打他人造成被害人杨××等人经济损失 96 元,应负担医疗费用 535.2 元。

刘×不服×县公安局 1997 年 8 月 8 日(1997)第 57 号治安管理处罚裁决和(1997)第 4 号赔偿损失负担医疗费用裁决,向××市中级人民法院提起诉讼。

××市中级人民法院经审理查明相关事实,认为原告刘×违反了《中华人民共和国治安管理处罚条例》第×××条的规定,被告×县公安局作出(1997)第 57 号治安管理处罚裁决,事实清楚,证据确凿,适用法规正确。被告×县公安局作出(1997)第 4 号赔偿损失负担医疗费用裁决,根据公安部 1990 年 10 月 30 日公发(1990)28 号《关于公安机关贯彻实施〈中华人民共和国行政诉讼法〉若干问题的通知》第×××条之规定,该裁决依据不足。根据《中华人民共和国行政诉讼法》第××条、第××条第×项、第×项第×目之规定,作出如下判决:一、维持×县公安局 1997 年 8 月 8 日(1997)第 57 号治安管理处罚裁决。二、撤销×县公安局 1997 年 8 月 8 日(1997)第 4 号赔偿损失负担医疗费用裁决。诉讼费 50 元,其他费用 120 元,由原告刘×承担 80 元,被告承担 70 元。

第八章

律师诉讼文书

第一节 律师诉讼文书概述

律师诉讼文书是指律师依法从事业务活动时经常使用的法律文书。它包括两种：一是律师在办理诉讼案件时使用的文书；二是从事非诉讼活动时使用的文书。本章主要讲授律师从事诉讼活动经常使用的文书。律师参加诉讼活动，一方面，经常撰写辩护词、代理词等；另一方面，律师为公民、法人以及其他组织代书相关文书。所谓代书，就是律师代表委托人的意志，以委托人的名义，根据事实，依照法律，代替委托人书写诉讼文书和其他有关法律事务的文书。代书文书可分为两类：一类是诉讼文书，如起诉状、上诉状、申诉书和答辩状等；另一类是法律事务文书，如经济合同、协议书、赠与书和遗嘱等。因本书篇幅有限，对律师诉讼文书，只讲刑事诉状、民事诉状、刑事上诉状和民事上诉状四种。

第二节 刑 事 诉 状

一、概念

刑事诉状又称刑事起诉状，它是刑事自诉案件被害人或其法定代理人，根据事实和法律直接向人民法院控告被告人的犯罪行为，要求追究被告人刑事责任的书状。按照我国法律规定，自诉人提出刑事诉状案件的范围有以下三种：① 告诉才处理的案件；② 被害人有证据证明的轻微刑事案件；③ 被害人有证据证明对被告人侵犯自己人身、财产权利的行为应当依法追究刑事责任，而公安机关或者人民检察院不予追究被告人刑事责任的案件。

二、结构形式

刑事诉状一般由首部、请求事项、事实和理由及附项组成。

（一）首部

（1）标题。

(2) 写明自诉人基本情况。

(3) 写明被告人基本情况。

(二) 请求事项

在请求事项中应写明被告人所犯罪名，罪名应当具体、明确，并严格依照我国《刑法》规定的罪名提出控告。

(三) 事实和理由

在事实和理由这一项中应当写明被告人犯罪的时间、地点、动机、目的、方式、手段、行为过程和后果等，并写明能够证明所控犯罪的证据。证人应当写明其姓名、住址、职业，以便人民法院进行调查。

(四) 附项

(1) 本状副本×份。

(2) 证物×件。

(3) 书证×件。

三、注意事项

(1) 写清自诉人等当事人的基本情况。

(2) 控告的罪名和诉讼请求要具体、明确。

(3) 事实和理由部分根据具体情况可以增减。

四、应用示例

刑事自诉状

自诉人(附带民事诉讼原告人)：张某某，男，36 岁，个体工商户。

被告人(附带民事诉讼被告人)：陈某，男，24 岁，无业。

案由：故意伤害

诉讼请求

1. 追究陈某故意伤害的刑事责任。

2. 判决陈某赔偿自诉人经济损失 18000 元的民事责任。

事实及理由

1999 年 6 月 29 日上午，陈某、何某(已死亡)与王某等人到自诉人经营的饭馆寻衅。自诉人劝阻，陈某等人非但不听，反而共同殴打自诉人，致自诉人受伤。经医院治疗，花去医药费 16000 元，并支付交通费 200 元，误工费 1800 元，各项经济损失共计 18000 元。经司法鉴定，自诉人伤势为轻伤。

案发后，王某主动认错，并支付医药费 10000 元。自诉人决定不再追究王某的责任。

陈某故意伤害自诉人，应当追究刑事责任；同时由于给自诉人造成经济损失，亦应承担民事赔偿责任。请依法判决。

　　　此致
××× 人民法院

　　　　　　　　　　　　　　　　　　　　　　自诉人：张某某
　　　　　　　　　　　　　　　　　　　　　　2009 年 10 月 10 日

第三节　民事诉状

一、概念

　　民事诉状是民事案件原告人或其法定代理人为了维护民事权益，就有关民事权利和义务的争执或纠纷向人民法院提起诉讼的书状。

　　《民事诉讼法》第一百一十九条规定，起诉必须符合四个条件：① 原告是与本案有直接利害关系的公民、法人和其他组织；② 有明确的被告；③ 有具体的诉讼请求和事实、理由；④ 属于人民法院受理民事诉讼的范围和受诉人民法院管辖。只有这四个条件同时具备，法院才受理。

二、结构形式

　　起诉状由首部、正文、尾部(含附项)三部分构成。

　　(一) 首部

　　(1) 文书名称。

　　(2) 原告的身份事项。根据最高人民法院颁发的《法院诉讼文书样式(试行)》的规定，原告是法人或者其他组织的，除了基本情况，还要写明企业性质、工商登记核准号、经营范围和方式、开户银行和账号。

　　(3) 被告的身份事项。

　　(二) 正文

　　(1) 诉讼请求。它是起诉人请求人民法院解决民事权益的具体事项，要求明确、具体、合法、相对固定。对于诉讼请求，起诉时要慎重周密，力求周到。立案后，诉讼请求如有不实、不全、不确切之处，可以变更或提出新的请求。

　　(2) 事实。它是指双方争议的事实或被告侵权的事实及其证据。事实包括当事人之间的法律关系、纠纷发生发展过程、争执焦点和具体内容、被告应承担的责任。如原告自己有一定责任，亦应提到，不能把过错完全推给被告。

　　(3) 理由。在讲清事实之后，概括分析纠纷的性质、危害、结果及责任，同时提出所依据的法律条款，以论证诉讼请求合理。理由包括认定案件事实的理由和提出法律根据的理由。引用法律条文要全面、具体，应引到条、款、项。

（三）尾部

(1) 致送法院名称。

(2) 起诉人签名盖章。

(3) 起诉时间。

(4) 附项。

三、注意事项

(1) 事实详细具体，说理有理有据。

(2) 注意法院管辖问题。

四、应用示例

民事起诉状

原告：张××，男，汉族，1979年5月5日出生，住址：泰安市泰山区××街8号，现住泰安市岱岳区××小区3号楼2单元402室。

被告：郑××，男，汉族，1961年8月2日出生，现住泰安市××宿舍楼东单元2层东户，身份证号：3709021961080××

被告：苗××，女，汉族，1967年8月17日出生，现住泰安市××宿舍楼东单元2层东户，身份证号：37090219670817××

被告：郑×，男，汉族，1985年9月1日出生，现住泰安市××宿舍楼东单元2楼东户，身份证号：37090219850901××电话：1361538××

诉讼请求

1. 请求人民法院依法判令被告郑××、苗××立即偿还原告借款60万元，被告郑×承担连带清偿责任。

2. 诉讼及保全费用由二被告承担。

事实与理由

2011年3月10日，被告郑××、苗××向原告借款60万元，约定借款期限2个月，如到期不还，自愿将商场巷××宿舍南楼东单元2层东户93.08平方米住宅一次性赔付给张××，担保人为被告郑×。有字据为证。到期后经原告多次催要，被告均以种种不当理由拒绝履行还款义务，为维护原告的合法权益，特提起诉讼，请贵院依法从速判决。

　　此致

泰安市泰山区人民法院

　　　　　　　　　　　　　　　　　　　　　　　　　具状人：张××

　　　　　　　　　　　　　　　　　　　　　　　　　201×年6月12日

第四节　刑事上诉状

一、概念

刑事诉讼当事人及其法定代理人不服地方各级人民法院第一审的刑事判决或裁定，依照法定程序和期限向上一级人民法院上诉，请求撤销、变更原裁判，或重新审理而提出的文书，称之为刑事上诉状。

按照我国《刑事诉讼法》第二百一十六条的规定："当事人和法定代理人有权进行上诉。被告人近亲属及其辩护人经被告人同意也可以提出上诉。附带民事诉讼当事人及其法定代理人可以对附带民事诉讼部分提出上诉。"按照《刑事诉讼法》第二百一十九条规定："不服判决的上诉期限是十日，不服裁定的上诉期限为五日，从接到判决书、裁定书的第二日起算。"

二、结构形式

刑事上诉状由首部、请求和理由以及附项三个部分组成。

（一）首部

(1) 标题。
(2) 上诉人身份事项。
(3) 被上诉人身份事项。
(4) 案由。案由写明不服原审判决(或裁定)的事由。

（二）请求和理由

上诉请求主要写明上诉人不服原审裁判，要求二审法院撤销、变更原审裁判，或请求重新审理。

(1) 原审裁判事实认定有错误，有出入，不清楚，或者有遗漏，以及认定的事实根本不存在等。

(2) 原审裁判认定上诉人的行为已构成犯罪，而上诉人只有一般违法行为，或者情节显著轻微。

(3) 原审裁判适用法律不当，定性、定罪不准。

(4) 原审裁判违反法定诉讼程序等。

上诉理由部分主要采用驳论手法，正面说理，阐述上诉根据。在书写上诉请求和理由部分时，应当针对性强，事实可靠，理由充分。

（三）附项

(1) 本状副本×份。
(2) 证物×件。
(3) 书证×件。

三、注意事项

(1) 认真审核事实。

(2) 考察证据是否合法。

(3) 上诉状副本份数，应按被上诉人人数提交。

四、应用示例

刑事上诉状

上诉人(原审被告人)：刘某某，男，汉族，38 岁，身份证编号：××，初中文化，河南省开封市××人，现住河南省开封市××街××号院××号楼××号。

上诉人因涉嫌合同诈骗罪一案，不服河南省永城市人民法院(2009)永刑初字第××号刑事判决，故提出上诉。

上诉请求

1. 撤销永城市人民法院(2009)永刑初字第××号刑事判决书。

2. 改判被告人不构成犯罪，不承担刑事责任。

事实与理由

1. 上诉人在本案中的地位决定上诉人无从知晓河南××文化投资有限公司(以下称文化公司)无履行合同的能力。

文化公司为本案第一被告人丁××发起成立，在设立公司之时，丁××向工商登记部门投送的各种资料及公司的设立过程，上诉人均不知晓。上诉人开始只是丁××的一个司机，后被丁××派到郑州分公司任副经理，从事的都是按照丁××的指令做的一些具体事务，包括文化公司对外招标的各种事宜，上诉人均不知晓，故上诉人没有机会知道文化公司的资金运作状况。再者，上诉人原来没有从事过项目投资方面的工作，加上自身文化程度较低，也无能力判断文化公司是否投资该项目的资金状况。但永城市人民法院(2009)永刑初字××号判决书认定上诉人明知被告人丁××无履行能力，仍介绍被害人施工企业签订工程施工合同，骗取合同履约金，属认定事实错误。

2. 上诉人无非法占有的主观目的，客观上也没有占有施工企业的钱财。

上诉人虽然介绍了两家企业和文化公司签订了合同，但所收的这两家企业的合同履行金，均按照丁××的指示，全部交给了丁××本人或汇到了丁××指定的账户上。至今为止，上诉人为××文化公司工作时垫付的各项费用 6 万多元(已向法院提交证据)也无着落。客观地说，上诉人本人也是本案的受害者，何来占有受害企业钱财之谈，更谈不上主观上的占有。

综上所述，永城市人民法院(2009)永刑初字第××判决书针对上诉人而言，查明事实不清，适用法律错误，恳请二审法院本着实事求是，认真负责，有错必究的工作态度，给上诉人一个公平的判决。

此致

商丘市中级人民法院

上诉人：刘××

代理律师：陈××

201×年 11 月 27 日

第五节　民事上诉状

一、概念

民事诉讼当事人及法定代理人不服地方各级人民法院第一审民事判决或裁定，依法向上一级人民法院上诉，请求撤销、变更原审裁判，或重新审判而提出的书状，称之为民事上诉状。

按照法律规定，不服第一审人民法院判决的上诉期限为 15 日，不服第一审人民法院裁定的上诉期限为 10 日，从接到判决书或裁定书的第二日起算。上诉人通过原审人民法院或者直接向第二审人民法院提出民事上诉状的，应按照对方当事人的人数提出上诉状副本。

二、结构形式

民事上诉状由首部、请求和理由以及附项三部分组成。

(一) 首部

(1) 标题。
(2) 上诉人身份事项。
(3) 被上诉人身份事项。
(4) 案由。案由写明上诉人不服原审判决(或裁定)的事由。

(二) 请求和理由

请求部分写明上诉人不服原审判决(或裁定)，要求上诉原审法院撤销、变更，或请求重新审判。

理由部分写明不服原审判决(或裁定)，并提出上诉请求的依据。

(三) 附项

(1) 上诉状副本×份。
(2) 证物×件。
(3) 书证×件。

三、注意事项

(1) 判断当事人上诉是否合理。法律规定有些案件当事人不得上诉。
(2) 注意确定其他当事人的诉讼地位。

四、应用示例

民事上诉状

上诉人(原审被告)：孟某某，男，汉族，生于 19××年×月×日，农民，小学文化，现住安龙县×镇×村×组×号。

被上诉人(原审原告):刘某,男,汉族,生于 19××年×月×日,高中文化,农民,现住安龙县×镇×村×组×号。

上诉人因不服安龙县人民法院于 2011 年 6 月 14 日作出的(2011)安民初字第 182 号民事判决书,现提出上诉。

诉讼请求

1. 请依法撤销安龙县人民法院作出的(2011)安民初字第 182 号民事判决书。

2. 请依法发回重审或者判决支持上诉人的诉讼请求,即由被上诉人向上诉人承担各项赔偿费用 77207.8 元(扣除被上诉人已支付部分后为 53645.8 元)。

3. 一、二审诉讼费用由被上诉人承担。

事实及理由

1. 一审认定本案中《山岔村人民调解协议书》有效,该认定显然错误,本调解协议应属于无效协议。

首先,《山岔村人民调解协议书》是在上诉人与被上诉人均不在场的情况下,由双方家属自行作出的调解。交通事故发生后,上诉人一直住院,因伤势严重,缺乏正常人的认知,而被上诉人因造成交通事故,为逃避责任一直躲藏。被上诉人家属为使上诉人家人不要"告上",口头向上诉人家属作出愿意承担全部责任的承诺,上诉人家属受被上诉人家属的蒙蔽,同意与被上诉人家属调解。《山岔村人民调解协议书》便是在双方当事人均不在场的情况下由山岔村人民调解委员会作出,没有当事人双方在场,所谓的调解协议是不能代表双方当事人意志的。

其次,《山岔村人民调解协议书》缺乏协议必要要件。《山岔村人民调解协议书》不仅没有上诉人与被上诉人的签名或盖章,连双方家属都未签名或盖章,仅此一点,按照《合同法》相关规定,该调解协议即因缺乏合同必要要件而属无效。

再次,山岔村人民调解委员会调查过程不符合法律规定。山岔村人民调解委员会就本案交通肇事赔偿事宜,于 2010 年 10 月 28 日专门作了调查,并形成了《调查笔录》。从《调查笔录》可以看出,山岔村人民调解委员会调查过程显然不符合法律规定,山岔村人民调解委员会是将文正英、孟文江等人一并进行的调查,这显然不符合取证要求,调查取证只能单独进行,而不能对数人一并进行。同时,上诉人孟某某当时正躺在医院,根本就没有接受过山岔村人民调解委员的调查,但山岔村人民调解委员却将"孟某某"一并列为"被调查人",并由孟文江在"孟某某"名字上按手印,山岔村人民调解委员这种调查显然不符合法律规定。

2. 山岔村人民调解委员形成的《山岔村人民调解协议书》不仅无效,而且显失公平。

《山岔村人民调解协议书》形成后,上诉人家属因缺乏起码的医学常识,在对上诉人伤情严重程度没有一个正确认识和判断的情况下,同时也是在上诉人与被上诉人均不在场的情况下,因急于为上诉人筹集医疗费,收下了被上诉人家属支付的"一次性医疗费"。在涉及上诉人重要权益能否得到合法、有效保障的情况下,上诉人家属收受"一次性医疗费"的行为显然不能代表上诉人的真实意愿。所以,上诉人家属与被上诉人家属之间的交涉并不能代表当事人本人的意愿。从上诉人最后的司法鉴定结论看,因伤情已分别达八级、九级伤残,所需各种费用远不只 16000 元,各项费用至少也需 77207.8 元,而被上诉人实际只支付了 23562 元，尚差 53645.8 元。显然，《山岔村人民调解协议书》不仅无效，且显失公平。

3. 本案案情复杂，一审法院适用简易程序审理不符合《民事诉讼法》关于简易程序审理有关规定。

本案因交通事故发生后，没有交警出现场，在证据的适用上存在一定困难。同时，被上诉人对自己所造成的交通事故公然否认，这些增加了一审法院查清本案事实真相的难度。并且，在一审过程中，被上诉人曾公然在法院攻击上诉人，使事态一度恶化。在此种情况下，本案都不宜适用简易程序审理。故一审法院适用简易程序审理本案，程序上不合法。从判决所认定的情况看，将一份无效调解协议认定为有效，事实认定确实不客观，判决结果也不公正。

综上所述，一审法院审理此案，在程序上违反《民事诉讼法》关于简易程序审理规定，在案情上没能准确认定事实，以致上诉人的合法权益未能得到保障。根据《中华人民共和国民事诉讼法》相关规定，特诉至贵院，请求依法判决。

　此致
黔西南州中级人民法院

　　　　　　　　　　　　　　　　　　　　　　　上诉人：孟某某
　　　　　　　　　　　　　　　　　　　二〇一×年六月二十五日
　　　　　　　　　　　　　　　　　　　　　　（欧阳静律师案例）

思考与练习

1. 简述刑事诉状的结构内容。
2. 民事上诉状的理由应当包括哪些方面？
3. 练习制作刑事自诉状、民事上诉状和民事答辩状。
4. 根据下列案情材料，拟写一份刑事自诉状。

吴某(33 岁，回族)和丈夫王某某(35 岁，汉族)是××省××市××县××乡××村农民。吴某小学毕业，王某某初中毕业。吴某与王某某于 1992 年结婚，并于 1994 年生了一个女儿。

1999 年 10 月，吴某和王某某因发生家庭矛盾一起到乡政府办理离婚手续，后经亲友劝解和好，故而未办理离婚。但是自此之后，两人的关系就一直不好。2002 年春节后，吴某到××县×镇打工。2002 年 3 月 23 日，王某某拿着伪造的吴某要求离婚的文字材料独自到乡政府要求办理离婚。虽然按照有关法律规定，办理离婚登记须双方都在场，但乡政府工作人员却对王某某出具的吴某要求离婚的文字材料信以为真，因而违反规定给王某某办理了离婚手续，开出了离婚证。随后，王某某即与×县×乡×村女青年刘某(28 岁，汉族，农民)谈起了恋爱，并商定 8 月份结婚。6 月底，当吴某外出打工回来，才发现丈夫已经和自己"离婚"并准备与刘某"结婚"，她大吃一惊，连忙一边向乡政府反映并要求乡政府撤销离婚证,一边和自己的同学赵某(××县××乡x村人,住×县××镇)一起找到刘某,向其说明情况,要求刘某不要与王某某"结婚"。乡政府当即做出了撤销离婚证的决定,并对王某某骗取离婚证的行为处以罚款 1000 元。可刘某却认为,虽然王某某与吴某的离婚证是骗来的,但他们两人的夫妻关系已经名存实亡,终究是要离婚的,而自己与王某某结婚也是迟早的事,还不如就按照原定计划结婚。于是,8 月 16 日,王某某与刘某在王某某家中举行了"结婚仪式",并宴请了××村亲友陈某等人。吴某认为,王某某在与自己仍然存在夫妻关系的情况下与他人结婚,构成了重婚罪,而刘某明知王某某已经结婚并且尚未离婚而仍然与之结婚,也构成了重婚罪。这些事实有乡政府关于撤销离婚证的决定和罚款的决定、赵某和陈某等人的证言等予以证明。2002 年 9 月 27 日,吴某委托律师拟写刑事自诉状,向××县人民法院起诉王某和刘某,要求认定王某某和刘某构成重婚罪,追究其刑事责任。

　　附:刑法 258 条规定:"有配偶而重婚的,或者明知他人有配偶而与之结婚的,处二年以下有期徒刑或者拘役。"

　　5. 根据下列案情材料,拟写一份民事起诉状。

　　被告张正富与原告张正贵系兄妹关系。原告是妹妹,被告是哥哥,妹妹比哥哥小三岁。原、被告自幼由父亲张山江与母亲李春风抚养成人。原、被告从七岁起,先后在本村小学读书,小学毕业后到本乡中学读书,初中毕业后均在本村务农。原、被告分别于 1986 年、1984 年成家。结婚后,原告住在丈夫家中,被告住在妻子家中,均与父母分开生活。父母靠工资维持生活,退休后靠退休金养老,在经济上从不要子女资助,原、被告在经济上也不资助父母。原、被告家原有四间旧式瓦房,1990 年,原、被告父母用多年积蓄下来的钱,将四间旧式瓦房翻建成四间新瓦房,屋内装修也比较讲究,共花去 4 万元。新瓦房由父母居住。

　　1995 年 2 月,原、被告的母亲病故,为母亲办理后事所花款项全部由父亲支付,原、被告均未花钱。1996 年 8 月,原、被告父亲突发心脏病住院治疗,原、被告轮流到县医院护理,对父亲关怀备至,尽了子女孝敬父母的义务。父亲住院治疗两个多月,住院费、治疗费、医药费共花去×万元,一部分由父亲单位报销,一部分用父亲存款支付,几乎用尽了父亲全部存款。父亲去世后,原、被告共同负责办理丧事,所花丧葬费由原、被告平均负担。

　　父亲去世不久,被告张正富及其家人突然搬回家居住,独占了父母遗留下来的四间新瓦房。原告得知这一消息后,对被告独占父母遗产的行为提出了批评,并要求与被告共同等额继承父母遗产四间新瓦房,各得两间。为了照顾兄长,父亲家中的衣物归被告继承,原告自愿放弃继承的权利。不料原告提出的要求,遭到了被告的断然拒绝。被告说我们乡下向来是儿子继承父母的遗产,哪有女子继承父母遗产之理! 嫁出去的女子不能回娘家继承父母遗产,这是几千年的老规矩,不能改变。

　　原告不服,到×县律师事务所咨询。×××律师听了原告介绍的情况后说:"你兄长的做法和说法都是不对的,不让女子继承父母遗产的理由荒唐可笑,是封建思想的表现,完全违反了我国现行法律。《中华人民共和国继承法》第九条规定:继承权男女平等。根据《继承法》第十条规定:原、被告都是第一顺序继承人,都有权继承父母的遗产。"律师还指出:"你父亲生病住院期间,你和你兄长都尽了照顾老人的义务,而且平均负担了丧葬费,两人所尽的义务大体上相当，根据权利和义务一致原则，继承的权利应当是平等的。"原告认为律师说得有道理，于是就委托×××律师代书一份民事起诉状，于 1996 年 11 月 10 日向×县人民法院提起诉讼。

被告人：张正富，男，38 岁，×省×县×乡×村农民，汉族，初中毕业。

原告人：张正贵，35 岁，女，初中毕业，×省×县×乡×村农民，汉族。

代书人：×县律师事务所×××律师。

证据材料：1. ×乡×村村长王天民证明材料一份；2. ×乡×村×组组长张得财证明材料一份；3. 姑母张凤英(住×乡×村)证明材料一份。以上三份材料均能证明原告所叙案情属实。

6. 根据下列案情材料，拟写一份刑事上诉状。

被告人胡××，男，16 岁，××省××县人，工人家庭出身，汉族，系××中学高一学生，住××市××区××路××号。因打死其二哥胡有理(22 岁，临时工)，于 19××年 4 月 12 日被××市公安局××分局拘留，4 月 22 日被逮捕。

19××年 6 月 23 日，××人民检察院以被告人犯故意伤害罪向××区人民法院提起公诉，经审理查明：

死者胡有理长期以来，在社会上打架斗殴，玩弄女性，为非作歹；在家里虐待父母，打骂哥嫂、姐弟，无恶不作，尤其是对小弟弟即被告人胡××更是百般虐待。19××年 4 月 11 日中午，胡有理纠集四名男女青年工人(二男二女)到家中喝酒跳舞，闹得乌烟瘴气。下午二时，被告人胡××在大哥家吃过饭，回家休息，胡有理令胡××洗锅刷碗，胡××说休息一会儿再干，胡有理认为被告人不听话，在朋友面前伤了自己的威严，当即对被告人拳打脚踢。被告人被打得忍无可忍，才踢了胡有理一脚。这时胡有理暴跳如雷，继续对被告人拳打脚踢，在别人劝架时，被告人趁机逃出家门。胡有理见被告人逃走，随手操起家中的铁锹，拼命追赶被告人，当快追上被告人举起铁锹要砍时，由于路不平，摔倒在地。当胡有理还要爬起来继续行凶时，被告人顺手从地上拣起一块十余斤重的石头，对着胡有理的头部砸了一下，将胡有理打伤。经医院抢救无效，不久死亡。

法院认为被告人的行为触犯了《中华人民共和国刑法》第二百三十四条第二款之规定，犯故意伤害罪，于 19××年 7 月 24 日被判处有期徒刑××年。

被告人对判决不服，被告人及辩护律师王××的辩护意见是：被告人的行为不构成犯罪，属于正当防卫。《中华人民共和国刑法》第二十条第一款规定："为了使国家、公共利益、本人或者他人的人身、财产和其他权利免受正在进行的不法侵害，而采取的制止不法侵害的行为，对不法侵害人造成损害的，属于正当防卫，不负刑事责任。"第二款规定："正当防卫明显超过必要限度造成重大损害的，应当负刑事责任，但是应当减轻或免除处罚。"第三款规定："对正在进行行凶、杀人、抢劫、强奸、绑架以及其他严重危及人身安全的暴力犯罪，采取防卫行为，造成不法侵害人伤亡的，不属于防卫过当，不负刑事责任。"从以上刑法条款来看，正当防卫必须具备以下几个条件：① 必须是对具有社会危害性的不法侵害行为才能实行正当防卫，而对合法行为则不能实行"防卫"；② 必须是对实际存在并且是正在进行的不法侵害才可以实行正当防卫；③ 必须是对实施不法侵害者本人实行防卫，而不能对第三者实行；④ 正当防卫不能明显超过必要限度。综观本案案情，可以看出被告人的行为属于正当防卫，完全符合刑法规定的正当防卫应具备的条件，因此不构成犯罪。

被告人根本没有伤害胡有理的动机与目的，而胡有理却无故对他大打出手，拳打脚踢，并举起铁锨砍他，这种非法无理的施暴行为，是对被告人人身权利的侵害。胡有理举起铁锨拼命追赶被告人，由于路不平，摔倒在地，当胡正要爬起来继续行凶时，被告人为了免遭实际存在的不法侵害，在被迫无奈的情况下，顺手从地上拣起一块十余斤的石头，对着胡的头部砸了一下，这是法律允许的保护自己人身权利不受侵害的正当防卫。被告人正当防卫行为是对准不法侵害者本人的，没有伤害他人，无任何社会危害性。被告人正当防卫行为超过了必要限度吗？没有，完全没有！胡有理举铁锨砍被告人，若是砍中后果将十分严重，非死即伤。被告人在情急之下，顺手拣起一块石头砸胡有理的头部，应当说防卫行为与不法侵害行为是相适应的，没有超过必要的限度。总之，被告人的行为是与刑法关于正当防卫规定的精神相吻合，是具备法定的正当防卫条件的。因此被告人决定提起上诉，请求上级人民法院依法撤销原判，宣告被告人无罪。

7. 根据下列案情材料，拟写一份民事上诉状。

原告史××于1996年3月到××市××区人民法院起诉，要求与被告任××离婚，经审理查明，双方感情确已破裂，因此××区人民法院依法准予原、被告离婚。××区人民法院于1996年5月10日以(1996)×民初字第××号民事判决处理了此案。判决结果有三项：

1. 准予原告史××与被告任××离婚；2. 婚生女孩史×(13岁)由原告史××抚养；3. 各人的衣物归各人所有，共有的财产均分，另附财产分割清单(略)。被告接到××区人民法院民事判决书后，对判决结果第1、3项无异议，对第2项表示不服，请×××律师代书一份民事上诉状，上诉于××市中级人民法院，要求上级法院依法变更第2项，改判婚生女孩史×由上诉人抚养。律师听了案情介绍后，认为上诉人的诉讼请求合理合法，法院判决不当，愿意代书上诉状。

律师和上诉人共同认为，一审判决书中关于第2项判决结果的理由不能成立。原判决书说："鉴于原告收入丰厚，有足够的经济能力培养孩子成人，因此本院认为孩子归原告抚养有利于下一代健康成长。"于是就将孩子判归原告抚养。

上诉人认为一审判决的理由不能成立。其理由是：第一，上诉人一直照顾孩子的生活与学习，孩子与上诉人结下了深厚的母女情谊，而被上诉人近十年来在××工厂担任推销员，经常出差在外，有时几个月不回家，对孩子生活、学习从来不闻不问，与孩子也没有什么感情。因此上诉人认为孩子由被上诉人抚养，不利于孩子成长，而由上诉人抚养则有益于孩子身心健康，有利于培养孩子成才。第二，上诉人经济收入也不低，完全有能力培养孩子成人。关键不在于谁有钱，而在于由谁抚养有利于孩子健康成长。被上诉人说，他有钱可以请保姆照顾孩子，法院也认为此种说法有道理，试问保姆照顾有母亲照顾的好吗？此种说法不合情理。

律师问上诉人："孩子判归谁抚养，法院征求过孩子的意见吗？"上诉人说："没有。"律师说，最高人民法院1993年11月3日印发的《关于人民法院审理离婚案件处理子女抚养问题的若干具体意见》第五条规定："父母双方对十周岁以上的未成年子女随父或随母生活发生争执的，应考虑该子女的意见。"孩子听说随父亲生活，哭了几天，说不愿意与父亲一起生活，愿意同母亲一起生活。根据最高人民法院的规定，上诉人要求抚养孩子又多了一条很重要的理由，因此打官司更有信心了，于是决定请×××律师代书一份民事上诉状。

上诉人及被上诉人的基本情况如下：

上诉人：任××，女，37 岁，汉族，××市人，住××市××区××路××号，××市××公司副经理，高中毕业。

被上诉人：史×××，男，40 岁，汉族，××省××县人，住××市××区××路××号。××市××工厂推销员，高中毕业。

参 考 文 献

[1]　陈卫东，刘计划. 法律文书写作. 北京：中国人民大学出版社，2007

[2]　潘悟云. 法律文书学教程. 2 版. 上海：复旦大学出版社，2008

[3]　马宏俊. 法律文书学. 北京：中国人民大学出版社，2008

[4]　陈卫东. 司法文书写作. 2 版. 北京：中国人民大学出版社，2013